广视角·全方位·多品种

皮书系列为“十二五”国家重点图书出版规划项目

权威·前沿·原创

中国城市发展报告

No.5

ANNUAL REPORT ON URBAN DEVELOPMENT OF CHINA No.5

迈向城市时代的绿色繁荣

Green Prosperity Toward Urban Era

主　编／潘家华　魏后凯
副主编／李宇军　罗　勇　袁晓勐

社会科学文献出版社
SOCIAL SCIENCES ACADEMIC PRESS (CHINA)

图书在版编目（CIP）数据

中国城市发展报告. No.5，迈向城市时代的绿色繁荣/潘家华，魏后凯主编. —北京：社会科学文献出版社，2012.8
（城市蓝皮书）
ISBN 978-7-5097-3644-9

Ⅰ.①中… Ⅱ.①潘… ②魏… Ⅲ.①城市建设-研究报告-中国 Ⅳ.①F299.21

中国版本图书馆 CIP 数据核字（2012）第 170129 号

城市蓝皮书
中国城市发展报告 No.5
——迈向城市时代的绿色繁荣

主　　编／潘家华　魏后凯
副 主 编／李宇军　罗　勇　袁晓勐

出 版 人／谢寿光
出 版 者／社会科学文献出版社
地　　址／北京市西城区北三环中路甲 29 号院 3 号楼华龙大厦
邮政编码／100029

责任部门／皮书出版中心（010）59367127　　责任编辑／陈　颖
电子信箱／pishubu@ssap.cn　　责任校对／丁立华
项目统筹／邓泳红　陈　颖　　责任印制／岳　阳
经　　销／社会科学文献出版社市场营销中心（010）59367081　59367089
读者服务／读者服务中心（010）59367028

印　　装／北京季蜂印刷有限公司
开　　本／787mm×1092mm　1/16　　印　　张／21
版　　次／2012 年 8 月第 1 版　　字　　数／361 千字
印　　次／2012 年 8 月第 1 次印刷
书　　号／ISBN 978-7-5097-3644-9
定　　价／59.00 元

城市蓝皮书编委会

主　　编　潘家华　魏后凯

副 主 编　李宇军　罗　勇　袁晓勐

编　　委　（按姓氏笔画排列）

刘治彦　李　药　李红玉　何　丽　宋迎昌
张　燕　张新平　单菁菁　赵燕平

篇章分工及撰稿人　（按文序排列）

潘家华　魏后凯　袁晓勐　郭叶波　罗　勇
李宇军　陈雪原　单菁菁　钟少颖　储诚山
张　燕　黄顺江　白联磊　严锦梅　王劲松
马智慧　王　蕾　李　萌　刘治彦　岳晓燕
赵　睿　盛广耀　李国庆　郑　艳　李红玉
高　原　裴雪娇　李　庆　李　军　邓　俊
朱　卫　卢子跃

摘　要

2011 年，中国城镇化率达到 51.27%，依据国际经验判断，中国已开始进入初级城市型社会。这表明，目前中国已经结束以乡村型社会为主体的时代，开始进入以城市型社会为主体的新的城市时代。从乡村型社会向城市型社会转型是一次重大的社会变革，如果未来中国的城镇化率以每年 0.8～1.0 个百分点的速度推进，到 2020 年前后城镇化率将超过 60%，届时中国将整体迈入中级城市型社会。随着中国社会结构的转型，城市经济、人居环境以及居民生活消费模式等都将随之发生深刻变化。本书在对中国进入城市时代所面临的挑战进行深入分析的基础上，创新性地提出了城市发展必须走绿色繁荣之路，围绕如何实现绿色繁荣提出了具体的战略思路和对策措施。所谓绿色繁荣，就是采取绿色的生产、生活和消费方式，实现经济、社会和生态的共同繁荣。它是一种充满绿色的全面繁荣，是经济繁荣、社会繁荣和生态繁荣的有机统一。其中，“繁荣”是目标，“绿色”是“繁荣”的特性。实现绿色繁荣，必须以良好的生态和人居环境为基础，必须以生态环境保护为前提。

本书认为，在以城市型社会为主体的新的城市时代，城市经济将占支配性地位，城市生活方式占主导地位，城市品质受到高度重视，城市发展趋向集群化，绿色休闲空间备受关注。而现有城市在经济结构、规划建设、管理体制、环境质量、公共服务、社会和谐和安全等方面还难以适应城市时代的新要求，城市发展面临严峻的挑战。在新时期，必须高度重视城市科学发展，全面提高城市品质和城镇化质量，积极推动经济发展与生态环境保护深度融合，促进城市经济、社会和生态的共同繁荣，走低碳、环保、高效、和谐、安全的绿色繁荣之路。为此，需要树立绿色发展理念，推广绿色低碳技术，构建绿色经济尤其是现代绿色产业体系，推行绿色生活和消费方式，强化绿色管理、考核和支撑体系，进一步完善相关配套政策措施，全面加快推进向城市型社会的转型。

Abstract

In 2011, China's urbanization rate has reached 51.27%, and in the light of international experience, China has been beginning to enter the primary city-dominated society, which shows that China has ended the era of village-based society and start into a new urban era of city-dominated society. It is a significant social transformation from the village-based society to city-dominated society and China will step into the intermediate city-dominated society when the urbanization rate exceeds 60% 2020 around if the urbanization rate increases at 0.8 – 1.0 percentage point per year in the next decade. With the transformation of Chinese society structure, the urban economy, the living environment and residential consumption pattern etc. will subsequently change profoundly. Based on deep analysis on the challenges from China toward an urban era, this report innovatively propose the idea that urban development must take the road of green prosperity and the specific strategic thoughts and countermeasures for achieving the green prosperous are also put forward. The so-called *Green Prosperity* is adopting green production, living and consumption patterns to achieve the co-prosperity for the economic, social and ecological development, which is a full of green and all-round prosperity to reach the organic unity of economic prosperity, social prosperity and ecological prosperity. Here, "prosperity" is the goal while "green" is the characteristics of "prosperity". Green prosperity must be based on sound ecological and human living environment under the ecological environmental protection.

In this new urban era with city-dominated society, the urban economy and lifestyle will play a dominant role, city development tends to be cluster, and more attention will be paid on the city quality and green leisure space. However, the existing urban economic structure, planning and construction, management system, environmental quality, public services, social harmony and security etc. are all difficult to adapt to the new requirements of the urban era, increasingly faced with severe challenges. In the new era, we must attach great importance to the urban scientific development, comprehensively improve the city quality and urbanization quality, and actively promote a deep integration between the economic development and eco-environmental protection, to realize co-prosperity of urban economy, society and ecology, taking a "low-carbon, environment-friendly, efficient, harmonious and safe" road for green prosperity in China. Therefore, it needs to establish the concept of green development, popularize the green low-carbon technologies, build the green economy especially the modern green industrial system, spread the lifestyle of green living and consumption, strengthen the system of green management, assessment and support, and further improve the relevant supporting policies and measures, so as to speed up the fully transformation of city-dominated society.

城市品质生活需要绿色繁荣

（代序）

潘家华

“城市，让生活更美好”，显然不是一个口号，是什么？是企盼，还是共识？综观世界城市化进程，发展的初期阶段无疑是乡村人口快速向城市聚集，是我们一般意义上理解的城市化（urbanization）；而发展到工业化的后期，城市环境品质下降，中产阶级又逃离城市，选择绿色静谧的郊外或乡间，出现了所谓的“逆城市化（deurbanization）”；进入后工业社会，城市经济的主导地位为服务业所占据，污染严重的制造业或搬离或治理或关闭，城市的生活空间和绿色品质得到提升，又出现了“再城市化（reurbanization）”。从这一意义上看，城市化进程与生活品质、绿色息息相关，从城市化初期寻求城市聚集规模效益的基本社会服务到对绿色繁荣的追求，表明绿色不代表繁荣，但是，繁荣必须绿色！

改革开放30余年，中国的城市化是在工业化进程的被动推进下实现的。这种工业化“带动”的城市化表现在三个方面，一是工农收入巨大反差的带动。大规模的外向型经济，客观上需要大量的廉价劳动力。而中国人多地少的客观实际，意味着存在隐性失业的农村地区有着大量机会成本几近于零甚至为负的廉价而优质的劳动力，使得外向型经济具有成本竞争优势，使得中西部乡村劳动力大量而快速地聚向沿海城镇。例如深圳，全市统计人口1046.8万，户籍人口267.9万，非户籍人口778.9万①。这一过程，实际上是经济驱动，乡村人口劳作、生活在城里，多得不到常规的城市社会服务，由于巨大的工农、城乡差别，他们可以得到远比户籍人口收入低、却比乡村农作收入高的回报，因而心甘情愿。二是工业圈地的被动转移。大量的工业园区、科技园区、高教园区，多选在农业生产

---

① 深圳市统计局：《深圳市2011年国民经济和社会发展统计公报》，http：//sz.bendibao.com/news/2012412/377562.htm。

条件好、人口密度高的地区，强势政府动辄数十平方公里乃至上千平方公里的圈地廉价甚至免费出让，原有土地上的乡村人口，只能就地被城镇化，成为城市居民。三是农村社区聚集。由于18亿亩耕地红线，工业化扩张用地指标受限。于是出现了“占补平衡”，将传统村落便于农作的散居农户“请上楼”，聚集成镇，而占用其世代宅基地，用于“补贴”工业占地。

显然，工业化“带动”的城镇化，在中国户籍和管理体制下，存在一定的虚高成分。2011年底51.27%的城市化率，包括了劳作、生活在城市的非户籍城市边缘人口。根据统计，我国目前脱离乡村的城市“农民工”群体，总数达到2.5亿①，占大约总人口的18%。这一部分城市人口——至少有一半——所寻求的，仍然是城市基本社会服务，尚未到达“绿色品质”生活阶段。真正处于追求生活品质阶段的户籍城市居民，他们希望摆脱喧嚣污染的城市环境，回归自然。但是，目前的城乡基础设施鸿沟，又使他们难以走后工业化社会的“逆城市化”道路，走向郊区或附近乡村。在这样一种情况下，部分“先富起来”的城市户籍居民，便在城市和郊区（农村）同时购置房产。工作时间居住在城里，周末假期住郊区（乡村）。尽管我国工业化整体上已经处于中后期阶段，部分地区例如北京上海已经处于后工业化阶段②，但中国的城市化仍然处于工业化快速推进阶段的寻求基本城市社会服务的初级城市化阶段。

社会进步的导向，只能是“以人为本，品质生活”。在发达国家，聚集的城市，并非是生活品质的理想场所。世界上城市化率超过90%的国家，基本上都是“城市国家（city state，例如新加坡、科威特）”，没有国土空间寻求更多的绿色品质空间。而多数真正意义上的发达国家，城市化率多停留在75%或更低。伦敦的内城（inner city），基本上只是就业场所，居住多在“大伦敦（greater London）”或外伦敦，绿色空间相对宽阔，社会服务一应俱全。笔者在英国剑桥学习数年，感到全城8万人口，除学生（本科生、研究生、访问学者，约占1/3）外，蓝领工人比重较大。多数高端白领住在附近村落。后来在荷兰工作，也发现二战后从土耳其招收的劳工，多安排居住在城里的高楼里，而本地渊源深

---

① 国家统计局：《中国目前农民工总量为2.5亿》，2012年4月27日，国家统计局网站。2011年，农民工总量达25278万人，比上年增加1055万人，增长4.4%。其中，举家外出农民工3279万人，增加208万人，增长6.8%。

② 黄群慧：《北京和上海已经发展到后工业化阶段》，2010年2月28日，中国经济网。

厚的居民，则多住在离城不远的村落。基本上，日本、德国、英国这些发达的资本主义国家，城市化率数字不会再有大的提高①。因为，这些国家已经越过了满足基本服务的初级城市化阶段，进入“绿色品质空间”的生活阶段。

综上所述，中国统计意义上的人口突破50%，并没有表明中国城市化进程出现从寻求基本社会服务到追求绿色品质空间的质的转型。真正进入这一阶段的，目前只有占全国总人口35%左右的户籍人口，而由于中国目前的工业化、社会发展阶段和制度惯性，这一部分群体是中国工业化、城市化的“既得利益者”，一方面，已经享受并得到较为充分的城市社会服务，另一方面，又有“个人”能力走向郊区。之所以是“个人”能力而非“社会”能力，原因在于郊区和城市周边乡村没有社会提供的服务能力，包括稳定的有品质的供水、供电、医疗、教育、文化、商业设施。这就使得这一部分“既得利益者”成为城乡“两栖”居民，与城市边缘人口劳作生活在城市而基本社会保障在乡村户籍地的“两栖”非户籍居民，形成鲜明的反差。

如果说城市化是基本生活品质保障的一种成本有效途径的话，那城市化发展到一定阶段，城市居民对品质绿色空间的追求就成为必然。在我国现阶段，已经出现这一迹象。在很大意义上，中国目前的城市化，总体上仍然在量的发展阶段，部分出现质的提升的迹象。户籍和非户籍城市居民的“两栖”，是我国当前发展“不平衡、不协调、不可持续”的一种具体表象和内在原因。虽然我国尚未整体达到实现绿色品质空间的城市化阶段，但这并不表明我们不可以实现发展的跨越：绿色繁荣的城市化。由于我国庞大的人口规模和刚性的环境资源约束，中国城市的绿色繁荣，不可能也没有必要重蹈发达国家的高消耗及大量占有土地资源空间的老路，但目前高密度高楼远离自然的空间格局，也难以满足品质绿色空间的要求。

实现绿色繁荣的跨越，首先是要消除城市居民的“两栖”格局，减少有限资源的浪费。非户籍人口的属地社会服务均等化，是实现绿色跨越的基础和前提。如果没有非户籍居民的社会服务公平享受，不仅难以绿色，而且不可能繁荣。其次，社会服务的空间均质化，是品质绿色空间的保障。如果优质的医疗、

① 世界银行：《2009年世界发展报告：重塑世界经济地理》，清华大学出版社，第336页。2005年，日本的城市化率为65.8%。

教育、文化设施在郊外、城市周边乡村也有分布，人们就没有必要远距离跑到拥挤的、喧嚣的、没有绿色的城市中心的大医院、重点学校。最后，城市基础设施的系统化和城乡统筹，是通向绿色繁荣跨越的桥梁。如果在乡村也能享受均质的城市服务，人们没有必要一定要涌向拥挤的城区。即使是人口密度很高的日本，城市化率也不到70%。要改变我国农村的脏乱差和社会服务的欠缺，显然需要基础设施的全覆盖。即使在电网不能抵达的边远地区，也可以采用就地、分散方式提供供电、供水、污水处理等基础设施。相对分散的乡村地区的存在，对于农业生产也有其必要性和合理性。

统计意义上，我们已经进入城市人口大于乡村人口的城市时代；现实意义上，我们尚整体上处于城市化初期寻求城市聚集规模效益的基本社会服务的阶段。数以亿计的非户籍城市边缘人口在形式上完成了空间聚集，尚需要时间得到均等的社会服务。但同时，我们已经有了绿色品质空间的新兴城市生活需求，所需要的，是规范提升这样一种需求，实现城市时代的跨越式发展。

城市品质生活需要绿色繁荣：既是企盼，也是共识。繁荣需要绿色，绿色可以通向繁荣！

目 录

𝔹Ⅰ 总报告

𝔹Ⅱ 综合篇

𝔹Ⅲ 生态环境篇

B Ⅳ 绿色经济篇

B Ⅴ 绿色社会篇

B Ⅵ 建设管理篇

B Ⅶ 地方实践篇

CONTENTS

ⅠGeneral Report

ⅡSynthetic Analysis

ⅢEcology and Environment

BⅣ Green Economy

BⅤ Green Society

BⅥ Construction and Management

BⅦ Local Practices

总 报 告

General Report

B.1 中国迈向城市时代的绿色繁荣之路

总报告编写组*

摘　要：当前，中国已经结束以乡村型社会为主体的时代，开始进入以城市型社会为主体的新的城市时代。在这一新时代，城市经济将占支配性地位，城市生活方式占主导地位，城市品质受到高度重视，城市发展趋向集群化，绿色休闲空间备受关注。面对这种阶段变化，现有城市在规划建设、管理体制、环境质量、公共服务、社会和谐和安全等方面还难以适应城市时代的新要求，日益面临严峻的挑战。在新时期，必须高度重视城市科学发

* 成员及执笔：魏后凯、袁晓勐、郭叶波、罗勇、李宇军、陈雪原。魏后凯，博士，中国社会科学院城市发展与环境研究所副所长、研究员、博士生导师，主要研究方向为城市与区域经济、产业经济。袁晓勐，博士，中国社会科学院城市发展与环境研究所助理研究员，主要研究方向为区域经济、城市管理。郭叶波，中国社会科学院研究生院博士生，主要研究方向为城市与区域经济。罗勇，博士，中国社会科学院城市发展与环境研究所研究员，主要研究方向为环境经济、城市可持续发展。李宇军，中国社会科学院城市发展与环境研究所环境经济与管理研究室主任、副研究员，主要研究方向环境规划与管理、环境政策。陈雪原，中国社会科学院城市发展与环境研究所博士后，主要研究方向为城乡统筹发展。

展，全面提高城市品质和城镇化质量，积极推动经济发展与生态环境保护深度融合，促进城市经济、社会和生态的共同繁荣，走低碳、环保、高效、和谐、安全的绿色繁荣之路。为此，需要树立绿色发展理念，推广绿色低碳技术，构建绿色经济尤其是现代绿色产业体系，推行绿色生活和消费方式，强化绿色管理、考核和支撑体系，进一步完善相关配套政策措施。

关键词： 城市时代　城市型社会　城市转型　绿色繁荣

一　中国开始进入城市型社会的新时代

2011 年末，中国城镇人口达到 6.91 亿，占全国总人口的 51.27%，人口城镇化率首次越过了 50% 的拐点，城镇常住人口超过了农村常住人口，逼近国家“十二五”规划提出的 2015 年全国城镇化率达到 51.5% 的目标。人口城镇化率超过 50%，这是中国社会结构的一个历史性变化。它意味着中国经过 30 多年的改革开放，已经结束了以乡村型社会为主体的时代，开始进入以城市型社会为主体的新的城市时代。在这一新的城市时代，中国的经济社会结构和空间布局将发生深刻的变化，并呈现新的特点，所面临的问题和挑战也具有较大差异。因此，如何采取积极有效的应对措施，有序推进中国由乡村型社会向城市型社会转型，迎接以城市型社会为主体的城市时代的到来，将是一个重大的国家战略问题。

（一）城市型社会的标准和基本特征

城市型社会是相对乡村型社会而言的。乡村型社会是指以乡村人口为主体，人口和经济活动在乡村分散布局，乡村生活方式占主导地位的社会形态；而城市型社会则是指以城镇人口为主体，人口和经济活动在城镇集中布局，城市生活方式占主导地位的社会形态。从乡村型社会向城市型社会的转变，是工业化和城镇化不断推进的结果，也是经济发达、社会进步和现代化的重要标志之一。

从国际经验看，判断一个国家或者地区是否已经进入城市型社会，主要有五个标准：一是城镇人口标准，即城镇常住人口超过乡村常住人口，人口城镇化率超过了 50%；二是空间形态标准，即现代制造业和服务业向城镇地

区集聚，出现了城市群、都市圈、大都市连绵带等高级空间形态，城市经济占支配性地位；三是生活方式标准，即城市现代观念、生活和消费方式占主导地位，并对乡村居民行为产生深刻影响；四是社会文化标准，即城镇特色和文化更加凸显，城市品质不断提升，进城农民实现市民化；五是城乡协调标准，即城乡二元结构不断弱化，城乡差距逐步缩小，日益向城乡融合共享和一体化方向转变。

在以上五个判别标准中，城镇人口标准是最为重要的核心标准。因为在世界各国城镇化漫长的历程中，其他四个方面大都是围绕人口城镇化率的提高而同步或协调推进的。考虑到这种协调性，大致可以人口城镇化率来对城市型社会进行阶段划分：城镇化率在51%～60%，为初级城市型社会；城镇化率在61%～75%，为中级城市型社会；城镇化率在76%～90%，为高级城市型社会；城镇化率大于90%，为完全城市型社会。

总体上看，城市型社会具有以下几个基本特征：

一是城市经济占支配性地位。随着工业化和城镇化的推进，现代制造业和服务业不断向城镇地区高度集聚，促使城市经济成为国民经济的主体，并占据支配性地位。受比较劳动生产率的影响，城市经济的这种支配性地位通常在城镇化率达到50%之前就已经实现。而当进入城市型社会后，现代服务业发展将进一步加速，经济服务化和高端化趋势加快，现代制造业与服务业日趋融合，新兴产业和新的业态将不断涌现，由此推动城市经济加快转型升级。

二是城市生活方式占主导地位。当城镇化率超过50%之后，常住在城镇的人口即市民将成为社会的主体人群。特别是，随着城镇化的深入推进，大量进城农民将逐步融入城市，并在就业、住房、社会保障、生活和消费方式等方面全面实现市民化，城市现代生活方式将成为主流，并占据主导地位。

三是城市品质受到高度重视。从国际经验看，50%的城镇化率是城镇化由加速推进转变为减速推进的一个重要拐点（魏后凯，2011a）。一旦越过这一拐点，随着城镇化推进的减速，全面提高城镇化质量、强化城市管理将成为其核心问题。因此，当进入城市型社会，城市的特色、文化和品质将愈显重要，日益成为彰显城市个性的核心元素。

四是城市发展趋向集群化。随着城镇化的快速推进，大城市空间不断扩展并向四周蔓延，出现了城市郊区化和逆城镇化的趋势。城市空间的迅速扩张使临近

的大中小城市相互连接起来，形成了诸如城市群、都市圈、大都市连绵带、城市网络等高级空间形态。这种城市集群化趋势是城市型社会的一个重要特征。

五是绿色休闲空间备受关注。在城市型社会，大量人口和产业活动高度集聚在城镇空间，既产生了集聚规模效应，有利于资源、能源和土地的集约节约利用，也带来了交通拥挤、房价高昂、生态环境恶化等“城市病”。为克服“城市病”，各国在进入城市型社会后，除对一些大都市进行控制和疏散外，更重要的是加强绿色生态空间和休闲空间的规划建设，促进生产、生活和生态的协调发展。

（二）中国已开始进入初级城市型社会

改革开放以来，随着工业化、全球化和市场化的快速推进，中国城镇化也呈现出不断加速的趋势。根据历次全国人口普查数据，中国城镇化率平均每年提高的幅度，1965～1982 年为 0.15 个百分点，1983～1990 年为 0.69 个百分点，1991～2000 年为 0.98 个百分点，2001～2010 年则达到 1.35 个百分点（见图 1）。2001～2010 年中国城镇化的推进速度是 1983～1990 年的近 2 倍，是 1965～1982 年的 9 倍。从 2000 年到 2010 年，中国城镇人口由 45844 万人增加到 66558 万人，这期间平均每年净增 2071 万人，远高于 1983～1990 年的 1111 万人和 1991～2000 年的 1587 万人，更高于 1965～1982 年的 465 万人。2011 年，中国城镇化率则达到了 51.27%，比上年提高 1.59 个百分点。

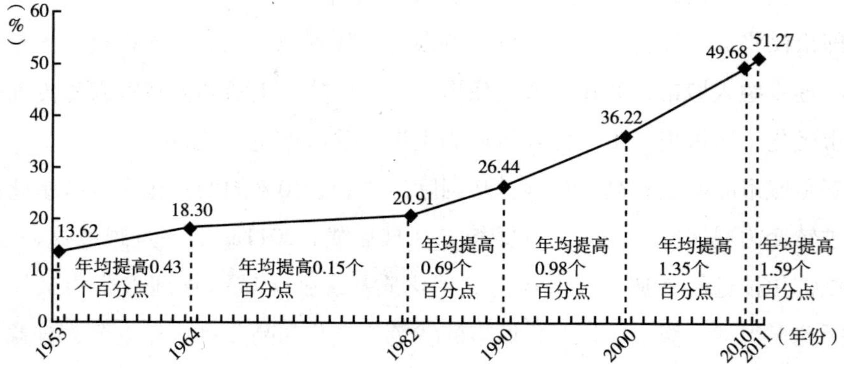

图 1　中国城镇化率的变化趋势

资料来源：根据历次全国人口普查和 2011 年全国统计公报数据绘制。

根据前述的标准，从人口城镇化率看，目前中国已开始进入初级城市型社会，而英国在1850年、美国在1920年、法国在1931年、巴西在1970年、韩国在1975年就已经进入初级城市型社会。世界主要国家的情况如表1所示。从表中可以看出，新加坡、比利时、冰岛等城市国家或小国已经进入完全城市型社会，美国、英国、法国、韩国等已进入高级城市型社会，德国、意大利、日本、俄罗斯等也进入了中级城市型社会，而与中国同处于初级城市型社会的大多为亚非发展中国家。需要指出的是，这里只是采用人口城镇化率单一指标进行的初步划分。在一些发达国家，由于郊区化和逆城市化的推进，大城市中心区居民开始向郊区和乡村地区分散，城乡高度融合和一体化，这样单纯按人口城镇化率进行阶段划分会有些低估；在发展中国家，由于人口快速向城市尤其是大城市集聚，而空间形态发育滞后，市民化程度较低，城乡差距较大，这样单纯按人口城镇化率划分会有些高估。特别是，一些拉美国家如阿根廷、乌拉圭、委内瑞拉、巴西、智利等，由于存在“过度城镇化”，虽然其城镇化率很高，其他标准却远不能适应相应阶段城市型社会的要求。

表1　世界主要国家城市型社会的阶段划分（按人口城镇化率）

阶段划分	城镇化率	主要国家
初级城市型社会	51% ~60%	中国、罗马尼亚、哈萨克斯坦、叙利亚、摩洛哥、尼日利亚、加纳、冈比亚、尼加拉瓜、牙买加
中级城市型社会	61% ~75%	德国、意大利、葡萄牙、希腊、爱尔兰、波兰、捷克、匈牙利、乌克兰、日本、俄罗斯、南非、马来西亚、伊拉克
高级城市型社会	76% ~90%	美国、加拿大、英国、法国、西班牙、挪威、瑞典、芬兰、丹麦、澳大利亚、新西兰、韩国、墨西哥、沙特阿拉伯
完全城市型社会	>90%	新加坡、比利时、冰岛、以色列、卡塔尔、科威特、马耳他、摩纳哥

注：中国数据系采用2011年全国统计公报数据。

资料来源：根据UNDP编《2011年人类发展报告》附表10中有关数据整理。

如果分省考察城市社会转型状况，单纯从人口城镇化率看，目前大多数省份已经或即将进入城市型社会。2000年，城镇化率超过50%的省份只有6个，到2005年增加到9个，2011年则进一步上升到15个（见表2），还有5个省份城镇化率处于45% ~50%，预计在“十二五”期末将顺利越过50%的城镇化率门槛，

总计占了各省市区总数的2/3。这意味着到“十二五”期末，中国大部分省份都将进入城市型社会，城镇居民均将超过乡村居民，城市经济和生活方式将占主导甚至支配性地位。

表 2　中国城镇化率超过 50%的省（直辖市、自治区）

省市区	2000 年	2005 年	2011 年
上　海	88.31	89.09	89.00
北　京	77.54	83.62	86.20
天　津	71.99	75.11	80.50
广　东	55.00	60.68	66.50
辽　宁	54.24	58.70	64.05
黑龙江	51.54	53.10	56.50
吉　林		52.52	53.40
江　苏		50.11	61.90
浙　江		56.02	62.30
内蒙古			56.60
福　建			58.10
重　庆			55.02
湖　北			51.80
山　东			50.90
海　南			50.50
全　国	36.22	42.99	51.27

数据来源：根据历年《中国统计年鉴》、2011 年全国及各省市区统计公报整理。

当然，中国城市社会转型具有明显的地区差异特征。目前，大多数城镇化率超过 50% 的省份主要集中在东部和东北地区，而中西部省份城镇化率明显偏低，其中，甘肃、云南、贵州、西藏等省份城镇化率不到 40% 。2011 年，在 15 个城镇化率超过 50% 的省份中，北京、上海、天津 3 个直辖市已进入高级城市型社会，广东、辽宁已进入中级城市型社会，而其他 10 个省份则刚刚迈入初级城市型社会。从四大区域看，东北和东部地区目前已经迈入初级城市型社会，而中西部地区仍处于乡村型社会。

以上是单纯从城镇人口标准来进行判别的。事实上，在中国，判别城市型社

会的5个标准存在不协调性或不一致性。从空间形态标准看，近年来各地产业园区化快速推进，不同规模的城市群和都市区不断涌现，城市经济已经成为支撑中国经济高速增长的核心力量，在国民经济中占据着支配性地位。2010年，仅287个地级及以上城市市辖区实现地区生产总值占全国的56.3%，其中第二、第三产业增加值分别占全国的55.1%和66.7%①。如果加上县级市区和建制镇区，这一比重将更高，远高于城镇人口和就业的比重。

然而，从生活方式、社会文化和城乡协调标准看，目前中国离城市型社会的要求还具有较大的差距。从生活方式标准看，大量进城务工的农民工、郊区就地转化的农转非居民以及县改区中存在的大量农民，虽然已被统计为城镇居民，但这类群体并没有真正融入城市，其生活和消费方式仍保留着农民的习惯和特征，市民化程度很低。从社会文化标准看，中国的城市还是建制镇大都缺乏特色，城市文化缺失，城市品质较低，千城一面现象严重。从城乡协调标准看，目前中国的城乡差距仍然过大，促进城乡融合共享和一体化仍然任重道远。2011年，全国城镇居民人均可支配收入为21810元，农村居民人均纯收入为6977元，城乡居民收入比高达3.13。这一比例虽然比前两年略有下降，但仍然比1997年高26.2%，比1985年高68.3%（见图2），更远高于绝大部分国家的水平。考虑到农村居民纯收入中约有40%用于购买化肥、农药、种子等生产资料，如果扣除

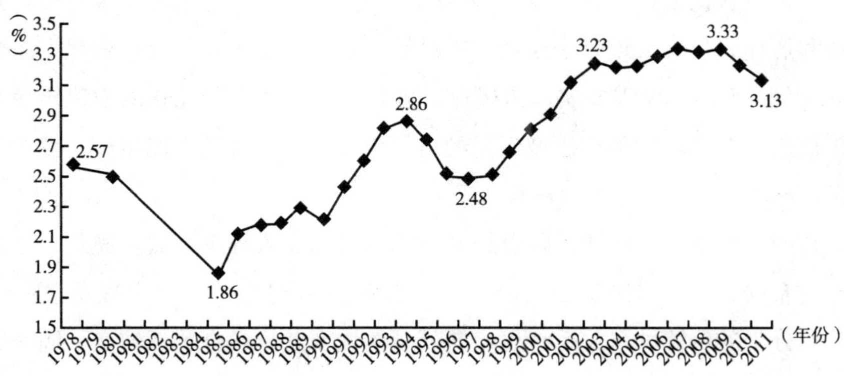

图2 中国城镇居民人均可支配收入与农民人均纯收入之比

资料来源：根据各年度《中国统计年鉴》和2011年全国统计公报计算。

① 全国地区生产总值按31个省、直辖市、自治区汇总数计算。

这部分支出，从与城镇居民可支配收入可比的角度看，目前城乡居民收入实际差距将高达5.2倍左右。

综上所述，从城镇人口和空间形态标准看，目前中国已经进入城市型社会。但是，从生活方式、社会文化和城乡协调标准看，离城市型社会仍具有较大的差距。可以认为，目前中国还处于初级的准城市型社会阶段。未来5~10年，将是中国实现由乡村型社会向城市型社会转变的关键时期，而推动农民市民化、提升城市品质、促进城乡融合共享、着力提高城镇化质量，将是实现这种社会转型的关键和核心所在。

（三）新时代对中国城市发展的要求

从乡村型社会向城市型社会转型是一次重大的社会变革。如果未来中国的城镇化率以每年0.8~1.0个百分点的速度快速推进，到2020年前后中国城镇化率将超过60%，届时中国将整体迈入中级城市型社会。随着中国社会结构的转型，城镇居民的价值观念、生活方式和消费行为等都将随之发生深刻变化。显然，中国进入以城市型社会为主体的城市时代，这种社会转型将会对城市发展提出新的要求。具体体现为“五化”，即进城农民市民化、城乡经济一体化、城市建设特色化、城市管理现代化和城镇空间生态化。

一是进城农民的市民化。今后20年内，中国将有2亿多农民需要转移到城镇就业和居住，再加上近年来已经进入城镇但还没有完全市民化的农民，未来全国将有4亿~5亿农民需要实现市民化。为此，需要建立多元化的农民市民化成本分担机制，全面加快推进进城农民的市民化进程，使进城农民尽快转变为真正的市民。

二是城乡经济的一体化。随着城乡统筹发展的深入推进，城乡规划、基础设施、产业布局、社会保障、公共服务、生态环境治理等一体化进程将进一步加快，二元分割的传统城乡关系将逐步向新型的城乡共享融合关系转变。同时，乡村居民将逐步向新型的农村社区集聚，享受一体化的社会管理和等值化的公共服务。在珠三角、长三角、京津冀等城市群地区，区域一体化和同城化将成为一种普遍的趋势。

三是城市建设的特色化。随着城市居民收入水平的提高，居民的消费需求层次不断升级，城市文化、生活品质和建设特色日益成为大家关注的焦点。由此将推动

城市建设向特色化、个性化的方向发展，注重弘扬城市文化、凸显城市特色、彰显城市个性，将成为城市时代推进城市建设、提升城市品质的一个主旋律。

四是城市管理的现代化。在城镇化加快推进阶段，各地大都把主要精力放在开展大规模的城市建设上，而对城市管理没有引起应有的重视。随着城市型社会的来临，中国城镇化推进将由加速转变为减速，由此将推动城市建设管理由重建轻管向建管结合，再向以管理为主转变。因此，加强城市精细化管理，提升城市管理的现代化水平将日益迫切。

五是城镇空间的生态化。进入城市型社会后，城镇居民将更加强调生活质量，注重改善城镇人居环境，这样就需要在城镇地区创造更多更好的休闲空间、公共空间、绿色空间。因此，强化城镇绿色规划，建设可持续宜居的生态城镇、生态社区、生态园区、生态建筑，推动城镇空间的生态化、宜居化，将成为未来中国城市发展的方向。

二　中国进入城市时代面临的十大挑战

面对以城市型社会为主体的城市时代的悄然到来，中国的城市发展面临着一系列的严峻挑战，传统的以高消耗、高排放、高扩张、低效率为特征的粗放外延发展模式已经难以为继，现有城市在规划建设、管理体制、环境质量、公共服务、社会和谐和安全等方面还难以适应城市时代的要求，亟待加快发展转型和空间重构。总体上看，这些挑战主要体现在以下方面。

（一）高资源消耗模式难以持续

1. 城市快速扩张造成土地资源消耗过快

在快速城镇化进程中，中国城市居住和工业用地需求强劲，城市建设占用了大量土地，2000～2010 年，中国城市建成区面积从 2.24 万平方千米迅速扩张到 4.01 万平方千米，城市建设用地从 2.21 万平方千米扩张到 3.98 万平方千米，年平均增长 5.97% 和 6.04%，远高于城镇人口 3.85% 的年均增长速度（见图 3）。这说明中国城市建设用地的使用效率不高，土地城镇化快于人口城镇化，同时也表明城市建设仍处于量的扩张重于质的提升阶段。随着土地资源的高度紧张，这种重量不重质的建设模式已经难以持续。

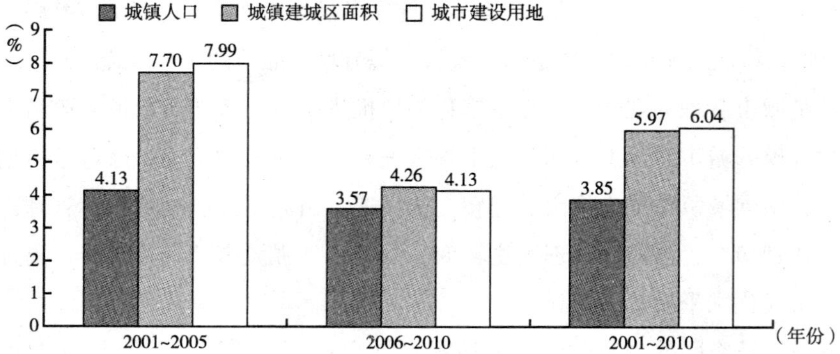

图3　中国城镇人口与城市建设用地面积年均增长速度比较

注：2005 年城市建设用地面积缺北京和上海数据，系用 2004 年和 2006 年数据平均值代替。

资料来源：根据《中国城乡建设统计年鉴》（2010）和《中国统计年鉴》（2011）计算绘制。

2. 城市水资源供需矛盾突出

近年来，中国城市用水需求迅速增加，越来越多的城市处于严重缺水状态。1979 年中国有 154 座城市缺水，到 2010 年 420 多座城市供水不足，其中 110 座严重缺水，缺水总量达 105 亿立方米。华北、东北、西北以及东部沿海地区的城市，缺水尤为严重。2010 年，北京、天津、上海、深圳、郑州、太原、石家庄等城市人均水资源不足 200 立方米，沈阳、唐山、青岛、烟台、济南、连云港、西安等城市人均水资源不足 500 立方米，处于极度缺水状态。随着城镇化的快速推进，今后城市水资源供需矛盾还将变得更加尖锐。预计人口城镇化率每提高 1 个百分点，全国生活用水就得净增加 5. 62 亿立方米。

3. 城市能源消耗急剧上升

在终端能源消费中，2010 年中国工交行业和城镇生活能源消费占 84. 6%，其中城镇人均生活能耗是农村人均水平的 1. 54 倍；中国城镇每年单位建筑面积耗能约为 13. 2 千克标煤/平方米，是农村地区的 4. 52 倍①；交通能耗也主要集中

① 目前中国农村民用建筑 240 亿平方米，每年耗能 0. 4 亿吨标煤和 900 亿千瓦时电；北方城镇采暖面积 65 亿平方米，消耗 1. 3 亿吨标煤，城镇非采暖建筑面积 160 亿平方米，用电 5000 亿千瓦时（江亿，2007）；按每千瓦时电消耗 334 克标准煤算（王野平，2008），中国城镇每年单位建筑面积耗能为 13. 2 千克标煤/平方米，是农村地区的 4. 52 倍。

在城市。2006年中国城镇人口仅占全国的41%，其对一次能源消费却占全国的75%；到2015年中国城市能耗将占全国的79%，到2030年该比重将进一步提高到83%（IEA，2008）。

（二）环境生态压力日渐加大

1. 城市环境污染问题严重

第一，空气质量较差。2010年，全国有超过50%的城市出现过酸雨，城市氮氧化物含量、PM2.5浓度普遍较高。PM2.5浓度东部地区城市和工业区普遍高于全球大部分区域8～10倍（Van Donkelaar等，2010），且在相当长的时期内难以下降。按2012年2月新修订的《环境空气质量标准》，中国有2/3的城市空气质量不达标。第二，水体污染严重。城市污水排放量持续增大，地表水和地下水污染严重。2010年在全国182个城市4110个地下水水质监测点中，水质为较差级和极差级的监测点分别占40.4%、16.8%，合计57.2%。第三，"垃圾围城"。据统计，目前全国城市生活垃圾累积堆存量达70多亿吨，占地80多万亩，并且以年平均4.8%的速度持续增长。全国2/3的大中城市陷入垃圾包围之中，1/4的城市已没有合适场所堆放垃圾，"垃圾围城"之势已成，并将愈演愈烈。

2. 城市生态压力日渐加大

一是城市自然植被覆盖较低，钢筋水泥丛林面积不断扩大。尽管中国城市建成区绿化覆盖率从2000年的28.2%提高到2010年的38.6%，人均公园绿地面积从3.7平方米提高到11.2平方米，但城市绿地占城市建设用地比重仅10%左右；而道路广场、公共设施用地面积不断扩大，甚至形成钢筋水泥丛林。二是城市湿地面积锐减，生物多样性持续减少。随着工业化和城镇化的快速推进，中国城市湿地面积不断缩小。特别是，由于人工过度干预，城市湿地往往被分割成面积狭小、生境破碎、孤岛式的斑块，湿地生境往往遭受破坏。三是生态超载的现象越来越严重。2007年中国人均生物承载力仅1.0全球公顷，已出现120%的生态赤字（GFN，2010）。四是城市地下水过度开采，地面加速沉降。华北、西北、华东地区的不少城市地下水水位不断下降，甚至出现了大面积的降水漏斗和地面沉降。目前，全国发生地面沉降灾害的城市已超过50个。尤其是华北平原区，地面沉降量超过200毫米的范围达6.4万平方千米，占整个华北地区的46%左右。

（三）城市经济持续动力不足

长期以来，在粗放型的外延发展模式下，中国城市经济增长主要是建立在资源、投资和劳动力高投入，以及工资、地价等要素低成本的基础上，产业发展层次低，自主创新乏力，由此造成城市经济发展后续动力不足。具体表现为以下几个方面。

1. 产业发展处于全球价值链低端

中国城市经济中传统劳动力密集型产业比重过大；高端制造业、高新技术产业以及现代服务业的比重偏低，城市产业大多处于全球价值链的原材料采购、零件生产、成品储运等低附加值、低利润的中间环节，而高附加值、高利润的总部、研发、产品设计以及市场营销、售后服务等关键环节十分薄弱。因而，中国在付出了高资源消耗、高环境污染代价的同时，仅收获了微薄的利润，大多数利润流向了国外。

2. 城市间低水平同质竞争突出

各城市在招商引资和产业发展方面缺乏分工合作，为争夺资源和项目不惜代价竞相降低准入门槛，在财政税收、土地供给等方面给予过多的优惠，有的甚至人为降低环保标准为个别项目开通绿灯，由此造成低水平重复建设和无序竞争。而一些大城市中低端产业过度扩张，与中小城市在低水平上同质化竞争，既不利于中小城市的发展，也加剧了大城市“膨胀病”的蔓延。

3. 经济增长过度依赖投资拉动

中国城市经济的高速增长，主要依靠投资拉动，消费拉动相对不足。特别是在国际金融危机的影响下，出口受到严重挤压，投资拉动经济增长的格局进一步强化。从2005年到2010年，中国出口对经济增长的贡献从23.1%下降为9.2%；而投资的贡献从39.0%提高到54.0%。无论是大城市还是中小城市，大都自主创新乏力，创新驱动力严重不足。目前，自主创新能力低已经成为影响城市转型升级的重要障碍。

4. 发展成果共享机制尚不完善

1991~2010年，中国GDP年平均增长速度为10.46%，财政收入年均增速更是高达18.19%；但城镇居民人均可支配收入的年均增速仅为8.24%，农村居民人均纯收入年均增速仅为5.76%（见图4）。其结果是，20年来全国GDP和财

政收入分别增长了6.31倍、27.3倍，但城镇居民人均可支配收入和农村居民人均纯收入仅分别增长3.87倍、3.07倍。城市经济增长的这种非包容性也较为突出。显然，关注和提升民生、提高居民收入比重、实现发展成果共享将是一项长期的艰巨任务。

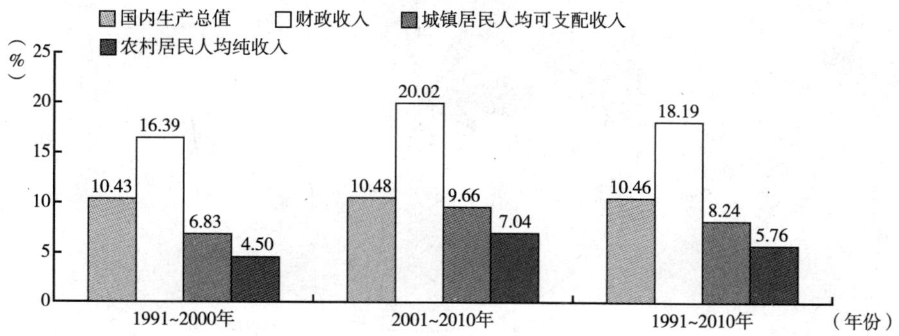

图4　1991～2010年中国国家与居民收入年平均增长速度

资料来源：根据《中国统计年鉴》（2011）计算绘制。

（四）城市规划建设特色缺失

1. 城市规划的经济指向强烈

中国的城市规划理念贫乏，人文关怀缺失。从实践上看，城市规划还带有浓厚的计划色彩，片面追求经济目标。一方面，盲目扩大城市用地规模，甚至通过撤县（市）设区、建设新区等手段动辄规划数百甚至上千平方公里；另一方面，与发达国家城市居住用地一般都在40%以上相比，中国城市居住用地比重不到1/3，绿地面积不足10%（见图5），生活和生态空间偏小。城市土地成为生财工具而非人居善地。

2. 规划建设不切实际

不少城市贪大求全，盲目追逐“第一高度”、“第一规模”、“第一财富”，大搞形象工程。在“十二五”规划中，全国有180多个城市提出要建设“国际化大都市”，有的中小城市甚至县城也要建CBD。从2002年到2011年，全国购物中心累积建筑物面积从2195万平方米增加到16867万平方米，增长了6.68倍。其中东莞、沈阳、贵阳等二线城市2011年分别拥有购物中心建筑面积350万、700万、200万平方米，分别超出实际需求204%、517%、230%（见表3）。

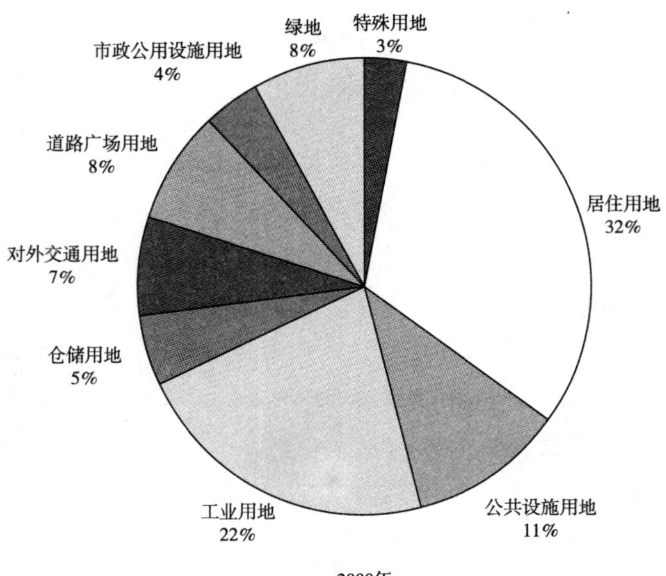

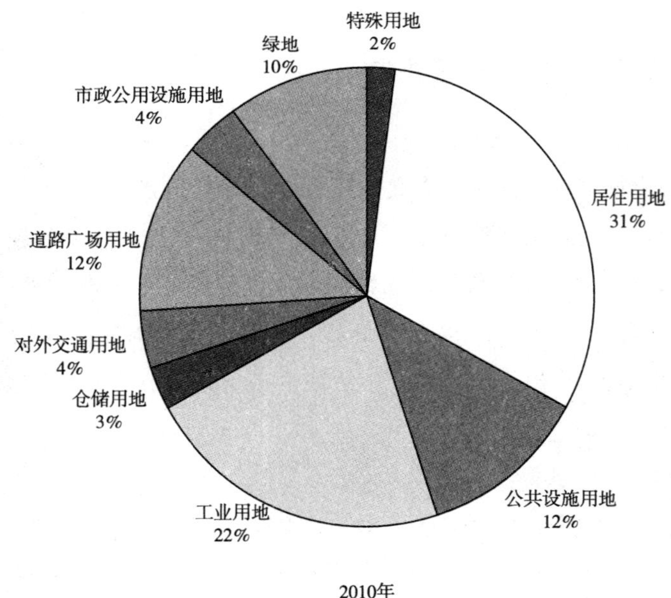

图 5　2000 年、2010 年中国城市建设用地结构

资料来源：根据《中国城市建设年报（2000）》和《中国城市建设统计年鉴（2010）》计算绘制。

表3 2011年东莞、沈阳、石家庄、贵阳购物中心建筑面积及其需求

城市	购物中心数（家）	建筑面积（万平方米）	可满足购物人数（万人）[a]	实际常住人口（万人）[b]	超出实际需求（%）
东莞	69	350	2500	822.02	204
沈阳	71	700	5000	810.62	517
石家庄	22	230	1643	1016.38	62
贵阳	43	200	1429	432.46	230

注：a. 按国家技术监督局和建设部颁布的《城市居住区设计规范》，每5万人社区配商业服务设施面积7000平方米的标准计算；b. 此栏常住人口为2010年全国第六次人口普查数据。

资料来源：根据中国购物中心产业资讯中心数据，以及各城市2010年全国第六次人口普查公报数据计算整理。

3. 城市文化特色缺失

在规划理念、空间布局、地标建筑设计等方面普遍缺乏创新，形成了“中小城市抄袭大城市，大城市抄袭国外城市”的混乱局面，“千城一面”现象愈演愈烈。许多城市大拆大建，忽视了当地特色文化、文物的保护，割裂了自然景观与人文历史的联系。在大规模的城市建设中，大量历史文物古迹、名人故里、自然遗产被破坏，反映了中国城市管理者在城市文化保护和传承方面的意识严重不足。

（五）城市管理矛盾丛生

中国城市管理体制脱胎于城市管理综合执法改革，在体制、法规上的矛盾还未理清，管理事项多，执法人员素质参差不齐，执法方式简单粗暴，运动式的管理模式普遍存在，甚至引发了尖锐的社会矛盾和群体事件，严重损害了人民群众的根本利益，也严重削弱了党和政府的威信。

1. 城市扩张和改造中拆迁问题极为突出

由于补偿政策不合理、配套政策不完善，人为地迫使失地农民成为了“种地无田、上班无岗、低保无份”的“三无人员”。据统计，近年来全国因征地而形成的失地农民达4000多万人。征地补偿标准、集体资产和土地增值收益分配、就业安置、养老和医疗保障等，是失地农民最为关心，也是最容易引发矛盾和冲突的问题（魏后凯，2011b）。

2. 城市管理与居民生活需求的矛盾日益尖锐

一方面，城市管理必须维护市容市貌，另一方面城市居民又有对街头商贩的实际需求。这两个方面有时比较难以兼顾，不少城市未能做到依法执法、柔性执法、文明执法，引起了老百姓的强烈不满，甚至引发了激烈的社会群体事件。有关城管和街头商贩发生流血事件的报道，也屡见不鲜。

（六）城市公共服务相对滞后

城市公共服务供给严重不足，价格较高，覆盖面有限，分布不均。“蜗居”、“蚁族”、“房奴”、“孩奴”等热词就形象地反映了城市公共服务领域的实际困难。特别是住房、教育、医疗已成为压在城市居民身上的新“三座大山”。

1. “有住房难、有房住难”

大城市房价过快上涨，特别是一线城市的房价过高，使得城市居民通过市场购买“有住房”的难度不断加大。2006～2010年，北京、上海、广州、深圳城镇居民人均可支配收入仅分别提高46%、54%、54%、43%，而相应的商品房均价居然上涨了115%、101%、82%、104%（见表4）。房租也随房价攀升而水涨船高，保障性住房建设刚刚起步，且存在种种问题，进一步加大了“有房住”的难度。

表4　2006年、2010年中国主要城市城镇居民收入与商品房价格对比

城市	城镇居民人均可支配收入(元,%)			商品房价格(元/平方米,%)		
	2006年	2010年	增长	2006年	2010年	增长
北京	19978	29073	46	8280	17782	115
天津	14283	24293	70	4774	8230	72
上海	20668	31838	54	7196	14464	101
广州	19851	30658	54	6545	11921	82
深圳	22567	32381	43	9384	19170	104

资料来源：根据《中国房地产统计年鉴》（2007、2011）、《中国城市统计年鉴》（2007、2011）计算整理。

2. “看病难、看病贵”

“看病难”主要表现为到大医院就诊难、找专家看病难、农民看病难；“看病贵”表现为城市大中型医院药价贵、检查费用高、设备应用价格昂贵。在欧

洲发达国家卫生费用总投入中，政府投入所占比重高达80%～90%，而2010年中国此比例仅为28.7%。此外，中国不少医院存在“以药养医”现象，药品流通环节存在诸多寻租创租活动，进一步加剧了“看病难、看病贵”问题。

3. “入托难、入托贵”

学前教育供给总量不足与结构失衡并存。从1995年到2010年，全国城镇人口从3.52亿增加到6.66亿，增长了89.2%，但城市幼儿园数量却从37256所减少到35845所，减少了3.8%。其中，北京幼儿园数量从3024所减少到1245所，下降了58.8%。幼儿园结构失衡进一步加剧了“入托难、入托贵”问题。2010年，全国城市幼儿园中，教育和其他部门办占20.1%，集体办占6.6%，民办占73.3%（见表5）。公办园供给不足，民间办园条件苛刻，由此造成“公办园俏、民办园贵、黑户园乱”的现象。

表5　2010年全国城市幼儿园发展情况

	园数		入园人数		在园人数	
	数量(所)	比重(%)	数量(人)	比重(%)	数量(人)	比重(%)
教育部门办	4299	12.0	825923	26.2	1771961	23.5
集体办	2345	6.6	196509	6.2	532467	7.1
民办	26289	73.3	1814792	57.6	4358052	57.9
其他部门办	2912	8.1	314439	10.0	863279	11.5
总　计	35845	100	3151663	100	7525759	100

资料来源：根据《中国教育统计年鉴》（2010）计算整理。

4. “老无所养，老无所依”

中国城市人口老龄化问题越来越严重。2009年，全国城市60岁及以上人口占总人口的比重达14.5%，其中65岁及以上人口占9.9%，70岁及以上人口占6.5%，75岁及以上人口占3.6%，80岁及以上人口占1.5%。中国人口老龄化来得早，尚未实现全面小康就开始老龄化；速度快，即西方国家老龄化从5%上升到10%一般需要40年，而中国只用了18年；持续长，预计2030年前后进入老龄化高峰，此后将持续30～40年。与此对应的是，养老服务社会化刚刚起步，社会保险金积累严重不足，社会养老服务体系缺失，专业人才也极度缺乏，给城市养老保障带来了严峻的挑战。

（七）交通拥堵问题愈演愈烈

当前交通拥堵已经成为中国城市特别是大城市的常态，并且这一问题愈演愈烈。一些大城市即便采取了区域限行、尾号限行、购车限制等措施，也难以从根本上解决问题。

目前，中国约有2/3的城市在高峰时段出现拥堵。特别是在一些特大城市，交通拥堵现象十分严重，有的城市中心地区高峰时段交通几乎接近瘫痪状态。交通拥堵导致城市居民上下班通勤时间大幅增加。据智联招聘和北京大学社会调查研究中心（2012）的联合调查，北京、上海、天津、沈阳、西安、成都等城市上下班平均通勤（往返）时间已经超过1小时，广州、青岛、武汉、重庆、郑州、南京、长春、深圳、杭州等城市也在0.85小时以上，其中北京高达1.32小时，上海达1.17小时，天津达1.15小时，分别居前三位。从国际比较看，中国城市交通拥堵现象也非常严重。英国Regus（2011）的调查显示，中国的上班族平均每天在上班路上花费的时间领先全球，仅次于印度尼西亚，比世界平均水平高出31.7%，比加拿大和美国平均水平高出近乎1倍。如此大规模长时间的通勤，既耗费了居民大量的时间和精力，也造成了无谓的经济损失、能源消耗以及环境污染。

中国城市交通拥堵的原因是多方面的。一是全国人口和经济活动过度向大城市集聚。二是大城市内部人口与产业布局不匹配造成严重的职住分离。大量职员工白天进城工作、晚上回郊区休息，人为造就了以北京天通苑等为代表的一批“睡城”。三是政府对城市道路建设投入不足。1985～2010年，中国城市道路总面积和人均城市道路面积分别增长了13.5倍、7.7倍，而城市出租车和私家车数量分别增长了37.9倍、275.3倍，单位城市道路面积出租车和私家车密度分别增长了1.67倍、13.35倍（见图6）。四是城市交通运输客运结构严重失衡。公交车和轨道交通等公共交通规划建设滞后，资金投入不足，难以满足居民出行的需要。五是城市交通规划建设不合理。不少大城市热衷于兴建环线公路，把城市交通建设片面理解为“修建环线、拓宽马路、建立交桥”。然而，从世界其他城市来看，城市环线公路的空间通常所占比例很低，例如东京为2.4%，汉城为2.6%，新加坡为3.4%。不重视市中心与郊区的对接快速通道，中心城区内部的瓶颈路、断头路和交叉路口较多，小区内的交通微循环不畅通，也加剧了城市交通拥堵状况。

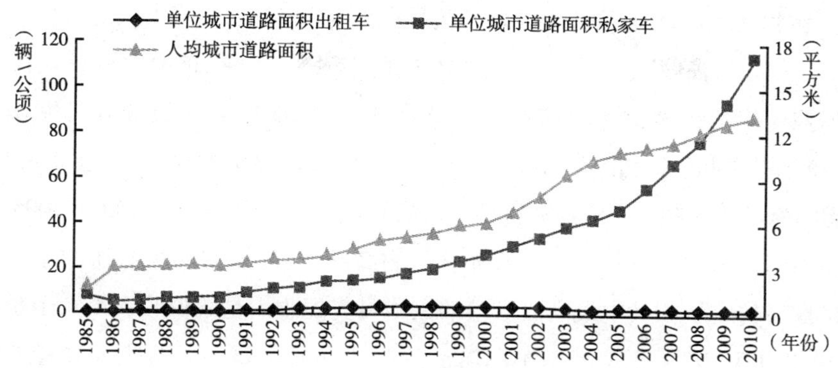

图 6　1985～2010 年中国城市人均道路面积及车辆密度

资料来源：根据《中国城乡建设统计年鉴》（2011）、《中国统计年鉴》（2011）、《新中国六十年统计资料汇编》、中国统计数据应用支持系统等数据计算绘制。

（八）城市居民亚健康问题突出

城市居民的亚健康问题，具体表现为身体成长的亚健康、情感的亚健康、思想的亚健康、行为的亚健康。不少城市居民由于亚健康的人居环境而出现了一些亚健康问题，诸如“高楼综合征”、“办公室综合征”、“计算机键盘疲劳综合征”、“上网过多障碍症”、“空调病”、“书写痉挛”、“考试综合征”、“家电噪声病”等。

中国城市居民的亚健康问题已经到了不容忽视的程度。卫生部最近对十个城市的上班族调查结果显示，亚健康状态的员工占比高达 48%，其中北京达到 75.3%，上海达到 73.5%，广东达到 73.4%。由中国医师协会、中国医院协会等联合发布的 2010 年《中国城市白领健康白皮书》显示，城市白领亚健康比例达 76%，处于过劳状态的接近 60%，真正意义上的“健康人”比例不到 3%。保障人的健康才能有整个社会的健康和谐，绝不能以整整几代人的健康为代价换取所谓的“发展”。

（九）城市社会呈现分化迹象

当前，中国城市正处在经济社会发展转型期，由于收入分配机制和发展成果共享机制不够健全，不同社会阶层在收入、消费和居住等方面呈现分化迹象。特别是处于弱势的城市贫困人口和农民工群体尤其值得关注。

1. 城镇居民收入差异仍然较大

一是城镇居民收入的地区差异居高不下。1985～1994 年中国城镇居民收入的省际差异持续扩大，此后在高位水平上波动，2007 年以来虽有所缩小，但 2010 年的省际基尼系数、泰尔系数仍然高达 0.12969、0.02847，分别比 1985 年高出 40.4%、118%。二是城镇居民收入的阶层差异仍然较大。2000～2005 年城镇居民不同等级收入组别的差异在扩大；自 2009 年以来差异虽有所缩小，但仍然保持在高位水平，其中最高收入组的人均可支配收入是最低收入组、困难组的 8.65 倍、10.85 倍（见表 6）。不同阶层的收入差异主要由工薪收入和经营净收入引起。三是城镇居民收入的性别差异仍然较大。女性收入月工资均值只有男性的 78.3%，其中男女收入差异的 23.4% 可归因于男性受偏袒，59.5% 可归因于女性受歧视，只有 17.1% 归因于个体差异（陈文府，2011）。此外，由于种种原因，目前在中国城市已经形成了一个特殊的贫困群体。根据国家统计局对 6.5 万户城镇居民家庭的抽样调查数据进行估算，2010 年全国城镇居民家庭年总收入低于 2.0 万元的贫困人口有 3448 万人，低于 2.5 万元的低收入人口达 6563 万人。

表 6　2000～2010 年中国城镇居民人均可支配收入差异（按收入等级分组）

年份	中等偏上户/中等偏下户	高收入户/低收入户	最高收入户/最低收入户	困难户/全国平均水平(%)	最高收入户/困难户	高收入户/困难户
2000	1.62	2.60	5.02	37.0	5.73	4.06
2005	1.88	3.52	9.18	23.8	11.53	6.89
2006	1.86	3.44	8.96	24.1	11.26	6.72
2007	1.84	3.42	8.74	24.4	10.95	6.62
2008	1.89	3.57	9.17	23.7	11.68	7.03
2009	1.87	3.48	8.91	24.4	11.16	6.76
2010	1.83	3.34	8.65	24.8	10.85	6.55

注：在全部调查户数中，最低收入户占 10%（其中困难户占 5%），低收入户占 10%，中等偏下户、中等户和中等偏上户各占 20%，高收入户和最高收入户各占 10%。

资料来源：根据《中国统计年鉴》（2001、2006～2011）计算整理。

2. 城市不同阶层消费差异持续扩大

进城农民工工资低、收入不稳定，仍然和农村居民一样保持较低的消费倾向；原城市居民中的中低收入阶层储蓄动机较强而消费不足；高收入阶层消费能

力强，但缺乏合适的消费渠道，容易出现一些异化消费。总体上看，城镇居民各阶层消费差异在扩大。2000 年最高收入组的人均消费为 9251 元，是最低收入组的 3.64 倍，是困难户组的 3.99 倍；而这两个比重在 2010 年分别提高至 5.80 倍和 6.74 倍（见表 7）。

表 7　2000～2010 年中国城镇居民人均消费性支出差异（按收入等级分组）

年份	中等偏上户/中等偏下户	高收入户/低收入户	最高收入户/最低收入户	困难户/全国平均水平（%）	最高收入户/困难户	高收入户/困难户
2000	1.49	2.17	3.64	46.4	3.99	3.06
2005	1.69	2.82	6.16	33.4	7.21	4.56
2006	1.67	2.76	6.15	34.0	7.13	4.46
2007	1.62	2.72	5.78	34.5	6.77	4.44
2008	1.67	2.89	5.95	34.4	6.99	4.63
2009	1.71	2.86	5.92	34.7	6.81	4.53
2010	1.67	2.85	5.80	35.0	6.74	4.45

注：在全部调查户数中，最低收入户占 10%（其中困难户占 5%）低收入户占 10%，中等偏下户、中等户和中等偏上户各占 20%，高收入户和最高收入户各占 10%。

资料来源：根据《中国统计年鉴》（2001、2006～2011）计算整理。

3. 城市居住分异现象逐渐加剧

改革深化时期，由于历史因素、市场因素、规划政策等原因，在一些大城市富人和穷人居住分异的趋势不断显现。一方面，少数高收入阶层集中居住在豪华高档楼盘或别墅，形成了所谓的富人居住区。另一方面，在老城区、城乡结合部、城市边缘区形成了大量条件恶劣的棚户区和城中村。截至 2008 年底，全国城市棚户区多达 744 万户。城市居住空间分异的加剧，必然会造成空间隔离，诱发一系列社会矛盾，不利于和谐社会建设（魏后凯，2011b）。

4. 农民工仍然难以融入城市社会

2011 年，全国农民工总量达到 2.53 亿，其中外出农民工 1.59 亿，相当于城镇总人口的 23.0%。在外出农民工中，30.8% 流入直辖市和省会城市，33.9% 流入地级市。这一庞大的农民工群体为中国城市发展作出了巨大的贡献，但至今在就业、收入、教育、医疗、文化等方面仍然受到诸多歧视，较难真正地融入城市社会中。受“一城两制”政策歧视，农民工成为城市里的二等公民、边缘人（陆学艺，2005）。

（十）城市安全问题不容忽视

城市由于人口密集、经济活动集中、生态系统较为脆弱，更容易遭受各种原生灾害及其次生灾害的影响。中国城市安全问题频发，为城市的繁荣发展敲响了警钟。

1. 城市生产安全问题严重

由于历史原因，中国城市内部分布了大量的从事危险、有毒的生产性行业，设备的老旧以及管理的落后造成各种生产事故频发。近年来发生了多起化工厂、冶炼厂、鞭炮厂等泄露、爆炸事件，不仅造成了人员损失，也迫使城市不得不进行大规模的人口疏散，严重地影响了城市的生产、生活秩序。目前，中国城市运行安全尚未引起高度重视。一旦个别的关键环节或局部地区出现问题，整个城市系统的正常运行就可能受到影响。例如，较长时间的停水、停电就可能使整个城市的正常运行处于瘫痪状态。

2. 城市灾害应急能力弱

中国城市减灾防灾体系正处于初创阶段，在灾害评估、应急预案、防灾演练、场地建设和物资贮备方面极为薄弱，城市居民的防灾减灾自救意识不强，一旦灾害发生，造成的损失难以估量。例如，2003 年横行肆虐的非典疫情就给中国香港、北京、广州等大城市造成了巨大损失，充分暴露了城市系统防灾抗灾能力的脆弱性。

3. 食品安全问题越演越烈

近年来，不断爆出的苏丹红、三聚氰胺、瘦肉精、地沟油等事件令人触目惊心。食品安全问题已经严重威胁人们的身体健康与生命安全。根据卫生部最新数据，2011 年全国食品中毒事件 189 起，中毒人数 8324 人，其中集体食堂 2733 人，家庭 2576 人，饮食服务单位 1516 人，其他 1499 人。但卫生部统计的数据可能被低估，专家估计中国每年食物中毒例数至少有 20 万 ~40 万人（傅旭明，2001）。估计城市食品中毒事件约占全国的 2/3。

4. 城市交通安全有待加强

2010 年全国发生交通事故 21.95 万起，死亡人数达 6.52 万人，受伤人数 25.41 万人，造成直接财产损失 9.263 亿元。交通安全问题在城市尤为严重。随着私家车的迅猛增加，而交通基础设施相对供给不足，交通条件相对恶化，城市交通事故也不断增加。

三　促进城市绿色繁荣的战略思路和措施

当前，面对资源和环境的双重约束以及上述诸多方面的严峻挑战，如何把绿色理念贯穿到城市规划、建设和管理全过程以及城市经济社会发展各领域，加快推进城市的绿色转型，促进城市绿色发展和繁荣，就成为关乎城市能否实现科学发展的关键和核心所在。中国迈向城市时代后，随着居民收入水平的提高和消费需求的不断升级，人们需要的将是一个更加生态环保、更加宜居舒适、更加集约高效、更加安全和谐的现代化城市。为此需要全面树立绿色繁荣的理念，大力推广绿色低碳技术，构建绿色经济尤其是现代绿色产业体系，推行绿色生活和消费方式，强化绿色管理、考核和支撑体系，进一步完善相关配套政策措施，积极推动经济社会发展与生态环境保护深度融合，促进城市经济、社会和生态的共同繁荣，走低碳、环保、高效、和谐、安全的绿色繁荣之路。

（一）全面树立绿色繁荣的理念

所谓“绿色繁荣”，就是采取绿色的生产、生活和消费方式，实现经济、社会和生态的共同繁荣。这里，“繁荣”是目标，“绿色”是“繁荣”的特性。绿色繁荣就是通过绿色的发展方式实现全面繁荣的目标。它是一种充满绿色的全面繁荣。因此，实现绿色繁荣，必须以良好的生态和人居环境为基础，必须以生态环境保护为前提。如果缺乏良好的生态和人居环境，经济、社会发展与生态环境保护就不能同步推进，甚至经济发展会以牺牲生态环境为代价，那么这种单纯的经济繁荣就不能算是绿色繁荣，而只是一种不可持续的非绿色繁荣。

全面树立绿色繁荣的理念，首先要把绿色理念贯穿到城市规划、建设和管理全过程以及经济社会发展各领域、各层次。从过程看，不仅要强化绿色规划，建设绿色城镇，而且要加强绿色管理。从领域看，要积极推行绿色生产、生活和消费方式，把绿色理念贯穿到经济社会发展各领域、各层次。从主体看，则要全方位推进绿色园区、绿色社区、绿色企业、绿色机关、绿色单位、绿色家庭的建设。其次，绿色繁荣不是单纯追求 GDP 的增长，而是通过经济社会发展与生态环境保护的深度融合，实现经济、社会和生态的共同繁荣。在绿色繁荣的理念下，经济繁荣、社会繁荣和生态繁荣三者之间，并非是一种相互取舍而是互促共

荣的关系。那种盲目追求和崇拜 GDP，甚至只顾当前，不顾长远，以牺牲生态环境为代价，换取一时一地的经济增长，既不符合绿色繁荣的理念，也不可能真正实现可持续的长期繁荣。总之，绿色繁荣具有十分丰富的内涵，既要保持良好的生态环境，又要依靠绿色的发展方式，同步实现经济社会的全面发展，它是经济繁荣、社会繁荣和生态繁荣的有机统一。

从绿色繁荣的理念出发，必须坚持生态环保优先的原则，确立政府绩效考核的绿色导向，明确生态和环境保护的政府责任，从根本上扭转地方政府片面追求 GDP 的政绩观，破解以资源高消耗和环境破坏换取 GDP 增长的恶性循环。要根本转变传统的工业社会思维，实现以工业经济推动转向以城市发展综合引领，不再片面强调城市的生产功能，充分发挥城市在知识创造、要素组织、服务支撑、金融创新、文化发展、公共服务扩散、生活品质提升等方面的综合作用，引领中国城市走向经济、社会和生态共同繁荣之路。

（二）创造良好的城市绿色环境

1. 倡导绿色交通，严格控制机动车污染

要树立绿色交通理念，积极倡导绿色交通出行，鼓励发展慢行系统，引导居民采用“步行+公交”、“自行车+公交”的出行方式，支持“拼车”出行；科学规划和优化路网结构，加快建设放射状城市快速通道和联络线，全面改善城市交通微循环；实行公交优先战略，大力发展城市轨道交通和快速公交系统，提升和改善公交服务，优化慢行交通环境；加强公交站场和公共停车场的规划建设，完善城市静态交通体系；实行更严格的汽车尾气排放标准，鼓励和推广使用燃料电池车、电动汽车等。

2. 积极推进减量化，强化环保设施建设

加大政策支持力度，积极推进生活污水减量化和生活垃圾减量化，推进固体废物的减量化、资源化和无害化，大力推广垃圾分类收集与清洁直运，减少污染物排放，破解“垃圾围城”现象。同时，要构建多元化投融资机制，加快城镇尤其是小城镇环保基础设施建设，提高“三废”处理率和综合利用率。

3. 增加城市绿色空间，提升居民生活品质

加强城市绿色系统规划建设，提高城市绿地比重和规划标准；严格控制大广场、大公园、大场馆等建设，着重发展社区绿地、社区广场、社区活动中心等适

合市民尺度的绿色休闲空间，为建设绿色休闲城市奠定基础；推动城市绿化建设由平面绿化向立体绿化转变，形成地面、墙面、屋顶三维一体的绿化体系，提高城市的绿化层次结构与美感；积极推广绿色建材以及住宅节能、节水和雨水收集利用技术，加快推进生态建筑、节能节地节水住宅建设，探索建立绿色建筑的示范和推广机制。

4. 创新保护机制，推进城市环境综合治理

发挥市场机制在环境保护中的作用，加强环境污染成本核算，推广实施排污权许可制度，探索开展主要污染物排放总量初始权有偿分配和排污权交易，创新排污费征收使用管理模式，完善城市污水和固体废弃物处理费征管办法。加强城市主要污染物的监测工作，提高监测标准，增加监测结果向社会公布的即时性与透明度，建立完善城市主要污染物总量减排预警制度和防控机制。加强对城市水源地、湿地、生态隔离带等的保护力度，明确划定城市基本生态控制线和各类绿地的控制线。

（三）建立完善现代绿色产业体系

1. 积极发展绿色制造业

着重加强绿色制造技术、工艺的研发和应用，完善绿色产品标准体系和技术规范，研究制定绿色制造技术标准体系，大力推行清洁生产，积极发展绿色先进制造业，加快用绿色技术改造提升传统制造业，促使中国城市制造业逐步向高端化、智能化、绿色化方向发展。同时，要重视绿色再制造技术的研究和应用，深度挖掘和开发“城市矿山”，完善再生资源回收利用体系，加快城市再生资源产业发展。

2. 大力发展绿色服务业

一是鼓励和引导行业协会或企业联盟制定服务行业的绿色服务标准，建立完善的激励和约束机制，推动服务业绿色标准体系及其实施机制的形成；二是按照绿色理念和绿色标准，推进服务业的绿色转型，加快发展绿色餐饮、绿色旅游、绿色物流、绿色房地产、绿色金融等绿色服务业，改进服务方式，提高服务质量；三是突出城市特色和优势，从绿色发展的视角，大力推进文化艺术、生态旅游、休闲养生、科技信息服务等新兴服务业发展，提升城市品质和软实力。

3. 完善产业进入与退出机制

按照行业、产业链环节、地块和发展阶段等的不同，在资源能源消耗、环保和技术标准等方面，建立差别化的产业进入与退出机制。在现阶段，城市产业的发展不能来者不拒，而应实行“招商选资”、“选商选资”。对于大城市中心区，要实行“退二进三”、“退居进商”，通过土地置换将现有工业搬迁到工业园区和周边地区；对于经济较发达的城市地区，要制定较高的单位土地投资和产出强度标准，确定严格的单位产出能耗、水耗和污染物排放标准，严把环保关、能耗关、排放关。

4. 拓展城市绿色产业空间

结合城市产业结构的调整升级，大力发展循环经济产业园区和生态产业园区，推进生态企业建设，为城市发展开辟绿色产业空间。要建立科学的绿色产业园区评价标准和指标体系，切实抓好产业园区规划建设，强化功能定位和分工合作，促进产业园区向特色化、集群化、生态化方向发展。

（四）积极倡导绿色消费方式

1. 增强绿色消费意识

通过广播、电视、报纸、互联网等媒体，多渠道、多形式广泛开展绿色消费宣传，传播绿色消费知识，增强全社会的绿色消费意识，提高居民绿色消费的自觉性。加强绿色消费教育，编制市民绿色消费手册，制定绿色消费公约，将环境教育纳入中小学教育、高等教育、职业教育和社区宣传教育体系中。注重对青少年行为习惯养成方面的教育，使青少年从小养成节约资源、保护环境的绿色生活和消费方式。鼓励公众，特别是具备一定专业知识的人士，建立和发展致力于资源节约和环境保护的非政府社团组织、志愿者组织，从事环保知识的普及宣传、环保活动的组织开展等社会工作。

2. 健全绿色消费制度

建立有利于绿色消费的激励和约束机制，通过补贴、减免税、优惠贷款等措施，支持引导环保建材、节水洁具、节能灯、节能汽车、清洁能源、环保家电等绿色消费；建立绿色价格制度，使产品价格反映环境和资源成本；推行绿色押金制度，即按照规定向购买具有潜在污染性产品的人收取一定的附加费用，当他们把潜在污染物送回回收系统时即退还所收附加费的制度；建立完善绿色消费的法

律法规体系，规范绿色市场秩序，为绿色消费营造一个良好的法律环境。

3. 加强消费市场监管

加大对绿色消费市场的监管力度，制定统一的认证标准，加强绿色产品的标识管理，规范生产经营行为，维护消费者权益；加强市场监察执法，严厉打击假冒绿色产品生产和销售，对不符合环境卫生质量标准的产品，要处以重罚或者责令停产整顿；进一步强化消费者协会职能，加强媒体、公益组织和社会团体等的舆论监督，通过举报电话、举报信箱、网络等形式，充分发挥公众的监督作用，切实维护消费者绿色消费权益。

（五）开启城市绿色管理时代

1. 构建和推广绿色城市管理的标准体系

绿色城市管理标准已在部分城市有所实践，取得了较好的效果。目前，要着重扩大绿色城市管理标准的覆盖面，从城市管理综合执法逐步向前向后延拓，在城市规划管理、建设管理、城市环境治理、城市社区管理等方面渗入绿色管理理念，依靠建立绿色管理标准推动城市管理全过程、全领域的绿化，引领城市管理从被动的、粗放的、狭窄的传统模式转向主动的、精细的、广域的绿色管理新模式。同时，加强绿色城市管理的法律支撑。尽管中国目前还没有《城市管理法》，但在城市管理方面，地方立法有着很大的空间，对于特别需要因地制宜的城市管理问题更有用武之地。

2. 建立绿色管理的长效机制，提升管理效率

首先要探索城市管理主体多元化路径，制定和完善社会参与机制、监督机制、互动合作机制，健全奖惩制度、信息公开制度、报告制度、公众考评制度等，从而增进市民、企业及社会组织对城市公共管理的参与，增强管理信息的透明度、公开度，形成全民协管的长效管理机制，提高城市管理的信息反馈能力，提升城市管理效率，减少官僚主义和行政效率低下现象的发生。

3. 推进城乡一体化管理，缩小城乡绿管差距

充分利用城市管理技术不断提高的机遇，实施覆盖城乡的一体化管理，以城市的标准管理农村，尤其是加大对城乡接合部、城中村的管理力度，清除城市绿色管理死角。加快建立城乡一体化管理服务体系，将政府管理的各项职能、城市和农村社区的全方位信息都囊括到管理网络中，增进城乡信息的全面反馈和流

通，从而为实现城乡无缝化统筹管理和服务水平的提高奠定基础。

4. 建设安全城市，由风险累积转向风险递减

首先，要加强基础设施建设，提高城市御灾能力。适当提高基础设施建设标准，新城建设规划和城市更新计划必须优先建设数字化的地下管网。加强对重点地区的安全监控和高层超高层建筑的防火安全监控。同时，注意加强灾备建设，预防新型灾害，尤其是政府公共服务部门、金融机构等对信息化高度依赖的部门、机构和企业必须建立信息灾备中心。其次，加强综合减灾管理体系建设，提高城市防灾减灾能力。要将构建综合防灾减灾体系列入政府工作的重要议事日程，制定防灾减灾预案和实施方案。在社区管理层面，要根据社区自身特点建立相应的灾害防控预案，并定期组织居民参与防灾演练；加强中小学的防灾自救教育，使每个居民都具有一定的自救和施救知识并经常得到演练。最后，建设社会安全防控网络，切实保障民生安全。建立综合性、社会化预防犯罪体系。完善人口信息登记制度，对流动人口实施动态管理，逐步向数字化、信息化管理转变；建立规范化、普及化的社区心理辅导和心理康复教育体系，加强社区文体娱乐设施建设，形成和谐的社会氛围，及时疏导和排除社会不安定因素。加强食品药品安全管理力度，整合相关部门职能，建立较高级别的安全监督管理机构，树立大安全观，统筹城乡安全发展。

5. 建设智慧城市，提升综合管理水平和能力

结合城市网格化管理的普及，积极引入最新科技成果，探索智能楼宇、智能建筑、智能小区、智能交通和数字化市政设施管理，统筹建立城市综合性智能管理指挥中心，构建城市综合管理信息平台和数据公共交换平台，实现信息资源共享，推进数字城市、智慧城市等信息化城市建设。

（六）全方位推动政府绿色转型

1. 创新规划实施机制，建立绿色规划体系

首先，要加强城市生态建设规划的编制和实施，明确各类绿地、水域等控制线，强化生态空间管治，控制开发强度，确保生态空间底限，统筹城乡生态建设和环境保护。其次，以城市总体规划为统筹平台，提出绿色环境、绿色交通、绿色空间、绿色市政、绿色社区等各项要求，统筹开展各专项规划，指导具体设计，把绿色理念和要求融入城市规划设计的全过程、各领域和各环节。再次，规

划实施上要切实落实法定图则，将规划的“绿色目标”法定化。要将能耗指标、透水率、地表径流系数、再生水利用率等绿色指标引入各专项规划之中，并同容积率、绿地率等常规指标一起纳入规划控制指标，积极探索以法定图则为基石，以专项规划为依托，绿色指标与常规指标相结合的新型绿色规划管理模式。最后，建立绿色规划的技术规范。在城市规划与设计领域，尽快研究制定不同层次的绿色规划设计规范性文件，尤其是绿色建筑、绿色住区、绿色照明、绿色交通等，并以绿色设计导则的形式强制执行。

2. 扩大政府绿色采购

一是制定政府绿色采购的具体办法，完善绿色采购清单及相关制度，扩大政府绿色采购范围，引导和鼓励更多的企业生产绿色产品。2006 年底中国参照国际惯例颁发了首批《环境标志产品政府采购清单》，之后财政部和国家环保总局对清单进行了多次调整，并于2012 年1 月发布了《环境标志产品政府采购清单》（第九期），财政部和国家发展改革委还同时发布了《节能产品政府采购清单》（第十一期）。但客观而言，中国目前的绿色采购清单仍较单薄，需进一步完善。二是制定绿色采购标准，通过有针对性、实用性和可操作性的认证标准，对绿色企业进行统一认证，对涉及节能环保的产品进行分级分类，明确政府优先采购的产品类型和最低节能环保标准，确定政府优先采购的绿色条件。三是建立政府绿色采购的监督、评估与信息公开体系，完善绿色采购的法律监督机制。四是建立政府绿色采购的优惠制度，采取适当补贴的方式，解决绿色产品价格较高、缺乏竞争力的问题。

3. 实行绿色政绩考核

当前，必须按照绿色发展的理念，弱化对经济增长速度的评价考核，强化包括资源节约、环境保护、民生改善、社会管理等目标任务完成情况的综合评价考核，建立健全绿色政绩考核体系。绿色 GDP 的重要性不在于方法及结果的精确度，重要的是真正树立环境有价、资源有价的绿色意识，将可持续发展的理念真正落实到行动上。在绿色 GDP 评估体系尚难以全面建立的情况下，可以考虑先将资源消耗强度和环境保护指标纳入考核指标体系中，如原材料消耗程度、能源消耗强度、水资源消耗强度、污染物排放强度、公众环境质量评价、空气环境质量变化、饮用水质量变化、森林覆盖增长率、环保投资增长率、群众性环境诉求事件发生数等。由此推动城市由粗放型外延发展向集约型内涵发展转变。

（七）统筹城市绿色发展示范体系

1. 统筹推进绿色城市创建工作

从国家层面统筹和规范绿色城市的创建活动，继续深化推进国家园林城市、国家生态园林城市、国家森林城市、国家环保模范城市等创建工作，一方面延伸创建活动的深度，更多地向县级市延伸；另一方面要对各部门众多的各类城市命名和创建活动进行整合和精简。要研究制定更加系统的绿色城市创建标准，拓展到城市绿化、城市建设、城市管理、自然环境、生态保护、人居环境等更多内涵，不断完善评价指标体系，增加居民生活质量的相关指标，如可将城镇居民可支配收入增长率、市民幸福感、人均住房面积、平均寿命等指标纳入绿色城市评价体系。据此对各级地方政府的绿色城市规划出台指导性意见，加强部门间协调，避免重复规划造成社会资源的浪费，维护规划的严肃性。

2. 加快推进生态建设的国家试点示范项目

继续开展生态文明示范工程和低碳城市试点，研究制定科学评估标准，适时扩大试点示范规模，为推广工作积累经验。逐步扩大绿色低碳重点小城镇试点示范范围，放大政策效应。一是加大政策支持力度，主要利用现有的专项资金渠道，通过节能减排专项资金予以安排。根据现实需要，从可再生能源应用、建筑节能、城镇污水管网建设、环境污染防治、商贸流通服务业发展五个方面支持绿色低碳重点小城镇建设和发展。二是陆续增加试点示范镇。综合考虑试点示范镇的区域分布、各自特色和类型，按照“成熟一批、启动一批”的原则，陆续启动新的试点示范绿色小城镇。三是对支持政策较完善、小城镇发展基础较好的省市区，采取签订省部协议的方式，集中安排一批试点示范镇。

3. 积极开展多种绿色城市示范活动

认真研究总结各地开展的绿色、环保、低碳等示范活动经验，制定相应的绿色城市示范活动规划，从绿色规划、绿色交通、绿色城管、绿色建筑、绿色家居、绿色校园等多个方面，开展高层次的示范活动，并加强评估、监管和技术指导。开展绿色消费示范创建活动。制定相关创建标准，组织开展绿色消费家庭、绿色消费社区、绿色消费企业、绿色消费机关等示范创建活动。在商贸流通领域促进绿色商品消费，引导有条件的商服企业设立绿色节能商品专卖区。开展生活垃圾分类收集试点，配套垃圾分类收集的设施设备，培养市民垃圾分类收集的习惯。

（八）完善支持绿色发展的财金政策

1. 加快构建绿色税制体系

首先，按照绿色理念调整现行税种。一是增强资源税支持城市绿色发展的功能。将现行其他资源性的税种，如土地使用税、耕地占用税、土地增值税等并入资源税，制定鼓励资源回收利用、开发利用替代资源、提高资源利用率的税收优惠政策，使资源税真正发挥支持资源节约的功能。二是面向节能要求调整消费税，体现消费税在鼓励资源节约、促进环境保护、合理引导消费和间接调节收入分配等方面的功能。着重将不符合节能技术标准的高能耗产品、资源消耗品和造成环境污染的产品纳入消费税征税范围；探索实施差别消费税率，视商品和服务在消费过程中损害环境的程度不同而实行不同的税率，如对高排污汽车和低排污汽车消费、使用含铅汽油和无铅汽油汽车、柴油车和汽油车等征收差别税率。三是适当调整消费税的优惠政策，鼓励城市发展绿色环保产业。对资源消耗量小、循环利用资源生产的产品和不会对环境造成污染的绿色产品、清洁产品，允许按照一定比例享受消费税减征的优惠。

其次，增设有利于绿色发展的新税种。一是大力推行燃油税，取代公路养路费、公路客货运附加费以及各种交通方式的运输管理费等。二是开征环境保护税，改变治理污染的资金主要通过征收排污费筹集的被动局面。可以考虑将现行的对排污、水污染、大气污染、工业废弃物、城市生活废弃物、噪声等收费制度，整合为统一征收环境保护税。环境保护税作为一种专门性税种，其税收收入应当作为政府的专项基金，用于节约资源和能源、加强环境保护等方面的开支。三是研究开征房产空置税，以减少大量空置的城市房产，引导其合理投向租售市场，改善城市住房紧张状况。

此外，完善绿色税收分配机制。发展绿色经济，必须充分调动中央和地方两个积极性，合理分配各级政府间的绿色税收收入。可以考虑将资源税划为中央、地方共享收入，环境保护税收入大部分由地方掌握，小部分上缴中央，由中央在各地区之间调剂使用，以利于促进全国范围内的环保事业和经济社会的协调发展。

2. 强化政府的绿色财政职能

进一步完善政府间财政转移支付制度，加强城市重要湿地、生态廊道、生态公园、森林公园、水源保护地、农田保护地等修复治理，并将生态环境建设和节能减排纳入各级政府公共财政支持范围。同时，加大财政转移支付中生态补偿的力度，鼓励和引导生态环境保护者和受益者之间通过自愿协商实现合理的生态补偿。中央在安排生态补偿财政转移支付资金时，要对重要生态功能区和大江大河源头地区等倾斜。对生态环境修复新技术的开发和应用以及重大生态环境治理项目，应加大中央投资的力度。对重要绿色产品的开发、生产和消费，根据具体情况中央财政可以给予一定补贴。

3. 以绿色信贷引导资金投向

在信贷投放方面，各商业银行要以国家产业政策和节能环保政策为导向，强化信贷准入管理，加大对低能耗、低污染、高技术含量的企业和项目信贷支持，严格限制高耗能、高污染、低技术含量的企业和项目贷款；加强节能环保信息采集与管理，将环境违法、环境事件、环保审批、环保认证、清洁生产审计和环保奖励等纳入企业信用信息基础数据库，进一步完善企业信用等级评估制度；对存在各种环保问题的企业，采取暂停、冻结、压缩、禁入等手段进行引导和处罚，对向环境违法项目发放贷款机构要追究相应责任；加强政府与银行之间的合作，建立完善绿色信贷项目信息库，构建绿色信贷信息共享机制；加大信贷产品和衍生产品的创新力度，为企业提供诸如投资理财、财务顾问、结构化融资等服务，丰富和完善融资产品体系，为绿色产业发展提供全方位的金融支持。

参考文献

UNDP：《可持续性与平等：共享美好未来》，载《2011 年人类发展报告》，2011。

陈文府：《中国城镇居民收入性别差异》，《统计研究》2011 年第 11 期。

傅旭明：《食品安全成热点：我国每年食物中毒超过 20 万人》，2001 年 10 月 8 日《中国经济时报》。

江亿：《中国建筑能耗状况与节能重点》，《建设科技》2007 年第 5 期。

陆学艺：《当前社会阶层分析与探讨》，《民主》2005 年第 10 期。

王野平：《国家电力监管委员会新闻发布会实录》，能源信息网，2008 年 4 月 24 日。

魏后凯：《我国城镇化战略调整思路》，《中国经贸导刊》2011a 年第 7 期。

魏后凯：《论中国城市转型战略》，《城市与区域规划研究》2011b 年第 4 卷第 1 期。

智联招聘和北京大学社会调查研究中心：《2012 年度中国职场人平衡指数调研报告》，2012。

Global Footprint Network (GFN), (2010), *Ecological Footprint Atlas 2010*, http://www.footprintnetwork.org/, IEA (2008), *Word Energy Outlook 2008*, France: STEDI MEDIA, pp. 182、193.

Regus (2011), *Regus Survey Identifies the Seven Deadly Sins of Commuting*, Regus press release, Feb. 17th.

Van Donkelaar A., Martin R. V., Brauer M., Kahn R., Levy R., & Verduzco C., et al. (2010), *Global Estimates of Ambient Fine Particulate Matter Concentrations from Satellite-based Aerosol Optical depth: Development and Application*. Environmental health perspectives, 118 (6), p. 847.

The Green and Prosperous Road for China toward an Urban Era

Group of General Report

Abstract: At present, with an end of the village-dominated society era, China is marching toward a new urban era of city-dominated society. In this new era, the urban economy and lifestyle will play a dominant role, city development tends to be cluster, and more attention will be paid on the city quality and green leisure space. Under this phase change, the existing urban planning and construction, management system, environmental quality, public services, social harmony and security etc. are all difficult to adapt to the new requirements of the urban age, increasingly faced with severe challenges. In the new era, we must pay more attention to the urban scientific development, comprehensively improve the city quality and urbanization quality, actively promote a deep integration between the economic development and eco-environmental protection, realize co-prosperity of urban economy, society and ecology, taking a "low-carbon, environment-friendly, efficient, harmonious and safe" road for green prosperity in China. Therefore, it needs to establish the concept of green development, popularize the green low-carbon technologies, build the green economy especially the modern green industrial system, spread the lifestyle of green living and consumption, strengthen the system of green management, assessment and support, and further improve the relevant supporting policies and measures.

Key Words: Urban Era; City-dominated Society; Urban Transformation; Green Prosperity

综 合 篇

Synthetic Analysis

B.2

中国城市科学发展评价

单菁菁 钟少颖 储诚山*

摘 要： 2011年，中国城镇人口比重首次超过农村人口，全面进入城市时代。面对复杂严峻的国内外形势，城市发展呈现新的变化与格局：西部城市首进前十名，东部城市独领风骚的局面得以改变；各省之间城市发展差距缩小，但梯度特征依然显著；区域间城市经济与环境建设差距缩小，但社会发展与支撑能力建设差距扩大；全国层面城市分项指标耦合度提高，但大中小城市之间发展指数的离散度加大。面对后金融危机时代全球经济的再平衡，结构调整仍然是未来中国城市发展的重要主线。

关键词： 城市 科学发展 格局 变化 结构调整

* 单菁菁，中国社会科学院城市发展与环境研究所副研究员，博士，研究方向为城市与区域发展战略、城市规划、城市管理等；钟少颖，中国社会科学院城市发展与环境研究所博士生，主要研究方向为城市与区域管理；储诚山，天津社会科学院城市经济研究所副研究员，博士，研究方向为资源与环境。

2011 年是中国“十二五”规划的开局之年。一方面，国际金融危机对世界经济的影响进一步显现，各国经济复苏不同步、不均衡的特征日益突出，各主要经济体纷纷加快了对自身经济增长方式的反思与调整步伐，并围绕新的发展制高点展开激烈竞争。另一方面，国家“十二五”规划明确提出要加快“转变发展方式，开创科学发展新局面”，国内经济继续深化调整，区域与城市之间的竞争更趋白热化。在此宏观背景下，中国城市发展加速转型，并呈现一些新的特点与态势。

一 2011 年城市科学发展回顾：格局与变化

根据城市科学发展评价指标体系（详见《中国城市发展报告》第 3 卷），我们采用主观赋权和客观赋权相结合的方法，对 2011 年除拉萨市①以外的 286 座地级及以上建制市②的科学发展情况进行了综合评价。按照国家统计局的统计口径，将上述城市分为特大城市（含超大城市）、大城市、中等城市、小城市③四组并进行了分组评价和分项评价，具体结果如下（详见附表 1、2、3、4、5）。

（一）总体格局：西部城市首进前十，东部城市继续领先

从全国城市发展的总体情况来看，2011 年度城市科学发展指数综合排名前 10 位的城市依次为：深圳、上海、北京、广州、宁波、佛山、厦门、青岛、鄂尔多斯④、

---

① 拉萨目前缺乏进行城市科学发展评价所需的系统数据。

② 本研究范围仅限于中国大陆地区城市，不包括香港、澳门和台湾地区。

③ 根据国家统计局统计口径，以市区（不包括市辖县）的非农业人口总数对城市规模进行划分，200 万人口以上的为超大城市，100 万～200 万人口的为特大城市，50 万～100 万人口的为大城市，20 万～50 万人口的为中等城市，20 万以下人口的为小城市。

④ 鄂尔多斯是近年来西部地区迅速崛起的一座明星城市。在经济建设方面，作为一座以资源起家的城市，近年来鄂尔多斯一直致力于推动产业转型升级。2011 年，全市实施的 107 项亿元以上工业项目中，非资源类项目占 84%、占全部工业投资的 80%，非资源类工业增加值目前已占到全部工业增加值的 1/3 左右。同时，工业向园区集中集聚发展，沿黄沿线经济带建设快速推进，已基本形成多元发展、多极支撑的现代工业体系。在社会民生方面，2011 年鄂尔多斯投入各项民生及社会事业的资金达到 250.5 亿元，占财政总支出的 56%。城镇居民人均可支配收入和农牧民人均纯收入分别增长 15% 和 14%，达到 28986 元和 9982 元，在全国居领先水平。城镇登记失业率 2.21%，低于全国和全区水平。以 147% 的优异成绩超额完成自治区下达的保障性住房建设任务，兴建了一批幼儿园、中小学校、流动卫生站。将学前教育纳入财政保障范围，并在部分旗区推行了 15 年免费教育。在环境保护方面，2011 年鄂尔多斯（转下页注）

杭州，其中珠三角城市占3席，长三角城市占3席，环渤海城市占2席，另外2席被西部城市鄂尔多斯和海西城市群的厦门所得。在城市科学发展指数综合排名前50位的城市中，位于东部地区的城市有26座，占总数的52%；位于中、西部地区和东北地区的城市分别有10座、10座和4座，占总数的48%。在城市科学发展指数综合排名前100位的城市中，位于东部地区的城市有47座，占总数的47%；位于中、西部地区和东北地区的城市分别有21座、20座和12座，占总数的53%。也就是说，来自中、西部和东北地区的城市已经占据排名领先城市的半壁江山（见图1）。

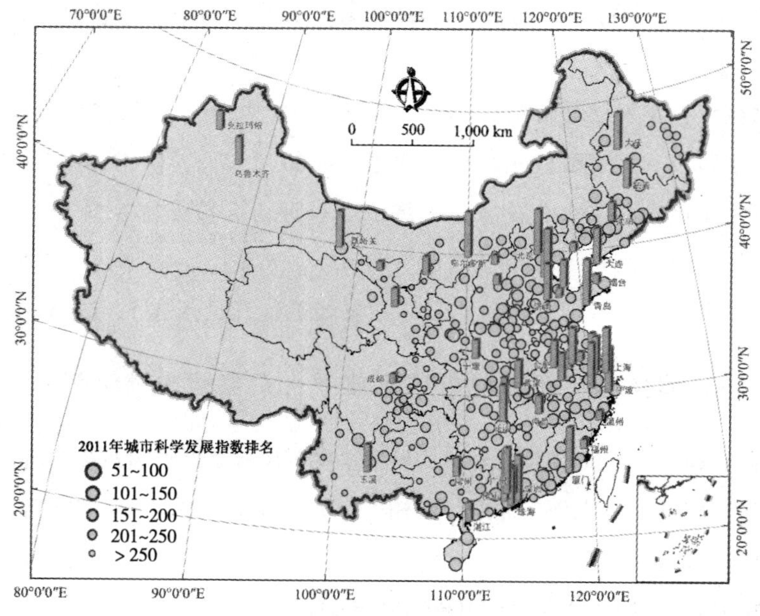

图1　2011年城市科学发展评价结果示意*

*本文中的部分图片（图1、图8）由中国社会科学院城市发展与环境研究所博士后关兴良绘制，特此感谢。

（接上页注④）完成造林235万亩，退牧还草520万亩，水土流失治理162万亩，万元GDP能耗下降2.8%，削减SO_2排放量3.8万吨，成功创建为自治区级园林城市。但由于资源型工业占比较大和历史的积累，在我们的城市科学发展测评中，其环境友好指数仍然处于较低水平。在城市支撑能力建设方面，鄂尔多斯坚持"软""硬"并举，2011年新增高等级公路334公里、铁路83公里、机场航线17条；继续实施10万英才培养引进计划，加大对科技、文化的投入；实施政务公开和行政问责制，全面推行电子政务，成为全国社会管理创新综合试点城市，有效提高了政府管理和服务效率。上述表现，使鄂尔多斯成功进入了2011年度全国城市科学发展指数综合排名前10位的行列。

就综合实力来看，目前东部城市在全国城市科学发展的总体格局中依然占有领先地位，但与以往相比出现两个明显变化：一是东部城市特别是三大城市群独占鳌头（包揽前10名）的局面首次被打破；二是东北地区及西部地区城市表现突出，进入科学发展指数综合排名前50位和前100位的城市数量明显增多（见表1）。

表1　城市科学发展评价前50、100位城市的分布情况

区域＼排名		前50名		前100名	
		数量	比重	数量	比重
东部地区	2010	29	58%	55	55%
	2011	26	52%	47	47%
	变化情况	-3	-6个百分点	-8	-8个百分点
东北地区	2010	4	8%	6	6%
	2011	4	8%	12	12%
	变化情况	0	0	+6	6个百分点
中部地区	2010	9	18%	23	23%
	2011	10	20%	21	21%
	变化情况	+1	+2个百分点	-2	-2个百分点
西部地区	2010	8	16%	16	16%
	2011	10	20%	20	20%
	变化情况	+2	+4个百分点	+4	4个百分点

（二）分省评价：省域差距依然明显，梯度特征较为显著

以省域为单位，各省（直辖市）城市科学发展水平大体可以分为四个梯队：第一梯队由上海、北京组成，其城市科学发展指数都在50以上；第二梯队除新疆①外主要由天津、浙江、广东、海南、江苏等东部省份组成，其城市科学发展指数普遍在40~45②；第三梯队包括辽宁、河北、山东、内蒙古、福建、湖南、吉林、湖北、重庆、江西、青海、河南、安徽、山西、陕西、黑龙江等省，地域范围涵盖了东、中、西部及东北地区四大区域，其城市科学发展指数大多在

① 新疆有2个地级市，即乌鲁木齐和克拉玛依，此处指其2个地级市科学发展的平均水平。

② 本章评价对象为各省城市的科学发展情况，而非各省省域的科学发展情况，下同。

35～40；第四梯队主要由一些西部省份构成，包括甘肃、云南、四川、广西、贵州和宁夏等，其城市科学发展指数均在35以下（见图2）。

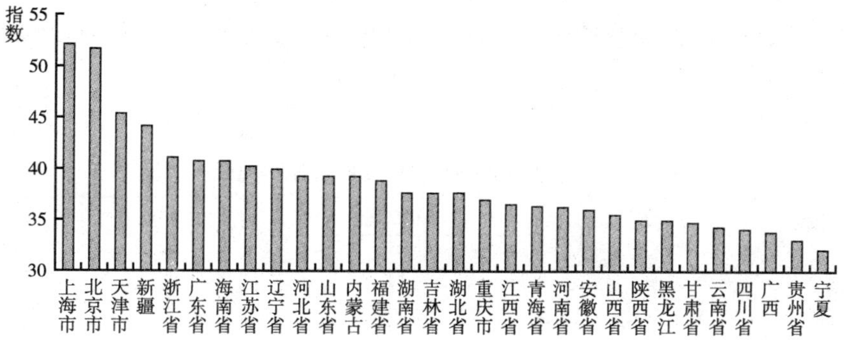

图2　省域城市科学发展指数比较

从2011年及以往历年的评价结果来看，我国省域城市科学发展主要呈现出以下特点。

一是各梯度之间省域城市科学发展水平差距较大，梯度分布特征明显。如2011年第一梯队中上海的科学发展指数为52.17，而第四梯队中宁夏的科学发展指数仅为32.14，二者之间的差距高达20以上。

二是各梯度内部省域城市科学发展水平接近，但排名位次变化剧烈。如第一梯队中上海在2009年领先，2010年被北京赶超，2011年上海又重新超过北京，二者之间一直处于赶超、被赶超和轮流领先的状态，但其科学发展指数间的差距在最大时也未超过0.5。第二梯队中的江苏在2011年仅因为零点几的差距而被浙江、广东、海南三省超过，排名直降3位。第三梯队中的重庆、第四梯队中的云南同样因为微小差距而被赶超，排名大幅下降3和5位。

三是各个梯度省域构成相对稳定，跨梯度的变化较少。如历年的第一梯队均由上海、北京构成，其城市科学发展水平一直在全国各省（直辖市）中遥遥领先。第二梯队基本由天津、江苏、浙江、广东、新疆等省组成，较为引人注目的变化是海南省由2006年的排名第16位、2009年的第11位、2010年的第9位跃居至2011年的第7位，成功取代山东省晋级第二梯队，显示出“国际旅游岛”战略实施以来其城市经济社会快速发展的良好态势。第三梯队、第四梯队的构成同样大致稳定，较为突出的变化是，原第四梯队中的山西省近年来转型发展势头

强劲，与工信部签署了《关于加快山西省工业转型发展、推进“两化”融合合作框架协议》，2011 年非煤产业投资、新兴产业投资、非国有投资分别增长了 40%、57%、50%。同时，基础设施建设也取得重大突破，铁路建设、高速公路建设、机场建设完成投资均居全国前列。2011 年在城市科学发展排名中上升 3 位，成功取代云南晋级第三梯队。

上述评价结果说明：①从省域角度看，目前我国城市在总体上发展不平衡现象仍然较为严重；②省域及省域城市之间的竞争更趋激烈，常常因为微小差距而导致排名大幅落后，发展中“不进则退”甚至“慢进则退”的态势愈发突出；③尽管全国很多省份、很多城市都提出了“跨越发展”或“赶超战略”，但真正实现“跨越赶超”的很少，而在发展转型中谋求“跨越赶超”，更是一个需要付出巨大努力和高超智慧的艰难历程。

（三）区域观察：经济与环境建设差距缩小，社会与支撑能力建设差距扩大

从区域角度观察，2011 年中国四大区域城市科学发展指数综合排名依次为：东部地区城市最高，综合指数为 43.03；东北地区城市次之，综合指数为 37.58；中部地区城市第三，综合指数为 36.63；西部地区城市排名最后，综合指数为 35.89（见图 3）。

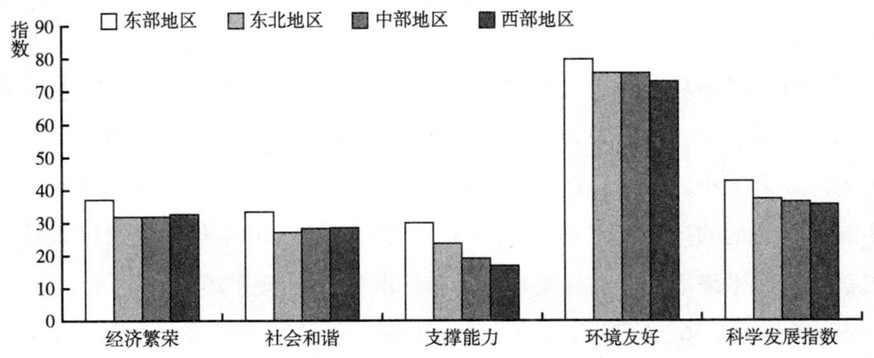

图 3　四大区域城市科学发展指数比较

从最终评价结果看，与往年相比，我国区域城市发展的总体格局并未出现大的改变：东部城市整体实力依然最强，西部城市整体实力依然相对较

弱。但若对其内部结构进行细致分析，却会发现一些新的变化与特点（见表2）。

表2　2010～2011年区域城市科学发展离散度比较

观察变量	经济繁荣		社会和谐		环境友好		支撑能力	
	2011	2010	2011	2010	2011	2010	2011	2010
均　值	33.66	38.31	29.63	23.90	76.44	71.15	22.70	18.11
标准差	2.60	3.69	2.68	2.62	2.77	4.09	5.81	4.51
方　差	6.78	13.64	7.20	6.85	7.69	16.74	33.72	20.37
极　差	5.56	8.09	6.10	5.90	6.73	9.29	13.06	9.50

一是区域城市整体发展、主要指标全面进步。自2010年沈阳经济区被正式批准为国家新型工业化综合配套改革试验区以来，2011年国家又陆续启动了山东半岛蓝色经济区、广东海洋经济综合试验区、成渝经济区、中原经济区等一系列旨在推动区域发展且各有侧重的国家战略，出台实施了促进西藏、新疆等地跨越式发展的一系列优惠政策。在此背景下，各区域城市均取得长足发展，中部地区已开始逐渐摆脱“中部塌陷”的被动局面，而西部城市也正迎来新一轮的高速增长期。2011年，除了经济繁荣指数受严峻的宏观经济形势影响比上年有所下降外，其他主要指标即社会和谐指数、环境友好指数、支撑能力指数的均值分别由2010年的23.9、71.15和18.11，提高到2011年的29.63、76.44和22.70，上升趋势显著。

二是各区域间经济发展与环境建设的相对差距明显缩小。在国家区域政策和区域战略的推动下，东、中、西部地区和东北地区的城市经济均取得较快发展，区域差距逐渐缩小。同时，在国家日益严厉的环保政策和节能减排等约束性指标的引导下，各地的环境建设也都取得了不错的成绩。2011年，反映区域城市之间经济发展水平离散程度的极差、方差和标准差，分别由2010年的8.09、13.64和3.69缩小到5.56、6.78和2.60。反映区域城市之间环境友好水平离散程度的极差、方差和标准差，分别由2010年的9.29、16.74和4.09缩小到6.73、7.69和2.77。二者均呈明显的收敛趋势。

三是不同区域间社会发展与支撑能力建设的差距继续扩大。2011年，一个值得注意的现象是，在区域城市间经济发展差距、环境友好差距逐渐缩小的同

时，其社会建设与支撑能力建设的差距却在继续扩大。如表2所示，显示区域城市之间社会发展水平离散程度的极差、方差和标准差分别由2010年的5.90、6.85和2.62，扩大到2011年的6.10、7.20和2.68。显示区域城市之间支撑能力建设离散程度的极差、方差和标准差分别由2010年的9.50、20.37和4.51，扩大到2011年的13.06、33.72和5.81。离散趋势十分明显。

我国"十二五"规划明确提出，要"坚持把保障和改善民生作为加快转变经济发展方式的根本出发点和落脚点"，"坚持把科技进步和创新作为加快转变经济发展方式的重要支撑"。而上述评价结果提示我们，尽管目前我国中西部地区在经济发展速度上已经超过了东部地区，但这些地区在关注经济增长的同时，更需要高度重视社会发展和可持续能力的同步建设。

（四）分组情况：大中小城市离散程度提高，非均衡发展态势增强

从城市分组评价结果来看，2011年中国特大城市（含超大城市）中，科学发展指数综合排名前20位的城市分布如下：东部地区城市有14座，占总数的70%；中部地区城市有3座，占总数的15%；东北地区城市有2座，占总数的10%；西部地区城市有1座，占总数的5%；总体结构与上年相同。大城市中，科学发展指数综合排名前20位的城市，有11座来自东部地区、3座来自中部地区、2座来自西部地区、4座来自东北地区，分别占总数的55%、15%、10%和20%。其中，东、中、西部地区进入综合排名前20位的大城市分别减少1座，东北地区增加了3座。科学发展指数综合排名前20位的中等城市中，有9座来自东部地区、2座来自中部地区、3座来自西部地区、6座来自东北地区，分别占总数的45%、10%、15%和30%。其中，东部和中部地区进入综合排名前20位的中等城市分别减少3座和2座，东北地区增加了5座。科学发展指数综合排名前20位的小城市中，有12座来自西部地区、6座来自中部地区、2座来自东部地区，分别占总数的60%、30%和10%。其中，西部地区进入综合排名前20位的小城市减少2座，中部地区增加2座（见图5）。

从各城市组的整体发展情况来看，2011年特大城市组的科学发展综合指数为43.03，大城市组为38.24，中等城市组为35.42，小城市组为33.61。按照科学发展综合指数高低排序依次为：特大城市组、大城市组、中等城市组、小城市组（见图4）。

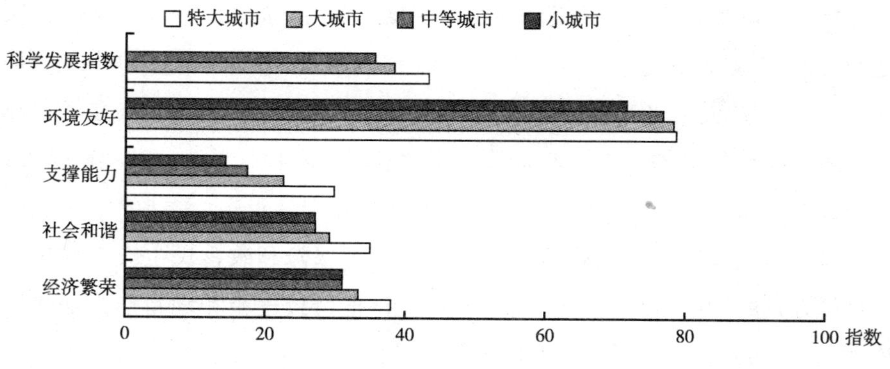

图 4　不同规模城市的科学发展指数比较

对比 2010～2011 年我国不同规模城市组的发展情况，其总体格局与往年基本相同，但也出现了一些耐人寻味的新变化。

一是 2010 年科学发展指数综合排名领先的特大城市、大城市和中等城市主要分布在东部地区，而小城市则是西部地区一枝独秀；但 2011 年东北地区的中等城市和大城市，以及中部地区的小城市也都获得了令人瞩目的较快发展（见图 5）。

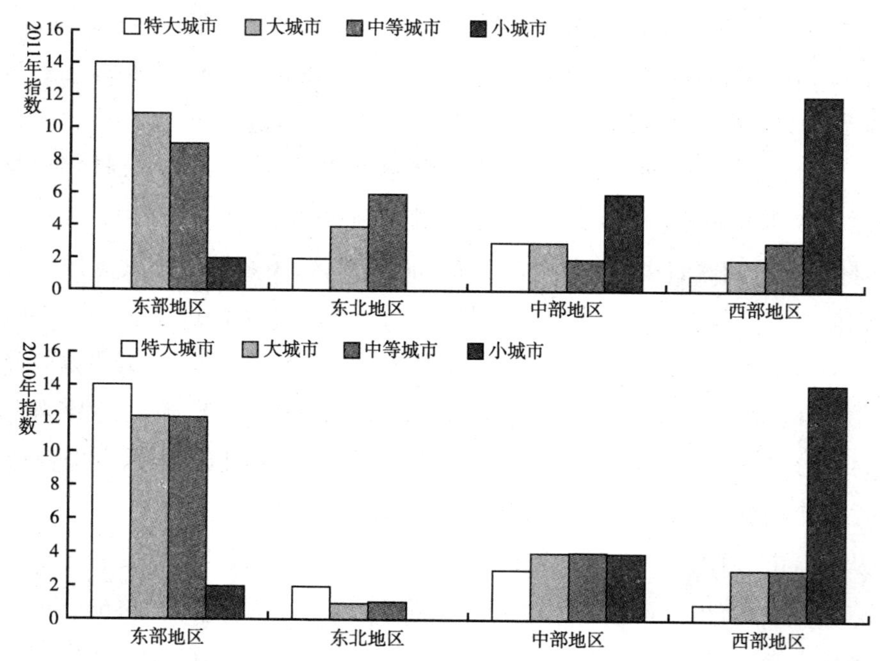

图 5　2010～2011 年科学发展指数综合排名前 20 位城市（分组）的区域分布比较

这说明近年来随着国内外产业转移以及西部大开发、振兴东北老工业基地、中部崛起等战略的深入推进，城镇化和区域一体化过程中的辐射扩散效应开始凸显。

二是特大城市组与大、中、小城市组之间综合发展水平的差距进一步扩大，代表科学发展指数离散程度的极差、方差和标准差分别由2010年的8.04、12.48和3.53，提高到2011年的9.42、16.85和4.11，离散趋势明显。这一变化反映出在目前的产业转移和调整过程中，随着产业、资本北上西进的步伐不断加快，各类资源要素正向着不同区域内的优势区位特别是中心城市加速会聚，区域内的极化效应和非均衡发展态势较为显著。

上述两种看似矛盾的变化，实则是全球化背景下，城镇化和区域化过程中集聚力与辐射力双重作用的结果。托马斯·弗里德曼（Thomas L. Friedman）在《世界是平的》一书中曾言[①]，由于全球化和科技、通信领域如闪电般迅速的进步，世界正在变得空前接近与平坦，各地区都可以自由和方便地利用全球资源。而戴维·斯密克（David M. Smick）则指出，正因为如此，世界不是平的，而是“弯的”（curved）[②]，各种资源会加速向优势地区倾斜和流动。中国同样如此，在上述两种力量的共同作用下，区域间发展的相对差距逐步缩小，而区域内特大城市（主要是一些直辖市、副省级城市、省会城市、计划单列市等具有特殊行政资源的城市和各地区的中心城市）与中、小城市之间的发展差距却呈现出逐步扩大的趋势。

（五）分项比较：各类指标耦合度提高，核心指数两强两弱

城市科学发展评价的最终目标不是城市排名，而是及时研究发现发展中的问题，以促进和推动城市的科学发展。因此，对各分项指标进行分析比较具有十分重要的意义。

以2011年中国城市科学发展评价综合排名前40位的城市为例[③]（见图6）：在位于东部地区的20座城市中，大多数城市的指标耦合度较高，显示出其经济、社会、环境发展较为协调。但相比其他先进地区，济南、东营、沧州、湛江等仍

---

① 托马斯·弗里德曼：《世界是平的：一部二十一世纪简史》，何帆、肖莹莹、郝正非译，湖南科学技术出版社，2006。

② 戴维·斯密克：《世界是弯的：全球经济潜在的危机》，陈勇译，中信出版社，2009。

③ 本报告评价对象为全国286座地级及以上建制市，受文章篇幅限制不可能一一进行分析。此处仅以城市科学发展评价综合排名前40位的城市为例，进行简要说明。

需加强其城市支撑能力建设，东莞、江门等仍需加强其社会民生建设。位于东北地区的4座城市各项指标的耦合度也相对较高，但大庆市在经济快速发展的同时需高度关注其环境治理与生态建设工作。位于中部地区的8座城市经济发展和生态环境指标普遍良好，但社会发展与支撑能力建设仍需加强。位于西部地区的8座城市经济活跃度很高，但支撑能力建设普遍滞后，此外，鄂尔多斯、克拉玛依还需进一步加强其环境保护与生态建设。

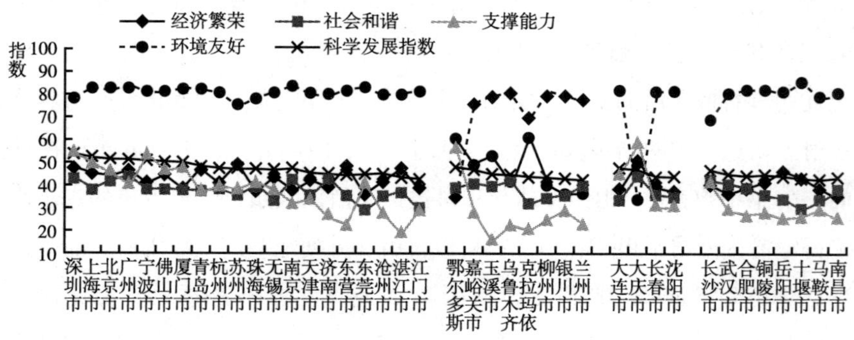

图6　城市科学发展评价前40位城市的分布情况

从省域角度对全国城市发展的各分项指标进行观察，我们发现，2011年中国城市发展的各项指标主要呈现出以下变化。

经济建设方面，2011年，在全球通胀预期不断增强、世界经济不稳定性和不确定性上升、宏观经济形势异常严峻的情况下，中国城市经济仍然实现了平稳较快增长，经济繁荣指数虽然比上年有所下降，但总体发展态势良好（见图7）。

环境保护方面，2011年中国陆续颁布实施了“十二五”节能减排综合性工作方案、控制温室气体排放工作方案、加强环境保护重点工作的意见和“十二五”城市环境综合整治定量考核指标及实施细则（征求意见稿）等，城市环境保护与生态建设力度不断加大，环境友好指数一直处于高位发展（见图7）。尽管受当前城市统计指标的限制，我们的指数测量不能涵盖城市环境的方方面面，且所获指标多为城市政府十分重视的国家限制性指标和定量考核指标，测量结果有一定高估成分，但仍可反映出近年来我国在城市环境保护与生态建设方面所取得的显著成就。

社会发展方面，近年来我国城市发展的一个突出变化就是比以往更加关注民生建设，而国家“十二五”规划更是强调提出要努力实现“两个同步、两个提

高”，即努力实现居民收入增长和经济发展同步、劳动报酬增长和劳动生产率提高同步，逐步提高居民收入在国民收入分配中的比重，提高劳动报酬在初次分配中的比重，加快发展各项社会事业，并设置了城镇保障性安居工程建设、城乡三项基本医疗保险参保率、九年义务教育巩固率等一系列约束性的民生指标。在此思想指导下，各城市民生建设和社会发展步伐明显加快，2011 年社会和谐指数比上年均有不同程度的提高，但整体上仍明显落后于经济建设（见图 7）。

支撑能力方面，除去青海、贵州等少数几省原地踏步外，大部分省份的城市支撑能力总体水平与上年相比都有所进步，但相对于其他指标进步幅度较小。目前，全国除上海、北京等个别城市外，多数省域城市的支撑能力都是其经济社会发展的“软肋”，支撑能力指数在各分项指数中处于最低水平（见图 7），这种情况在一些西部城市中表现得更为突出。

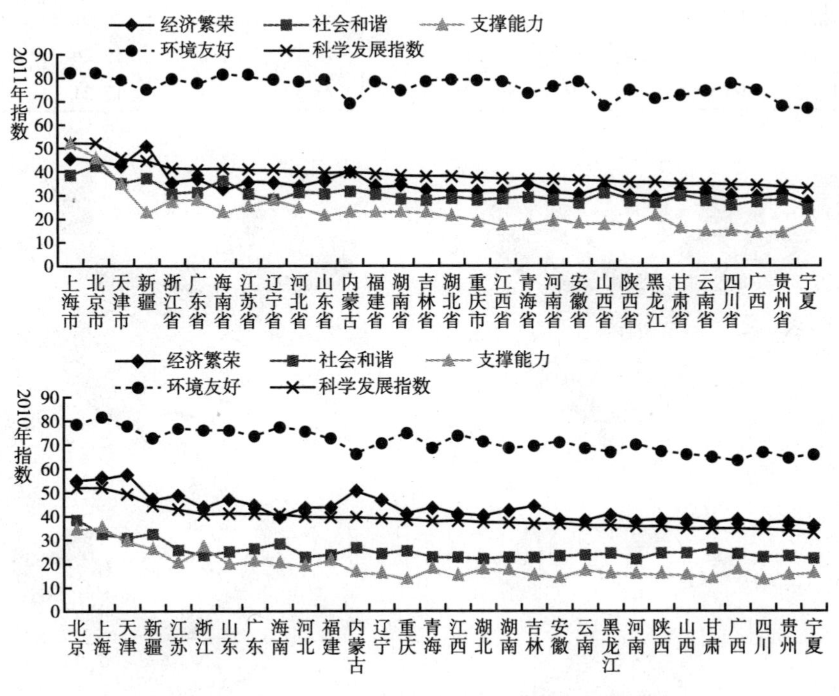

图 7　2010 ~ 2011 年省域城市科学发展指数比较

从区域角度对全国城市发展的各分项指标进行比较，可以看出，2011 年东部地区城市的经济繁荣指数、社会和谐指数、环境友好指数和城市支撑能力指数等主要指标均居四大区域之首。此外，东北地区城市在城市支撑能力、西部地区城市在经济繁荣度、中部地区城市在生态环境质量等方面也各具优势（见表3）。与此同时，东北三省以及中部地区、西部地区的部分省份（如河南、安徽、广西、贵州、四川等）在城市民生建设方面，西部地区（特别是贵州、内蒙古、宁夏等省）以及中部地区的山西省在城市环境保护与生态建设方面，西部地区的绝大多数省份在城市支撑能力建设方面，都亟须进一步加强；而中部地区的安徽、河南以及西部地区的陕西、甘肃、宁夏、贵州、广西等省在城市经济发展活力方面也都有较大的提升空间（见图8）。

表3　四大区域城市分项指数比较

地　区	经济繁荣		社会和谐		环境友好		支撑能力	
	指数	排名	指数	排名	指数	排名	指数	排名
东部地区	37.50	1	33.54	1	80.13	1	30.27	1
东北地区	32.16	3	27.44	4	76.11	3	24.07	2
中部地区	31.94	4	28.72	3	76.12	2	19.26	3
西部地区	33.05	2	28.80	2	73.40	4	17.21	4

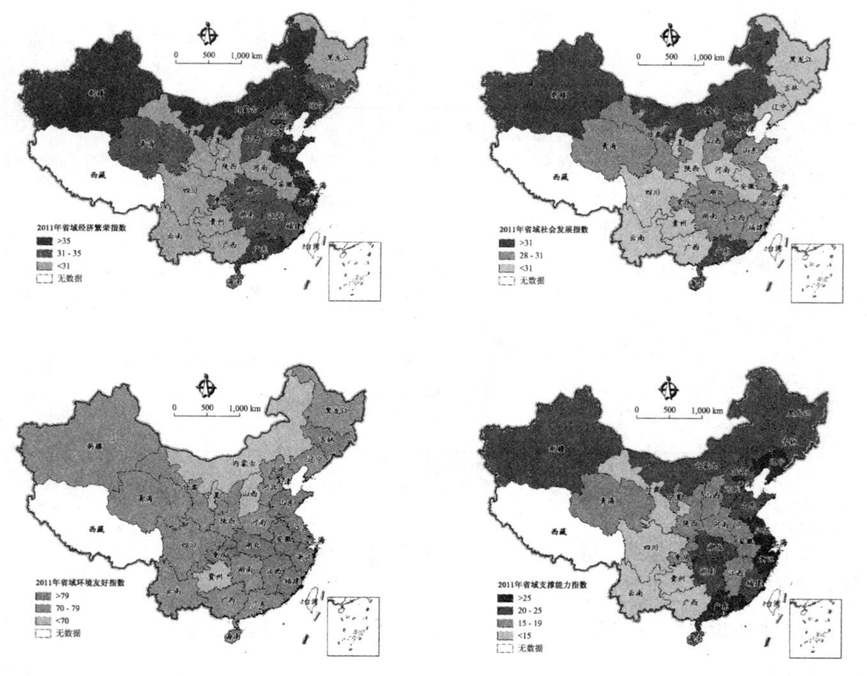

图8　2011年省域城市科学发展分项评价情况示意

概括起来，2011 年中国城市各分项指标的发展主要具有以下特点：

一是城市各类指标的耦合度明显提高。2011 年，随着全国城市民生建设和支撑能力建设的加强，城市的社会和谐指数和支撑能力指数普遍提高，经济、社会、环境、支撑能力等各类发展要素的耦合度，特别是经济、社会发展指标的耦合度比上年同期显著提高。

二是城市核心指数整体表现为两强两弱。2011 年，虽然全国城市发展不一、表现各异，但核心指数整体上表现为两强两弱，即：经济繁荣与环境友好指数相对较高，社会和谐与支撑能力建设指数相对较弱，城市发展中的结构性失衡问题依然突出。

二　城市科学发展展望：趋势与挑战

2011 年，中国出现两大历史性变化：一是城镇化率达到 51.27%，城镇人口首次超过农村人口，这意味着中国由一个具有几千年农业文明史的农业大国全面迈入城市时代；二是按照世界银行的最新标准，中国人均国民总收入由中低收入组进入中高收入组[①]，进入了全新的发展阶段。这些都将为我国扩大内需、促进产业结构优化升级和加快发展转型提供重要动力。如果说过去 30 年工业化是中国经济增长的主要引擎，那么未来 20 ~ 30 年，城镇化将成为中国发展的核心动力，而城市也将比以往任何时候更多承担起中国的未来与希望。

（一）发展态势：从“高歌猛进”转向“稳中求进”

2012 年，面对极其复杂多变的国内外形势，中国城市发展将由以往的一路“高歌猛进”逐步转向“稳中求进”。所谓“稳”就是稳增长，稳物价，促进社会和谐稳定。所谓“进”就是在发展中谋求结构调整的进步、发展方式的进步和社会民生的进步。这种变化既是多重周期性因素交织、内外需求不足叠加的结果，也在一定程度上反映了中国发展重心的阶段性转换。对于这种变化的判断主要是基于以下几点。

① 2011 年 7 月，世界银行集团对国家分类进行重新调整，将中国划为上中等收入国家。

一是当前的发展阶段使然。首先，从经济运行规律与增长周期来看，长期的高增长必须作出调整。中国经济已经历了30多年的高增长，正在进入新一轮周期的适度增长区间，需要积极主动进行调整。其次，从发展阶段看，目前中国已进入中高收入阶段，需及时转变发展方式，实现“包容性增长”，以避免陷入“中等收入陷阱”。最后，从城镇化角度看，中国城镇化在“十一五”时期速度已有所减缓，正在进入平稳推进、速度与质量并重的转型时期①。

二是国内外宏观形势使然。从国际形势来看，2012年世界经济虽然出现了某些积极变化，但总体形势依然严峻，复苏进程缓慢，从而对我国的外需产生影响。从国内形势来看，目前我国同时面临着稳增长、调结构、控物价的三重压力，外需无法恢复，内需短期内难以撬动，大规模投资又怕带来流动性过剩等风险，拉动经济增长的三驾马车同时遭遇困难，经济增长必然放缓。

三是转变发展方式的要求使然。从理论上讲，发展应该是一个渐进的、自然的、顺势而为的市场过程，但后发国家和后发地区在实施赶超战略时往往会造成土地、资源、劳动力等价格以及收入分配等各种政策性和制度性扭曲，进而产生一系列发展失衡与结构性问题。中国的发展始终面临着一个两难选择，即：究竟是为了保持较快的经济增长而继续容忍发展的失衡，还是为了协调、可持续的长远发展暂时容忍较低的经济增长？越来越多的共识认为，持续30多年的粗放增长模式已经走到尽头，中国必须启动新一轮改革。近两年，经济最发达的江苏、浙江、广东、北京等纷纷放慢了经济增速，而把发展的重点转向结构调整。如江苏提出了居民收入倍增计划，广东强调“保持总量位次不变是战术胜利，而保证转型升级成功才是战略胜利”，内蒙古告别了连续8年的经济增速全国第一，宣告“不再追求GDP增速第一”，而把重点转向结构调整、产业升级。种种迹象表明，2012年中国城市发展将凸显“在发展中促转变，在转变中谋发展”，从以往的“高速赶超”、“高歌猛进”转向“稳中求变”、“稳中求进”。

具体说来，2012年城市科学发展的总体趋势包括：①在异常严峻的宏观经

---

① 魏后凯：《加速转型中的中国城镇化与城市发展》，载《中国城市发展报告（2010）》，社会科学文献出版社，2011。

济形势下，国内出口和投资下降，城市经济增长总体呈现降中趋稳；②随着“十二五”节能减排综合性工作方案、城市环境综合整治定量考核指标及实施细则等政策法规的实施，城市环境保护与生态建设工作将得到进一步加强；③为保增长、促内需，2012 年面向民生的重大基础设施建设和投资力度将继续加大，以民生促增长、以增长保民生的协同发展态势进一步凸显；④全国城市发展转型步伐加快，与发展不足仍是当前主要矛盾的中西部相比，广东、江苏、上海、北京等发达地区城市将率先转型并引领这一进程；⑤中西部和东北地区的城市经济增速整体上仍将高于东部地区，区域城市发展的相对差距将进一步缩小。

（二）面临挑战：不平衡、不协调、不可持续的问题依然突出

过去一年的城市发展，既取得了许多令人欣喜的成就，也仍面临着不少问题与挑战。

一是区域间与区域内发展仍不平衡。首先，尽管近年来我国区域间发展的相对差距逐步缩小（如 2011 年西部、中部、东北地区的 GDP 增长率分别比东部地区高出 6. 33、5. 03 和 4. 14 个百分点），但绝对差距却在继续扩大（如 2011 年东部地区与中部、西部、东北地区的 GDP 绝对差值分别由 2010 年的 194537. 3 亿元、145921. 4 亿元、150622. 2 亿元扩大到 2011 年的 224198. 6 亿元、165003. 3 亿元和 169640. 3 亿元）。其次，区域内大中小城市之间以及城乡之间发展不均衡，各类资源要素向优势地区特别是中心城市集聚的态势显著。从发展角度看，城镇化本身就是各种生产要素（包括产业活动）聚集以及聚集后的再扩散过程。在发展的一定阶段，资源要素向中心城市会聚并形成新的增长极，是城镇化及区域发展中的必然过程。但在这一过程中仍需注意以下问题：①汲取一些国家和地区的经验教训，避免人口、产业向大城市过度集中而带来交通拥堵、环境污染、资源紧缺等“大城市病”；②要构建合理的城镇体系，通过优化城镇间的职能分工与产业布局，真正发挥大城市对周边城市及地区的辐射带动作用（即增长极作用），促进区域整体发展；③应积极制定有效的财政、税收、产业、金融等政策，对边缘地区和农村地区进行重点扶持，避免出现“强者愈强、弱者愈弱”的马太效应和新的发展不平衡。

二是城市经济与社会发展不协调。从全国来看，由于政绩考核中长期的

“GDP 导向”，我国城市社会建设普遍落后于经济发展，就业、收入分配、社会保障、教育、医疗、科技、文化等许多关乎人民群众切身利益的问题都比较突出，这种现象在东北地区和中西部地区的一些城市中表现得更为明显。事实上，经济发展决定着财富增长，而社会建设则决定着财富分配。如果在城市发展中长期只关注财富增长而忽视财富分享，不仅会导致经济增长与社会发展、福利改进之间的不匹配，还会造成内需举振乏力、内外需失衡以及经济结构失衡等问题，并最终成为阻碍经济发展的严重桎梏。目前，我国已经进入中高收入阶段，历史经验表明，很多发展中国家正是在这一阶段因为社会建设滞后而阻碍了经济发展，致使经济增长回落甚至长期停滞，社会矛盾尖锐，陷入所谓的“中等收入陷阱”。我们应认真吸取这些国家的经验教训，尽快对民生建设和社会发展这块“短板”进行弥补，这不仅是转变发展方式的题中之意，更是经济发展的真正目标。

三是发展粗放、支撑乏力，不可持续问题突出。首先，资源能源利用方式粗放，主要表现为生产过程中的高能耗、高物耗、高污染和低效率。近年来，虽然各地在节能减排和环境保护方面的力度不断加大，城市环境建设也取得了显著成就，但传统的粗放型发展方式并未发生根本性改变。如近年来 GDP 增速一直保持全国第一的内蒙古，正在勃兴的陕甘宁能源“金三角”以及新疆、山西等地，在其城市经济高速增长的同时，环境友好指数却都处于全国的低位。其次，自主创新能力不强，经济发展中的科技含量较低、经济效益不高。最后，市场机制尚不健全，制约发展的体制机制障碍仍然较多。如近年来经济表现上佳的中西部地区，在科技、管理、体制、机制等城市支撑能力方面的建设却普遍滞后。

2012 年，全球经济形势依然严峻，各主要经济体抢占新的发展制高点的竞争将更为激烈，如美国正在振兴实体经济，欧盟提出了“知识创新战略”，日本开始实施“新增长战略”，俄罗斯推出了“现代化战略”等。包括资源环境、节能减排、国际市场准入等在内的各种软硬约束、内外约束都在不断强化，继续依赖过去那种“高投入、高消耗、高排放、低劳动力成本、低资源环境成本、低价格竞争”的增长方式已不可持续。城市和城市群是我国参与国际竞争的核心力量，也是未来国家发展的主体，加快其结构调整和发展转型既迫在眉睫又势在必行。

参考文献

〔美〕查尔斯·P. 金德尔伯格（Charles P. Kindleberger）、布鲁斯·赫里克（Bruce Herrick）：《经济发展》，张欣等译，上海译文出版社，1986。

蔡昉：《“十二五”时期中国经济增长新特征》，《新华文摘》2011 年第 3 期。

刘树成：《2011 年和“十二五”时期我国经济走势特点》，2011 年 8 月 9 日《人民日报》。

秦晓：《启动中国新一轮经济改革——问题、目标与政策工具组合》，http://business.sohu.com/20120626/n346519158.shtml? pvid。

张茉楠：《发展转型中国最需要做什么?》，《学习月刊》2009 年第 7 期。

张晓晶：《后危机时代的中国宏观调控》，《经济研究》2010 年第 11 期。

The Evaluation on Scientific Development of China's Cities

Shan Jingjing　Zhong Shaoying　Chu Chengshan

Abstract: In 2011, the proportion of urban population exceeded that of rural population for the first time, which means China overall entering the urban era. Faced with the complicated and serious situation at home and abroad, new changes and patterns have emerged in urban development. Firstly, western cities entered into top ten for the first time, changing the situation of eastern cities as the leading always. Secondly, the differences of the urban development among provinces are narrowing but gradient features are still significant. Thirdly, the inter-regional gap of urban economy and environment construction is narrowing, while the disparity of social development and supporting capacity is still expanding. Fourthly, the coupling degree of urban sub-indicators is increasing at the national level, but the dispersion degree of development index among cities with different sizes tends to increase. In conclusion, facing the rebalance of global economy in the post-financial era, structural adjustment is still the main task for the future urban development in China.

Key Words: City; Scientific Development; Pattern; Change; Structural Adjustment

附表 1　中国城市科学发展评价

城　　市	科学发展指数	排名	经济繁荣	社会和谐	环境友好	支撑能力
深圳市	54.21	1	47.77	43.23	78.62	54.29
上海市	52.17	2	45.82	38.42	82.54	50.73
北京市	51.70	3	44.45	42.50	81.81	45.92
广州市	51.61	4	46.00	43.47	83.83	41.22
宁波市	51.22	5	40.49	38.41	80.78	53.66
佛山市	50.36	6	44.29	38.61	80.64	46.30
厦门市	49.75	7	38.84	38.34	82.62	48.05
青岛市	48.65	8	47.14	37.36	81.49	37.46
鄂尔多斯	48.23	9	60.94	39.02	34.94	57.19
杭州市	47.77	10	39.99	38.42	80.72	40.41
苏州市	47.50	11	48.71	36.07	74.54	38.37
珠海市	47.49	12	37.69	39.86	78.29	41.80
大连市	47.32	13	38.68	33.21	81.50	45.57
长沙市	47.26	14	40.63	42.08	69.12	42.61
无锡市	47.14	15	44.43	33.65	81.42	38.62
南京市	47.12	16	38.53	42.26	83.80	32.20
大庆市	46.95	17	49.81	44.01	27.64	63.08
嘉峪关	46.86	18	48.64	41.14	76.35	28.36
天津市	45.44	19	42.41	34.52	79.64	34.24
济南市	45.37	20	39.56	43.85	79.26	25.90
玉溪市	45.24	21	52.63	40.19	79.64	16.41
武汉市	45.08	22	36.74	41.06	80.86	29.61
合肥市	44.97	23	39.12	39.28	82.15	27.90
东营市	44.83	24	47.17	36.01	82.47	22.97
铜陵市	44.80	25	42.04	35.54	82.50	28.53
东莞市	44.77	26	36.26	28.86	82.88	41.87
乌鲁木齐	44.74	27	41.23	42.07	80.51	22.84
岳阳市	44.60	28	46.22	34.50	80.74	26.18
长春市	44.40	29	38.87	36.14	81.05	30.51
沧州市	44.25	30	42.52	35.30	79.58	28.44
沈阳市	43.95	31	36.94	35.30	81.87	31.00
湛江市	43.83	32	46.67	37.61	80.70	18.94
克拉玛依	43.74	33	60.94	31.98	68.87	20.55
柳州市	43.56	34	41.35	35.19	81.36	25.56
十堰市	43.48	35	43.37	28.93	86.29	26.78
银川市	43.07	36	36.29	36.09	79.30	29.22

续附表

城　　市	科学发展指数	排名	经济繁荣	社会和谐	环境友好	支撑能力
马鞍山	42.81	37	39.40	32.84	77.66	30.32
兰州市	42.71	38	36.59	40.73	77.30	23.52
南昌市	42.66	39	35.52	37.99	79.70	25.78
江门市	42.62	40	39.27	30.11	81.48	29.89
烟台市	42.48	41	41.73	32.23	81.48	24.35
太原市	42.41	42	34.46	38.98	76.75	27.00
秦皇岛	42.36	43	36.10	33.95	79.45	29.04
温州市	42.34	44	38.98	32.58	78.83	28.23
朔州市	42.30	45	52.46	36.58	76.82	11.41
镇江市	42.27	46	37.43	32.70	80.91	27.68
金昌市	42.19	47	40.10	30.52	77.51	30.03
淄博市	42.06	48	40.52	34.88	80.65	21.33
成都市	41.98	49	37.17	33.38	81.69	25.35
福州市	41.91	50	33.83	35.89	80.70	26.18
常州市	41.90	51	36.31	30.46	81.56	29.48
本溪市	41.90	52	38.59	29.30	78.06	31.38
石家庄	41.84	53	32.00	36.68	77.16	29.62
昆明市	41.73	54	34.65	39.04	79.73	21.65
包头市	41.49	55	41.01	32.02	76.06	25.68
梅州市	41.47	56	34.59	40.75	76.64	21.07
保定市	41.47	57	34.83	36.04	80.22	23.60
芜湖市	41.42	58	37.65	34.89	81.56	20.91
呼和浩特	41.28	59	37.49	43.67	62.11	25.56
泉州市	41.25	60	38.92	35.37	81.29	18.58
酒泉市	41.18	61	46.02	36.34	82.92	8.77
辽阳市	41.05	62	36.28	29.74	77.98	29.85
九江市	40.96	63	38.50	35.35	79.35	19.42
肇庆市	40.95	64	36.82	31.33	81.40	24.27
漯河市	40.89	65	42.24	37.62	81.66	10.84
海口市	40.87	66	33.86	38.06	81.56	18.69
盘锦市	40.86	67	36.37	25.51	80.86	31.76
三亚市	40.75	68	29.70	34.26	82.63	26.07
襄樊市	40.73	69	33.89	28.82	81.77	29.01
西安市	40.69	70	31.47	35.62	80.93	23.79
绍兴市	40.55	71	34.51	29.31	80.17	28.37
湘潭市	40.51	72	35.74	31.71	79.68	24.47

续附表

城　　市	科学发展指数	排名	经济繁荣	社会和谐	环境友好	支撑能力
黄 石 市	40.50	73	35.51	26.81	78.04	31.90
株 洲 市	40.46	74	36.70	30.27	80.75	24.23
舟 山 市	40.34	75	34.44	32.89	80.01	23.43
惠 州 市	40.27	76	38.13	28.01	81.72	23.97
桂 林 市	40.23	77	31.91	33.51	78.06	26.34
锦 州 市	40.10	78	33.77	30.49	78.66	27.11
威 海 市	40.04	79	32.62	29.13	82.53	26.55
抚 顺 市	40.02	80	33.45	28.05	79.31	29.52
通 辽 市	39.97	81	43.12	32.23	75.87	17.37
铁 岭 市	39.96	82	35.34	27.37	80.95	26.89
营 口 市	39.95	83	40.21	27.63	79.64	22.71
扬 州 市	39.94	84	35.08	27.50	81.97	26.13
河 源 市	39.84	85	33.17	23.91	94.41	21.96
唐 山 市	39.68	86	35.69	29.74	76.61	26.05
日 照 市	39.59	87	40.62	31.37	79.32	16.64
嘉 兴 市	39.56	88	32.38	27.81	80.91	27.78
泰 州 市	39.54	89	37.55	28.08	81.34	21.83
洛 阳 市	39.49	90	32.19	28.79	75.52	30.83
鞍 山 市	39.42	91	41.13	29.07	75.69	21.11
徐 州 市	39.40	92	36.84	28.52	81.83	21.09
宜 昌 市	39.31	93	36.92	30.67	75.68	22.97
葫芦岛市	39.31	94	29.49	24.24	83.26	32.04
常 德 市	39.27	95	39.25	32.65	81.34	13.57
攀枝花市	39.24	96	34.57	29.77	74.71	26.88
防城港市	39.22	97	41.70	33.74	78.60	11.80
乌 海 市	39.21	98	39.14	30.95	69.92	24.64
通 化 市	39.20	99	30.45	27.12	78.94	30.63
中 山 市	39.09	100	38.43	30.44	59.19	34.03
邢 台 市	39.05	101	30.86	31.68	75.04	27.30
丽 水 市	39.02	102	32.22	31.20	83.91	19.31
三 门 峡	39.01	103	36.88	31.26	72.60	23.59
景 德 镇	38.99	104	33.35	26.23	81.01	26.32
哈 尔 滨	38.90	105	32.25	32.35	79.01	21.31
南 宁 市	38.85	106	30.81	31.32	81.21	22.03
郑 州 市	38.84	107	34.00	34.90	72.92	21.14
清 远 市	38.71	108	33.40	27.08	80.91	24.23

续附表

城　　市	科学发展指数	排名	经济繁荣	社会和谐	环境友好	支撑能力
漳州市	38.70	109	33.49	30.76	80.14	20.27
金华市	38.56	110	33.19	30.54	80.08	20.33
鹰潭市	38.48	111	37.72	28.79	82.91	15.34
呼伦贝尔	38.46	112	38.99	28.73	75.13	20.26
贵阳市	38.43	113	30.89	35.24	74.64	20.82
三明市	38.42	114	33.70	26.66	75.98	27.18
衡阳市	38.37	115	33.40	30.01	78.00	21.68
潮州市	38.31	116	34.28	30.10	77.68	20.69
新余市	38.19	117	35.29	28.55	79.82	19.36
南通市	38.16	118	34.99	27.07	80.22	21.00
连云港	38.13	119	31.66	26.13	80.37	25.23
咸阳市	38.11	120	30.66	31.17	81.25	19.36
延安市	38.10	121	32.51	29.86	81.81	18.60
台州市	38.06	122	35.70	27.78	80.91	18.46
晋城市	38.04	123	30.43	26.50	73.33	31.28
吉林市	38.03	124	33.77	30.55	77.31	19.84
湖州市	38.00	125	33.08	28.95	80.32	19.93
白山市	37.97	126	29.29	27.74	79.78	25.49
济宁市	37.97	127	35.74	24.94	78.31	23.56
莱芜市	37.95	128	31.87	33.06	77.46	18.29
廊坊市	37.87	129	31.77	30.26	79.18	20.04
龙岩市	37.87	130	35.09	27.79	80.52	18.62
蚌埠市	37.83	131	30.11	24.39	80.21	27.76
汕头市	37.78	132	34.78	35.30	78.23	11.38
衡水市	37.75	133	33.27	31.09	77.33	18.55
齐齐哈尔	37.68	134	32.50	29.86	77.70	20.22
长治市	37.63	135	33.89	33.02	70.57	20.55
衢州市	37.56	136	33.31	28.61	77.26	20.78
茂名市	37.54	137	34.64	28.88	81.24	15.86
德州市	37.39	138	33.74	27.92	78.30	19.69
泰安市	37.37	139	30.91	29.70	78.93	19.77
濮阳市	37.37	140	26.84	26.55	77.03	29.14
韶关市	37.36	141	31.07	26.26	77.56	24.80
阳泉市	37.35	142	31.74	27.76	72.31	26.52
宝鸡市	37.29	143	31.79	26.93	80.66	20.53
新乡市	37.19	144	32.01	28.70	78.69	19.36

续附表

城　市	科学发展指数	排名	经济繁荣	社会和谐	环境友好	支撑能力
德阳市	37.09	145	30.46	23.81	80.02	25.32
淮北市	37.05	146	28.30	25.17	80.66	25.16
重庆市	37.03	147	31.64	28.23	79.49	19.03
四平市	36.97	148	33.12	28.43	77.29	18.80
张家口	36.95	149	30.57	26.94	75.87	24.19
曲靖市	36.92	150	32.35	27.53	72.16	24.56
平顶山	36.90	151	31.71	26.67	76.87	22.40
滨州市	36.86	152	31.79	29.27	78.82	17.48
赣州市	36.72	153	31.84	29.77	80.27	15.09
潍坊市	36.70	154	32.87	25.29	79.13	20.27
许昌市	36.69	155	33.64	18.46	80.29	26.73
临沂市	36.67	156	32.91	26.21	79.44	18.79
佳木斯	36.65	157	32.72	27.32	76.86	19.61
娄底市	36.65	158	35.76	25.59	78.71	17.16
淮南市	36.63	159	27.65	29.09	78.79	20.91
丹东市	36.61	160	30.55	24.05	78.92	23.88
七台河	36.60	161	34.08	25.12	79.67	18.42
西宁市	36.50	162	34.26	29.26	74.08	17.37
邯郸市	36.48	163	31.11	24.33	79.75	21.80
承德市	36.47	164	32.95	26.59	75.40	20.68
安阳市	36.41	165	30.69	25.20	75.87	24.02
鄂州市	36.36	166	29.83	31.21	77.01	16.57
黄冈市	36.28	167	26.42	32.06	78.53	17.39
聊城市	36.22	168	29.96	27.03	77.37	20.57
盐城市	36.16	169	30.83	25.83	80.81	18.16
焦作市	36.15	170	29.63	30.80	72.12	20.33
绵阳市	36.14	171	32.20	26.92	79.79	16.24
辽源市	36.14	172	31.19	24.65	81.10	18.92
黄山市	36.12	173	28.07	26.03	87.47	15.20
周口市	35.97	174	29.78	29.42	80.15	14.66
安庆市	35.93	175	32.36	23.30	79.53	19.78
赤峰市	35.92	176	31.06	26.90	81.09	15.48
滁州市	35.91	177	33.71	25.30	80.82	14.91
揭阳市	35.90	178	36.33	24.69	79.99	13.65
松原市	35.88	179	30.41	23.02	81.52	20.26
怀化市	35.88	180	33.31	25.61	69.61	23.78

续附表

城　市	科学发展指数	排名	经济繁荣	社会和谐	环境友好	支撑能力
自贡市	35.83	181	32.92	27.75	79.72	13.32
鹤壁市	35.73	182	29.79	25.87	79.84	18.21
郴州市	35.67	183	30.49	23.71	78.97	20.56
阜新市	35.57	184	29.90	22.90	76.72	23.54
随州市	35.49	185	30.03	26.63	85.17	11.82
荆门市	35.46	186	30.97	24.10	79.71	18.18
淮安市	35.45	187	28.67	26.98	80.96	16.00
榆林市	35.33	188	34.90	26.22	73.91	15.84
大同市	35.30	189	29.51	24.78	75.44	21.61
邵阳市	35.23	190	29.51	24.83	80.27	17.38
乐山市	35.15	191	31.50	26.64	75.68	16.59
遵义市	35.15	192	32.51	29.32	73.78	13.87
泸州市	35.00	193	32.85	26.45	79.14	12.08
上饶市	34.88	194	25.85	31.83	75.97	14.71
鹤岗市	34.86	195	27.30	23.62	76.72	22.43
驻马店	34.85	196	30.19	24.85	78.25	16.81
梧州市	34.85	197	30.70	23.06	74.97	21.06
乌兰察布	34.84	198	33.82	30.48	70.93	12.23
枣庄市	34.83	199	27.26	26.24	79.20	17.22
莆田市	34.78	200	29.15	27.97	81.61	11.13
牡丹江	34.75	201	30.27	25.85	70.49	21.32
宜宾市	34.74	202	29.63	26.86	76.74	15.72
庆阳市	34.66	203	35.80	34.54	62.01	11.81
铜川市	34.65	204	29.78	29.97	69.25	17.45
菏泽市	34.64	205	32.12	27.49	78.80	10.40
朝阳市	34.63	206	32.26	23.27	75.44	18.01
萍乡市	34.56	207	29.17	23.65	80.67	16.14
南阳市	34.55	208	28.50	26.42	79.07	14.73
巴彦淖尔	34.50	209	29.61	27.44	77.01	13.87
开封市	34.40	210	28.12	28.03	72.51	17.82
宁德市	34.38	211	30.46	26.42	75.21	15.21
荆州市	34.35	212	26.43	27.06	76.95	16.94
白银市	34.19	213	32.25	24.38	69.20	19.89
阳江市	34.02	214	30.38	24.82	79.98	11.91
雅安市	33.76	215	26.03	25.40	78.33	15.88
内江市	33.71	216	30.94	25.34	77.89	11.17

续附表

城 市	科学发展指数	排名	经济繁荣	社会和谐	环境友好	支撑能力
达州市	33.67	217	29.84	27.92	75.08	11.28
六盘水	33.55	218	33.38	23.17	74.22	13.63
吉安市	33.42	219	27.98	23.52	78.48	14.70
鸡西市	33.41	220	28.26	23.69	72.24	19.18
丽江市	33.33	221	32.62	23.32	76.94	11.19
晋中市	33.33	222	28.94	28.80	66.64	16.50
双鸭山	33.25	223	31.58	20.65	74.28	17.21
资阳市	33.11	224	28.89	23.44	80.80	10.79
北海市	33.02	225	27.03	25.44	80.19	10.39
临汾市	33.00	226	30.51	28.88	69.82	10.97
益阳市	33.00	227	27.18	25.09	78.94	11.55
信阳市	32.84	228	27.27	26.02	78.46	10.09
伊春市	32.74	229	22.08	24.21	76.09	18.97
石嘴山	32.71	230	30.51	18.49	63.98	26.94
白城市	32.64	231	26.66	24.41	77.12	12.93
南平市	32.63	232	26.44	22.19	73.29	18.82
咸宁市	32.61	233	27.09	25.92	77.09	10.60
汕尾市	32.56	234	27.93	21.89	79.65	12.33
南充市	32.53	235	25.28	25.43	78.87	11.23
池州市	32.46	236	27.27	25.09	75.81	11.82
汉中市	32.42	237	27.25	22.86	70.47	18.63
宿州市	32.42	238	28.40	23.80	78.94	9.57
眉山市	32.26	239	27.99	23.39	76.96	11.43
张家界	32.23	240	27.09	24.99	76.88	10.33
钦州市	32.11	241	30.95	27.16	80.29	0.66
天水市	32.09	242	26.42	27.55	76.52	7.65
商洛市	32.08	243	26.08	23.57	78.59	11.07
抚州市	32.06	244	27.19	25.72	78.80	7.14
孝感市	32.04	245	23.55	24.34	77.19	13.63
安康市	31.92	246	26.98	24.99	72.63	12.60
邵通市	31.91	247	30.36	25.26	73.90	7.87
宿迁市	31.89	248	25.35	22.30	79.53	11.85
河池市	31.83	249	28.82	22.22	73.33	13.16
阜阳市	31.78	250	26.05	23.69	77.83	10.37
宣城市	31.65	251	23.46	23.00	80.24	11.36
玉林市	31.57	252	26.44	24.70	73.55	11.37

续附表

城　　市	科学发展指数	排名	经济繁荣	社会和谐	环境友好	支撑能力
运 城 市	31.20	253	24.05	42.78	49.98	9.42
遂 宁 市	31.08	254	23.17	22.73	80.63	9.36
巢 湖 市	31.05	255	25.94	23.13	75.40	10.19
永 州 市	30.98	256	23.97	22.67	76.31	11.69
六 安 市	30.97	257	22.24	22.41	79.10	11.45
宜 春 市	30.86	258	28.44	24.84	69.69	9.47
云 浮 市	30.80	259	23.77	19.74	75.55	15.32
来 宾 市	30.74	260	28.82	27.86	63.25	10.10
忻 州 市	30.50	261	28.06	25.94	64.90	10.90
思 茅 市	30.42	262	24.03	20.67	72.94	14.50
张 掖 市	30.39	263	23.50	31.07	66.10	7.91
广 安 市	30.35	264	24.42	22.98	74.81	9.55
武 威 市	30.25	265	20.12	25.87	77.43	7.91
广 元 市	30.24	266	24.75	22.72	72.76	10.74
渭 南 市	30.20	267	26.53	25.68	65.55	11.02
吕 梁 市	30.15	268	40.93	26.65	48.15	9.17
黑 河 市	29.97	269	23.65	23.07	66.28	15.52
巴 中 市	29.94	270	21.77	24.37	76.07	7.89
百 色 市	29.93	271	26.50	26.46	63.37	10.79
中 卫 市	29.86	272	22.82	23.22	70.63	12.26
崇 左 市	29.85	273	23.65	23.98	73.89	7.88
商 丘 市	29.71	274	20.94	24.66	70.51	11.90
贵 港 市	29.49	275	23.48	23.51	69.11	10.97
保 山 市	29.42	276	20.94	24.44	75.40	7.08
定 西 市	29.11	277	19.28	22.30	75.14	10.29
贺 州 市	29.02	278	21.31	24.75	70.24	8.86
吴 忠 市	28.94	279	24.35	21.56	60.93	16.77
亳 州 市	28.93	280	21.59	22.33	70.79	10.71
平 凉 市	27.78	281	23.02	21.72	64.44	10.47
陇 南 市	26.80	282	18.83	18.77	72.37	7.96
固 原 市	26.13	283	19.14	21.48	58.99	12.42
临 沧 市	25.70	284	17.51	19.56	64.32	10.36
安 顺 市	25.46	285	25.40	23.18	49.27	9.22
绥 化 市	24.87	286	10.19	20.78	73.74	5.34

附表 2　特大城市科学发展评价

城　　市	科学发展指数	排名	经济繁荣	社会和谐	环境友好	支撑能力
深圳市	54.21	1	47.77	43.23	78.62	54.29
上海市	52.17	2	45.82	38.42	82.54	50.73
北京市	51.70	3	44.45	42.50	81.81	45.92
广州市	51.61	4	46.00	43.47	83.83	41.22
宁波市	51.22	5	40.49	38.41	80.78	53.66
佛山市	50.36	6	44.29	38.61	80.64	46.30
厦门市	49.75	7	38.84	38.34	82.62	48.05
青岛市	48.65	8	47.14	37.36	81.49	37.46
杭州市	47.77	9	39.99	38.42	80.72	40.41
苏州市	47.50	10	48.71	36.07	74.54	38.37
大连市	47.32	11	38.68	33.21	81.50	45.57
长沙市	47.26	12	40.63	42.08	69.12	42.61
无锡市	47.14	13	44.43	33.65	81.42	38.62
南京市	47.12	14	38.53	42.26	83.80	32.20
大庆市	46.95	15	49.81	44.01	27.64	63.08
天津市	45.44	16	42.41	34.52	79.64	34.24
济南市	45.37	17	39.56	43.85	79.26	25.90
武汉市	45.08	18	36.74	41.06	80.86	29.61
合肥市	44.97	19	39.12	39.28	82.15	27.90
乌鲁木齐	44.74	20	41.23	42.07	80.51	22.84
长春市	44.40	21	38.87	36.14	81.05	30.51
沈阳市	43.95	22	36.94	35.30	81.87	31.00
湛江市	43.83	23	46.67	37.61	80.70	18.94
兰州市	42.71	24	36.59	40.73	77.30	23.52
南昌市	42.66	25	35.52	37.99	79.70	25.78
江门市	42.62	26	39.27	30.11	81.48	29.89
烟台市	42.48	27	41.73	32.23	81.48	24.35
太原市	42.41	28	34.46	38.98	76.75	27.00
淄博市	42.06	29	40.52	34.88	80.65	21.33
成都市	41.98	30	37.17	33.38	81.69	25.35
福州市	41.91	31	33.83	35.89	80.70	26.18
常州市	41.90	32	36.31	30.46	81.56	29.48
石家庄	41.84	33	32.00	36.68	77.16	29.62
昆明市	41.73	34	34.65	39.04	79.73	21.65
包头市	41.49	35	41.01	32.02	76.06	25.68
西安市	40.69	36	31.47	35.62	80.93	23.79

续附表

城　市	科学发展指数	排名	经济繁荣	社会和谐	环境友好	支撑能力
惠州市	40.27	37	38.13	28.01	81.72	23.97
抚顺市	40.02	38	33.45	28.05	79.31	29.52
唐山市	39.68	39	35.69	29.74	76.61	26.05
洛阳市	39.49	40	32.19	28.79	75.52	30.83
鞍山市	39.42	41	41.13	29.07	75.69	21.11
徐州市	39.40	42	36.84	28.52	81.83	21.09
哈尔滨	38.90	43	32.25	32.35	79.01	21.31
南宁市	38.85	44	30.81	31.32	81.21	22.03
郑州市	38.84	45	34.00	34.90	72.92	21.14
贵阳市	38.43	46	30.89	35.24	74.64	20.82
吉林市	38.03	47	33.77	30.55	77.31	19.84
汕头市	37.78	48	34.78	35.30	78.23	11.38
齐齐哈尔	37.68	49	32.50	29.86	77.70	20.22
茂名市	37.54	50	34.64	28.88	81.24	15.86
重庆市	37.03	51	31.64	28.23	79.49	19.03
临沂市	36.67	52	32.91	26.21	79.44	18.79
邯郸市	36.48	53	31.11	24.33	79.75	21.80
大同市	35.30	54	29.51	24.78	75.44	21.61
宿迁市	31.89	55	25.35	22.30	79.53	11.85

附表3　大城市科学发展评价

城　市	科学发展指数	排名	经济繁荣	社会和谐	环境友好	支撑能力
珠海市	47.49	1	37.69	39.86	78.29	41.80
东营市	44.83	2	47.17	36.01	82.47	22.97
东莞市	44.77	3	36.26	28.86	82.88	41.87
岳阳市	44.60	4	46.22	34.50	80.74	26.18
柳州市	43.56	5	41.35	35.19	81.36	25.56
银川市	43.07	6	36.29	36.09	79.30	29.22
马鞍山	42.81	7	39.40	32.84	77.66	30.32
秦皇岛	42.36	8	36.10	33.95	79.45	29.04
温州市	42.34	9	38.98	32.58	78.83	28.23
镇江市	42.27	10	37.43	32.70	80.91	27.68
本溪市	41.90	11	38.59	29.30	78.06	31.38
保定市	41.47	12	34.83	36.04	80.22	23.60
芜湖市	41.42	13	37.65	34.89	81.56	20.91
呼和浩特	41.28	14	37.49	43.67	62.11	25.56

续附表

城　　市	科学发展指数	排名	经济繁荣	社会和谐	环境友好	支撑能力
泉州市	41.25	15	38.92	35.37	81.29	18.58
辽阳市	41.05	16	36.28	29.74	77.98	29.85
肇庆市	40.95	17	36.82	31.33	81.40	24.27
海口市	40.87	18	33.86	38.06	81.56	18.69
盘锦市	40.86	19	36.37	25.51	80.86	31.76
襄樊市	40.73	20	33.89	28.82	81.77	29.01
湘潭市	40.51	21	35.74	31.71	79.68	24.47
黄石市	40.50	22	35.51	26.81	78.04	31.90
株洲市	40.46	23	36.70	30.27	80.75	24.23
桂林市	40.23	24	31.91	33.51	78.06	26.34
锦州市	40.10	25	33.77	30.49	78.66	27.11
营口市	39.95	26	40.21	27.63	79.64	22.71
扬州市	39.94	27	35.08	27.50	81.97	26.13
日照市	39.59	28	40.62	31.37	79.32	16.64
泰州市	39.54	29	37.55	28.08	81.34	21.83
宜昌市	39.31	30	36.92	30.67	75.68	22.97
葫芦岛	39.31	31	29.49	24.24	83.26	32.04
常德市	39.27	32	39.25	32.65	81.34	13.57
攀枝花	39.24	33	34.57	29.77	74.71	26.88
中山市	39.09	34	38.43	30.44	59.19	34.03
邢台市	39.05	35	30.86	31.68	75.04	27.30
清远市	38.71	36	33.40	27.08	80.91	24.23
衡阳市	38.37	37	33.40	30.01	78.00	21.68
南通市	38.16	38	34.99	27.07	80.22	21.00
连云港	38.13	39	31.66	26.13	80.37	25.23
咸阳市	38.11	40	30.66	31.17	81.25	19.36
济宁市	37.97	41	35.74	24.94	78.31	23.56
莱芜市	37.95	42	31.87	33.06	77.46	18.29
蚌埠市	37.83	43	30.11	24.39	80.21	27.76
长治市	37.63	44	33.89	33.02	70.57	20.55
泰安市	37.37	45	30.91	29.70	78.93	19.77
韶关市	37.36	46	31.07	26.26	77.56	24.80
阳泉市	37.35	47	31.74	27.76	72.31	26.52
宝鸡市	37.29	48	31.79	26.93	80.66	20.53

续附表

城　市	科学发展指数	排名	经济繁荣	社会和谐	环境友好	支撑能力
新乡市	37.19	49	32.01	28.70	78.69	19.36
淮北市	37.05	50	28.30	25.17	80.66	25.16
四平市	36.97	51	33.12	28.43	77.29	18.80
张家口	36.95	52	30.57	26.94	75.87	24.19
平顶山	36.90	53	31.71	26.67	76.87	22.40
潍坊市	36.70	54	32.87	25.29	79.13	20.27
佳木斯	36.65	55	32.72	27.32	76.86	19.61
淮南市	36.63	56	27.65	29.09	78.79	20.91
丹东市	36.61	57	30.55	24.05	78.92	23.88
西宁市	36.50	58	34.26	29.26	74.08	17.37
安阳市	36.41	59	30.69	25.20	75.87	24.02
聊城市	36.22	60	29.96	27.03	77.37	20.57
盐城市	36.16	61	30.83	25.83	80.81	18.16
焦作市	36.15	62	29.63	30.80	72.12	20.33
绵阳市	36.14	63	32.20	26.92	79.79	16.24
赤峰市	35.92	64	31.06	26.90	81.09	15.48
揭阳市	35.90	65	36.33	24.69	79.99	13.65
自贡市	35.83	66	32.92	27.75	79.72	13.32
阜新市	35.57	67	29.90	22.90	76.72	23.54
淮安市	35.45	68	28.67	26.98	80.96	16.00
鹤岗市	34.86	69	27.30	23.62	76.72	22.43
枣庄市	34.83	70	27.26	26.24	79.20	17.22
牡丹江	34.75	71	30.27	25.85	70.49	21.32
菏泽市	34.64	72	32.12	27.49	78.80	10.40
南阳市	34.55	73	28.50	26.42	79.07	14.73
开封市	34.40	74	28.12	28.03	72.51	17.82
荆州市	34.35	75	26.43	27.06	76.95	16.94
阳江市	34.02	76	30.38	24.82	79.98	11.91
鸡西市	33.41	77	28.26	23.69	72.24	19.18
伊春市	32.74	78	22.08	24.21	76.09	18.97
汕尾市	32.56	79	27.93	21.89	79.65	12.33
南充市	32.53	80	25.28	25.43	78.87	11.23
天水市	32.09	81	26.42	27.55	76.52	7.65
商丘市	29.71	82	20.94	24.66	70.51	11.90

附表 4　中等城市科学发展评价

城　　市	科学发展指数	排名	经济繁荣	社会和谐	环境友好	支撑能力
铜 陵 市	44. 80	1	42. 04	35. 54	82. 50	28. 53
沧 州 市	44. 25	2	42. 52	35. 30	79. 58	28. 44
克拉玛依	43. 74	3	60. 94	31. 98	68. 87	20. 55
十 堰 市	43. 48	4	43. 37	28. 93	86. 29	26. 78
梅 州 市	41. 47	5	34. 59	40. 75	76. 64	21. 07
九 江 市	40. 96	6	38. 50	35. 35	79. 35	19. 42
漯 河 市	40. 89	7	42. 24	37. 62	81. 66	10. 84
三 亚 市	40. 75	8	29. 70	34. 26	82. 63	26. 07
绍 兴 市	40. 55	9	34. 51	29. 31	80. 17	28. 37
舟 山 市	40. 34	10	34. 44	32. 89	80. 01	23. 43
威 海 市	40. 04	11	32. 62	29. 13	82. 53	26. 55
通 辽 市	39. 97	12	43. 12	32. 23	75. 87	17. 37
铁 岭 市	39. 96	13	35. 34	27. 37	80. 95	26. 89
河 源 市	39. 84	14	33. 17	23. 91	94. 41	21. 96
嘉 兴 市	39. 56	15	32. 38	27. 81	80. 91	27. 78
乌 海 市	39. 21	16	39. 14	30. 95	69. 92	24. 64
通 化 市	39. 20	17	30. 45	27. 12	78. 94	30. 63
三 门 峡	39. 01	18	36. 88	31. 26	72. 60	23. 59
景 德 镇	38. 99	19	33. 35	26. 23	81. 01	26. 32
漳 州 市	38. 70	20	33. 49	30. 76	80. 14	20. 27
金 华 市	38. 56	21	33. 19	30. 54	80. 08	20. 33
呼伦贝尔	38. 46	22	38. 99	28. 73	75. 13	20. 26
三 明 市	38. 42	23	33. 70	26. 66	75. 98	27. 18
潮 州 市	38. 31	24	34. 28	30. 10	77. 68	20. 69
新 余 市	38. 19	25	35. 29	28. 55	79. 82	19. 36
延 安 市	38. 10	26	32. 51	29. 86	81. 81	18. 60
台 州 市	38. 06	27	35. 70	27. 78	80. 91	18. 46
晋 城 市	38. 04	28	30. 43	26. 50	73. 33	31. 28
湖 州 市	38. 00	29	33. 08	28. 95	80. 32	19. 93
白 山 市	37. 97	30	29. 29	27. 74	79. 78	25. 49
廊 坊 市	37. 87	31	31. 77	30. 26	79. 18	20. 04
龙 岩 市	37. 87	32	35. 09	27. 79	80. 52	18. 62
衡 水 市	37. 75	33	33. 27	31. 09	77. 33	18. 55
衢 州 市	37. 56	34	33. 31	28. 61	77. 26	20. 78
德 州 市	37. 39	35	33. 74	27. 92	78. 30	19. 69
濮 阳 市	37. 37	36	26. 84	26. 55	77. 03	29. 14
德 阳 市	37. 09	37	30. 46	23. 81	80. 02	25. 32

续附表

城　市	科学发展指数	排名	经济繁荣	社会和谐	环境友好	支撑能力
曲 靖 市	36.92	38	32.35	27.53	72.16	24.56
滨 州 市	36.86	39	31.79	29.27	78.82	17.48
赣 州 市	36.72	40	31.84	29.77	80.27	15.09
许 昌 市	36.69	41	33.64	18.46	80.29	26.73
娄 底 市	36.65	42	35.76	25.59	78.71	17.16
七 台 河	36.60	43	34.08	25.12	79.67	18.42
承 德 市	36.47	44	32.95	26.59	75.40	20.68
鄂 州 市	36.36	45	29.83	31.21	77.01	16.57
黄 冈 市	36.28	46	26.42	32.06	78.53	17.39
辽 源 市	36.14	47	31.19	24.65	81.10	18.92
周 口 市	35.97	48	29.78	29.42	80.15	14.66
安 庆 市	35.93	49	32.36	23.30	79.53	19.78
滁 州 市	35.91	50	33.71	25.30	80.82	14.91
松 原 市	35.88	51	30.41	23.02	81.52	20.26
怀 化 市	35.88	52	33.31	25.61	69.61	23.78
鹤 壁 市	35.73	53	29.79	25.87	79.84	18.21
郴 州 市	35.67	54	30.49	23.71	78.97	20.56
随 州 市	35.49	55	30.03	26.63	85.17	11.82
荆 门 市	35.46	56	30.97	24.10	79.71	18.18
邵 阳 市	35.23	57	29.51	24.83	80.27	17.38
乐 山 市	35.15	58	31.50	26.64	75.68	16.59
遵 义 市	35.15	59	32.51	29.32	73.78	13.87
泸 州 市	35.00	60	32.85	26.45	79.14	12.08
上 饶 市	34.88	61	25.85	31.83	75.97	14.71
驻 马 店	34.85	62	30.19	24.85	78.25	16.81
梧 州 市	34.85	63	30.70	23.06	74.97	21.06
乌兰察布	34.84	64	33.82	30.48	70.93	12.23
莆 田 市	34.78	65	29.15	27.97	81.61	11.13
宜 宾 市	34.74	66	29.63	26.86	76.74	15.72
铜 川 市	34.65	67	29.78	29.97	69.25	17.45
朝 阳 市	34.63	68	32.26	23.27	75.44	18.01
萍 乡 市	34.56	69	29.17	23.65	80.67	16.14
巴彦淖尔	34.50	70	29.61	27.44	77.01	13.87
白 银 市	34.19	71	32.25	24.38	69.20	19.89
内 江 市	33.71	72	30.94	25.34	77.89	11.17
达 州 市	33.67	73	29.84	27.92	75.08	11.28
六 盘 水	33.55	74	33.38	23.17	74.22	13.63

续附表

城　市	科学发展指数	排名	经济繁荣	社会和谐	环境友好	支撑能力
吉安市	33.42	75	27.98	23.52	78.48	14.70
晋中市	33.33	76	28.94	28.80	66.64	16.50
双鸭山	33.25	77	31.58	20.65	74.28	17.21
资阳市	33.11	78	28.89	23.44	80.80	10.79
北海市	33.02	79	27.03	25.44	80.19	10.39
临汾市	33.00	80	30.51	28.88	69.82	10.97
益阳市	33.00	81	27.18	25.09	78.94	11.55
信阳市	32.84	82	27.27	26.02	78.46	10.09
石嘴山	32.71	83	30.51	18.49	63.98	26.94
白城市	32.64	84	26.66	24.41	77.12	12.93
南平市	32.63	85	26.44	22.19	73.29	18.82
咸宁市	32.61	86	27.09	25.92	77.09	10.60
汉中市	32.42	87	27.25	22.86	70.47	18.63
宿州市	32.42	88	28.40	23.80	78.94	9.57
眉山市	32.26	89	27.99	23.39	76.96	11.43
钦州市	32.11	90	30.95	27.16	80.29	0.66
抚州市	32.06	91	27.19	25.72	78.80	7.14
孝感市	32.04	92	23.55	24.34	77.19	13.63
安康市	31.92	93	26.98	24.99	72.63	12.60
阜阳市	31.78	94	26.05	23.69	77.83	10.37
玉林市	31.57	95	26.44	24.70	73.55	11.37
运城市	31.20	96	24.05	42.78	49.98	9.42
遂宁市	31.08	97	23.17	22.73	80.63	9.36
巢湖市	31.05	98	25.94	23.13	75.40	10.19
永州市	30.98	99	23.97	22.67	76.31	11.69
六安市	30.97	100	22.24	22.41	79.10	11.45
宜春市	30.86	101	28.44	24.84	69.69	9.47
云浮市	30.80	102	23.77	19.74	75.55	15.32
广安市	30.35	103	24.42	22.98	74.81	9.55
武威市	30.25	104	20.12	25.87	77.43	7.91
广元市	30.24	105	24.75	22.72	72.76	10.74
渭南市	30.20	106	26.53	25.68	65.55	11.02
巴中市	29.94	107	21.77	24.37	76.07	7.89
贵港市	29.49	108	23.48	23.51	69.11	10.97
亳州市	28.93	109	21.59	22.33	70.79	10.71
安顺市	25.46	110	25.40	23.18	49.27	9.22
绥化市	24.87	111	10.19	20.78	73.74	5.34

附表 5　小城市科学发展评价

城　　市	科学发展指数	排名	经济繁荣	社会和谐	环境友好	支撑能力
鄂尔多斯	48.23	1	60.94	39.02	34.94	57.19
嘉 峪 关	46.86	2	48.64	41.14	76.35	28.36
玉 溪 市	45.24	3	52.63	40.19	79.64	16.41
朔 州 市	42.30	4	52.46	36.58	76.82	11.41
金 昌 市	42.19	5	40.10	30.52	77.51	30.03
酒 泉 市	41.18	6	46.02	36.34	82.92	8.77
防 城 港	39.22	7	41.70	33.74	78.60	11.80
丽 水 市	39.02	8	32.22	31.20	83.91	19.31
鹰 潭 市	38.48	9	37.72	28.79	82.91	15.34
黄 山 市	36.12	10	28.07	26.03	87.47	15.20
榆 林 市	35.33	11	34.90	26.22	73.91	15.84
庆 阳 市	34.66	12	35.80	34.54	62.01	11.81
宁 德 市	34.38	13	30.46	26.42	75.21	15.21
雅 安 市	33.76	14	26.03	25.40	78.33	15.88
丽 江 市	33.33	15	32.62	23.32	76.94	11.19
池 州 市	32.46	16	27.27	25.09	75.81	11.82
张 家 界	32.23	17	27.09	24.99	76.88	10.33
商 洛 市	32.08	18	26.08	23.57	78.59	11.07
邵 通 市	31.91	19	30.36	25.26	73.90	7.87
河 池 市	31.83	20	28.82	22.22	73.33	13.16
宣 城 市	31.65	21	23.46	23.00	80.24	11.36
来 宾 市	30.74	22	28.82	27.86	63.25	10.10
忻 州 市	30.50	23	28.06	25.94	64.90	10.90
思 茅 市	30.42	24	24.03	20.67	72.94	14.50
张 掖 市	30.39	25	23.50	31.07	66.10	7.91
吕 梁 市	30.15	26	40.93	26.65	48.15	9.17
黑 河 市	29.97	27	23.65	23.07	66.28	15.52
百 色 市	29.93	28	26.50	26.46	63.37	10.79
中 卫 市	29.86	29	22.82	23.22	70.63	12.26
崇 左 市	29.85	30	23.65	23.98	73.89	7.88
保 山 市	29.42	31	20.94	24.44	75.40	7.08
定 西 市	29.11	32	19.28	22.30	75.14	10.29
贺 州 市	29.02	33	21.31	24.75	70.24	8.86
吴 忠 市	28.94	34	24.35	21.56	60.93	16.77
平 凉 市	27.78	35	23.02	21.72	64.44	10.47
陇 南 市	26.80	36	18.83	18.77	72.37	7.96
固 原 市	26.13	37	19.14	21.48	58.99	12.42
临 沧 市	25.70	38	17.51	19.56	64.32	10.36

B.3

中国推进绿色城镇化之探索

张 燕　黄顺江*

摘　要： 长期以来，中国基本上推行的是一种非绿色城镇化模式，以高消耗、高排放和高扩张为特征，加剧了城镇发展与资源环境之间的矛盾。随着城市型社会的到来，这种传统的城镇化模式越来越不适应科学发展的要求。现阶段，以科学发展观为指导，落实绿色发展理念，亟须全面促进城镇化的绿色转型，推进一种城镇人口、经济、社会与资源、环境发展相协调，以“资源节约、低碳减排、环境友好、经济高效”为主要特征的新型城镇化模式。

关键词： 城镇化　发展方式　绿色转型

当前，世界发展面临着资源、环境、气候变化等多重危机，低碳经济、绿色发展成为全球性主题。在这一宏观背景下，中国快速推进的城镇化也遇到了资源与环境方面的硬约束。从科学发展观的视角出发，对过去粗放型的城镇化模式进行认真反思，积极探索城镇化绿色转型发展之路，是摆在我们面前的一项紧迫的重大课题。

一　绿色城镇化思潮的源起

进入21世纪，气候变化及其他环境问题越来越突出，在全球范围内关于“绿色发展”的讨论方兴未艾，城镇化的绿色进程就是其中焦点之一。一个时期

* 张燕，中国社会科学院研究生院博士研究生，研究方向为城市与区域经济；黄顺江，博士，中国社会科学院城市发展与环境研究所副研究员，主要从事城镇化研究。

以来，针对城镇化的学术思想逐渐聚焦到“绿色城镇化”这一主题上，并于近年来演变成一种思潮。

（一）绿色城镇化观念的溯源及其提出的时代背景

在国际上，对城镇化进程中资源环境问题的探讨由来已久。英国学者埃比尼泽·霍华德（Ebenezer Howard）早在1898年就著有《明日：一条通往真正改革的和平道路》（*Tomorrow: A Peaceful Path to Reform*）一书，到1902年第二版改名为《明日的田园城市》（*Garden Cities of Tomorrow*），提出了建设田园式城市形态的设想，以避免城市无限制扩张所带来的环境问题。田园城市思想对城市环境问题研究具有启蒙性，一定程度上可以视为“绿色城镇化”思想的开端。1915年，帕特里克·格迪斯（Patrick Geddes）著书《进化中的城市》（*Cities in Evolution*），提倡要遵循自然环境条件，并依据生态原理进行城市规划和建设，这实质上就是强调建立在环境容量和承载力基础上的城市发展。1980年代以来，国际上关于生态环境和可持续发展问题的讨论进一步高涨，提出了“生态城市”、“森林城市”、“健康城市”、“园林城市”、“绿色城市”等一系列城市发展新理念。特别是到1990年代，“绿色发展”思想渐成主流，在城市发展实践中，从过去只注重绿色规划逐步向绿色生产、绿色生活、绿色文化等各领域全面渗透。

不过，“绿色城镇化”概念的提出和践行主要还是源自对中国问题和模式的探讨。2002年，联合国开发计划署发布了《中国人类发展报告》，明确提出中国未来需要“让绿色发展成为一种选择”。2011年，国家“十二五”规划纲要中明确将“绿色发展”作为国家战略。在“绿色发展”战略背景下，“绿色城镇化”就成为我国走新型城镇化道路的重要模式。实际上，进入“十二五”以来，全国许多地方政府均已将“绿色城镇化”作为一项发展战略推行开来，并付诸实践。“绿色城镇化”概念具有很强的时代色彩，有时被又被理解并称为“城市（镇）的绿色发展”或“城市（镇）化的绿色模式”，表达不尽统一，但其核心思想均是从资源环境的角度倡导全面协调、可持续城镇化。

（二）绿色城镇化的基本内涵

相对于以“高消耗、高排放、高扩张”为特征的传统城镇化模式，绿色城镇化具有“低消耗、低排放、集约式”的特点，集中反映全面、协调、可持续的科学发展理念。具体说来，绿色城镇化主要体现在如下几个方面。

一是资源节约。资源节约是推进绿色城镇化的重要基础。以资源的最大限度集约开发和节约利用为要求推进城镇化进程，促进城镇“低耗”发展。一是强化各种资源（包括以矿藏为主体的原材料、各种能源资源以及水、土地等）的保护性开发。在城镇化建设过程中严格遵循各类自然资源“在开发中保护、在保护中利用”的基本原则，积极推广先进适用的开采管理技术对资源实施可持续性开发。二是全面促进资源的高效节约利用。在生产、生活等领域全面推广资源循环利用模式，尽可能地减少资源消耗，增加资源的重复利用和循环再生。

二是低碳减排。低碳减排是推进绿色城镇化的关键环节。为应对气候变化以及其他各类环境问题，在城镇化进程中，尽可能地减少二氧化碳和各类污染物排放。一是推进低碳城镇化。在综合创新的基础上，通过综合措施，全面推行低碳生产模式和低碳生活方式，加快推进低碳城市、低碳园区、低碳社区、低碳建筑、低碳交通、低碳企业、低碳学校、低碳家庭建设，积极促进城市发展低碳化转型。二是减少污染排放。通过技术和管理的革新，从个人、家庭、社区、企业、园区等不同层面推进污染减排工作，既要严格控制城镇地区“三废”排放，也要防止城镇化进程中可能出现的其他各种新污染物增加。

三是环境友好。环境友好既是推进绿色城镇化的重点工作也是重要预期。从不断提高环境福祉的角度，去加强城镇化进程中的环境保护和建设工作，促进人和自然和谐共生。资源节约和低碳减排是在生产和生活活动过程中实现环境友好目标的重要手段。与此同时，城镇化进程中的环境建设工作，还包括城镇自然或绿化景观、各种生态空间的维护建设和声环境、水环境、大气环境的净化工程，以及对已有的环境破坏实施的生态修复和治理工作。充分尊重自然界环境系统的基本运行规律，视城镇化进程中的各种人类活动为该系统一个不可分割的环节，严格禁止无限度的生态空间掠夺和一切环境破坏行为。

四是经济高效。经济高效是推进绿色城镇化的核心和战略导向。一定程度上，经济发展水平决定着人们需求的满足程度，那种重速度轻效益、重数量轻质量、重外延扩张轻内涵发展的传统城镇化模式，在特定的发展阶段能较好地满足人们的物质需求，特别对解决温饱和实现脱贫有很大帮助；但是，以资源环境代价换取经济的快速增加是不可持续的。从绿色发展的角度看，经济高效就是要注

重提高生态效率，用最小的资源环境投入成本获得最大化的经济产出效益。为此，在绿色城镇化模式下，经济发展并不是否定资源消耗和适度排放，而是要在保障环境质量的条件下，通过优化资源配置、推广先进技术、提高管理水平、推行绿色发展模式，最大化经济产出，以期促进经济、社会和环境效应的有机统一。

二　对传统非绿色城镇化模式的反思

改革开放后，我国执行了以工业化推进城镇化的发展路线，城市的工业特征显著。进入20世纪90年代后，区域经济发展的动力逐步转变为工业化和城镇化的“双轮驱动”。现阶段城市发展进入了新的阶段，对城镇化提出了提高质量、扩展内涵、注重生态等新的要求，旧的城镇化模式已经难以适应这些变化和要求，新的城镇化模式已呼之欲出。

（一）传统非绿色城镇化的基本特征

一是高消耗。在粗放型城镇化进程中，中国的原材料和能源消耗一直在世界上占有较大比重。例如，在资源消费方面，2010年，中国水泥消费量比2004年增长了近一倍，达到18.51亿吨，占全球总消费量的56.2%；钢铁消费量则占到全球的44.9%。在能源消费方面，2010年，中国超过美国成为世界最大的能源消费国，能源消费总量占到了全球的20.3%，其中，煤炭消费量占全球消费总量的48.2%，石油消费量占全球消费总量的10.6%。

二是高排放。在大规模消耗资源和能源的同时，还带来了高污染排放。从城镇地区看，2010年底，全国113个环保重点城市的废水排放量占到全国的60.0%，化学需氧量排放量占46.8%，二氧化硫排放量占49.5%，氮氧化物排放量占53.9%，烟尘排放量占43.8%。随着城镇人口的增加，城镇生活废弃物排放增多，许多城市生活垃圾的处理能力跟不上污染排放的强度，“垃圾围城”和城市污染日益严峻，并逐渐向城郊和农村地区蔓延扩散。

三是高扩张。我国城市的建设规模不断膨胀，占地范围扩展很快。从主要城市看，1990~2008年，上海、北京、广州、南京、杭州、重庆、成都等少数几个大城市的建成区面积扩张了3倍以上。从总量上看，全国城市建成区面积不断

扩大。2000 年全国城市建成区面积 22439.28 平方公里，到 2010 年扩大到 40058.00 平方公里，扩张了近一倍，平均每年增加 1761.87 平方公里，年均增长 5.97%。尤其是，近年来中国各地区加快旧城改造与新城扩张建设如火如荼，大多数城市新区的规划面积达到数百公里，少部分规划到上千平方公里；与此同时，在加速赶超和跨越发展的思潮驱动下，中国各级城市（镇）大兴新产业园区建设或老工业园区扩建，园区规划面积也不断扩张。

（二）传统非绿色城镇化的巨大代价

显然，非绿色城镇化付出了巨大的环境代价，集中体现在两个方面。一是资源供需矛盾日益加剧。建立在对土地、水资源、能源、原材料等资源大量消耗基础之上的中国快速城镇化，使得资源短缺趋于严重，包括城市缺水、耕地面积下降、绿地减少，并需要从国外进口大量的原材料等。与此同时，由于城镇空间布局与资源环境承载能力不相适应问题越来越突出，国家不得不在全国范围内开展一系列的大规模、长距离的能源和资源调运，如北煤南运、南水北调、西气东输等，从而大大增加了城镇化成本。另外，耕地面积萎缩、生态绿地减少、城市缺水等问题也越来越严重。二是污染严重导致环境压力增加，城镇地区的生态环境恶化严重。例如，大面积的地表硬化和建筑化，大量植被及地下水循环系统遭到破坏，生物多样性受到威胁；各类污染物大量排放，严重影响了城镇人居环境质量；来自其他类型环境公害的威胁也不断加大，包括五岛效应、城市内涝、地面下沉、光污染、强辐射和噪声污染等。总之，这种以高消耗、高排放、高扩张为特征的粗放型城镇化及城镇发展模式，进一步加大了中国长期以来累积的资源供需压力和生态环境压力，加剧了资源与环境的双重约束。

（三）传统非绿色城镇化的主要成因

从城镇化阶段看，一般基于城镇化 S 形曲线三个阶段的划分思想，采用 30%、70% 两个临界值，认为 30% 以下为城镇化的初期阶段、30% ~70% 为城镇化的加速阶段，70% 以上为城镇化的后期阶段。实际上，从发达国家经验看，当城镇化率超过 50% 以后，城镇化将出现逐渐减速的趋势。城市率从 1996 年的 30.48% 提高到 2010 年的 49.95%，可见，过去一段时间内，中国一直处于城镇化初级和加速阶段。根据城镇化发展阶段的一般特征及中国的基本国情可以判

断，过去高消耗、高排放和高扩张的城镇化至少有以下几个方面原因：一是遵循三次产业递进的基本演变规律，这一时期产业结构主要以依赖资源消耗和原材料加工的传统工业和建筑业为主，近年来开始向重工业为主深化加工阶段转变；二是新中国成立以来中国长期处于短缺经济状态，实现由卖方经济向买方经济过渡、完成脱贫和温饱任务一定程度上需要扩大资源消耗进行生产以满足基本物质需求；三是作为一个地区差异极大的发展中大国，这一阶段的技术水平相对处于较低层次，难以在资源节约利用和节能减排上有较大突破；四是农业人口的持续释放并向城镇转移，客观上需要扩展城镇建设容纳新增人口；五是少数地方政府存在以牺牲环境为代价片面追求经济发展政绩的非理性行为；六是过去人们的环保意识相对薄弱，对环境福祉的需求并不强烈。

（四）转变非绿色城镇化模式的现实需求

中国是一个人口多、资源短缺的发展中大国，如果不尽快改变高消耗、高排放、高扩张的非绿色发展模式，快速城镇化面临的资源环境成本将持续增加，显然不利于城镇人口、经济与资源、环境的协调发展，也是与科学发展观背道而驰的。在当前新的形势下，这种外延式的粗放型城镇化模式已经走到了尽头，越来越难以为继。总体趋势上看，当前资源和环境约束力日趋加大；同时，我国已经或即将越过刘易斯拐点，农村富余劳动力趋于减少，在今后一段时期内，城镇化率每年提高的幅度将会有所减慢，将进入减速时期；当前城镇化形势已经进入一个重要的转型期，需更加注重绿色城市和生态城市建设，要在科学发展观指导下探索新型的绿色城镇化模式，配合支撑建设我国资源节约型和环境友好型社会。

三　促进城镇化绿色转型的总体思路

在转型过程中，绿色城镇化作为一种全新的发展模式面临着观念更新、技术进步、文明构建、政策推动等多重压力与挑战。转型本身具有阶段性，为此，推进绿色城镇化模式不可能一蹴而就，要根据中国基本国情特征和现阶段经济、社会发展的阶段特点，逐步推进实施。当前，要在充分认识传统非绿色城镇化模式下中国城镇发展现状的基础上，重点从产业发展、城市建设、生活方式转变以及环境建设等层面开展绿色城镇化工作。

（一）加快产业两型化发展，促进城镇经济绿色增长

所谓两型产业，简言之就是资源节约型和环境友好型产业。加快产业两型化发展，就是要求产业发展指向具有两型特点，不但要促进资源节约集约和高效利用，还要实现与环境友好共处，它是促进传统城镇化向绿色转型的重要路径和主要方面。总的来说，至少需要推进以下三个层面的工作。一是在产业发展导向上，一方面，通过多种方法和措施，对传统资源消耗大、污染排放多、占地面积广、经济效率低的落后产业实施两型化改造或升级；另一方面，实施高科技引领战略，积极培育和发展战略新兴产业。二是在产业空间布局上，不断优化地区和城乡空间格局，提高资源配置和利用效率，尤其是要促进产业进园区、园区专业化发展，另外，在中心城市大力推进总部楼宇经济和高端服务业发展。三是从企业发展的角度，积极鼓励企业加大研发投入，采用先进技术和工艺，推进绿色生产；鼓励企业进行产业链重组，走专业化、集群化、生态化发展之路，形成具有竞争力的循环经济产业链，提高资源加工深度和综合利用程度，减少废弃物排放，并提高经济效益。

（二）优化空间布局和建设，推动城镇集约化发展

人多地少是中国的基本国情，提高土地利用效率是基本国策。城镇集约化发展既是中国国情的内在要求，又是节约资源的重要途径。可见，改变过去“高扩张”的城镇发展态势，建设集约型城镇是推进中国特色绿色城镇化的重要任务。首先，从工程建设角度，要大力推广城镇节能、节材、节水、节地技术，在大中城市推进生态型城市综合体建设，强化城市土地的立体开发与城市建筑物的综合利用。其次，从城镇空间布局上，要统筹旧城改造与新城建设工作，提倡集中、密致布局，完善配套设施建设，积极引导旧城人口疏散与新城产业集聚发展。再次，从城市功能规划上，在突出主导功能的基础上，提倡建设综合性城市，完善功能结构，增强城市的多维发展能力。最后，强化城市空间管治，设置开发强度的上限，严格限制城市土地水泥地连片发展，防止城镇地区过度开发和无序开发。

（三）推广绿色生活方式，倡导全社会节能节约

绿色生活方式即衣、食、住、行的全面绿色化，例如绿色消费、绿色出行、

绿色居住、绿色交易等，它是绿色城镇化理念在生活领域的践行和推广。绿色生活方式具有环保、节俭、安全、健康的基本特征。从参与主体看，绿色生活关系到每个人，具有全面参与性，不仅是绿色城镇化的本质需求，更有利于增加全社会绿色环保意识，是深化构建生态文明的重要内容。从消费结构上看，绿色生活倡导绿色消费品选择，会不断增加对绿色产品的需求，从而对生产活动产生较强的绿色引导作用。可见，绿色生活是人们消费结构升级以及社会文明进步的重要表现。在城镇化进程中，作为人口密集的城镇地区，率先推广绿色生活观念并渗透到生活中的每一个细节中去，逐渐形成一种社会风尚和群体生活习惯，促进全社会生态文明的形成，对绿色城镇化以及城市绿色发展和繁荣都具有重要的推动作用。

（四）加强污染防治与生态修建，提高环境质量

污染防治与生态修建是城镇化绿色转型的重要保障。首先，传统非绿色的城镇化带来严重的生态环境代价，特别是污染严重，在城镇化绿色转型过程中，需要进一步加大环境治理和修复的投入力度，包括对重点水源流域、城郊固体废弃物堆放场地、资源型城市的废弃尾矿残渣露天连片堆放区等进行综合治理，对城市湿地植被、绿色防护带、城市土地硬化与沙化区域实施封禁治理和抢救性保护等。其次，随着人们对绿色空间需求的增加，要施行科学的再规划再布局，加大投入力度，实施生态空间再建工程，提升城市绿色空间载体。最后，构建完善的环境质量监控体系，对个人、企业等施行严格的环境监测和管控。要以人居环境质量是否改善和提高作为绿色城镇化模式推进有效程度的重要检验标准。

四　推进绿色城镇化的对策措施

为全面推进中国城镇化的绿色转型，必须坚持以科学发展观为指导，紧密围绕绿色城镇化的基本内涵与转型思路，全面推行绿色新政，强化政策引导，加快形成全民参与的推进机制，促进绿色转型的全方位创新，将绿色环保理念融入城镇建设的各个领域，构建和谐统一的生态文明体系等。

（一）推动形成绿色城镇化建设的全民参与机制

明确推进绿色城镇化的全民参与性质，建立起以绿色发展为理念，以绿色生

活为导向，以绿色生产为重点，以市场为基础，政府为引导、企业为主体、全民参与的绿色城镇化建设机制。政府要加强对绿色城镇化的总体思路、重点任务部署和相关配套政策的制定，积极引导全社会参与绿色城镇化建设的实践；企业在绿色城镇化模式的框架下，以绿色发展为导向，全面推行绿色技术、绿色工艺和绿色生产；个人则要在衣、食、住、行等各方面按照绿色生活的基本要求，做到节能、节约生活。现阶段，在政策措施层面，首先需要各级政府加大宣传力度，加强绿色发展的规划引导，强化法制建设与行政干预，全面构建以绿色城市（镇）、绿色园区、绿色社区、绿色企业、绿色机关、绿色家庭等为主体的绿色示范体系，以便引导在全社会逐渐形成绿色城镇化的全民参与建设机制。

（二）积极推进城镇化绿色转型的全方位创新

通过创新实践促进城镇化绿色转型，包括科技创新、组织创新、建设模式创新、管理体制机制创新等多领域的全方位创新。一是以企业技术创新为重点。采取财政贴息、加速折旧、税收优惠等多种综合措施，鼓励企业加大研发投入，以科技创新带动节能减排和绿色生产。二是大力推动产业组织创新，提高资源配置和利用效率，降低生态成本，提高经济效益。三是城镇建设领域的创新。按照低碳、生态、紧凑、舒适的要求，统筹规划城乡建设，加强城中村、边缘区整治和老城区、老建筑的节能改造，高起点、高标准、高质量推进新城区建设，不断优化城市形态和空间结构。四是强化管理体制机制创新。积极推进政府管理体制创新，加快城市公用事业价格改革，建立完善生态补偿机制，构建绿色转型政策体系和绿色考核指标体系，实施政府绿色采购，推动形成有利于城镇化绿色转型的新机制、新体制。

（三）以绿色转型为契机促进环保事业大发展

绿色城镇化是从资源环境角度探索中国特色城镇化的新型发展模式。绿色是导向，环保是核心。在绿色转型过程中，要把环境保护融入城镇化建设的大局之中，对环保事业发展提出了更高的要求。在重视环境技术创新和扩大国际合作的基础上，还要推进以下重点工作。一是推进投融资体制机制改革，增加环保事业资金投入。引导投资主体多元化、融资渠道多样化，积极吸纳来自政府的财政资金、资本市场的运作资金、合资合作的建设资金等，推进部分城镇环保项目运营

主体的企业化进程，以污染防治为重点，加强城镇环保基础设施建设。二是逐步完善环境政策，进一步明确城市环境保护与生态建设中各项政策的适用范围与标准。特别是加快建立健全环境价格体系，推广排污权交易，建立全国统一的碳排放交易市场等。三是建立健全环境监管体系和环境预警体系，增强应对突发性污染事故、污染纠纷和严重违法事件的能力，提高环境监测与执法监督能力，尤其是加大对城市环境的监测执法力度，严格控制由于新增城市人口带来的城市环境污染与环境质量下降。

（四）加快构建和谐统一的城镇生态文明体系

以科学发展观为指导，坚持全面、协调与可持续发展的基本原则，加快建立集中体现人、经济、社会与自然和谐统一的生态文明体系，为城镇化绿色转型提供强有力的支撑。一是形成以资源节约与环境保护为核心、体现人与自然和谐统一的生态文明观，营造良好的生态文化氛围，提升全民生态意识，构筑城镇生态意识文明体系。二是全面推进资源节约型与环境友好型社会建设，在全社会形成绿色生产和绿色生活的风尚，倡导生产方式、生活方式上的资源节约和环境保护，为绿色城镇化提供转型的实践土壤，形成城镇生态行为文明体系。三是加强生态环境整治和建设，提升全民生态文明素质，创造良好的人居环境，构建城镇生态人居文明体系。四是树立“生态为政”的理念，建立高效、廉洁、绿色的行政管理体制，完善各项生态环境规章制度，逐步形成机制完善、保障有力的城镇生态文明制度体系。

参考文献

霍华德：《明日的田园城市》，金经元译，商务印书馆，2000。

魏后凯：《新时期我国国土开发的新方略》，《绿叶》2009 年第 10 期。

魏后凯：《加速转型中的中国城镇化与城市发展》，载潘家华、魏后凯主编《中国城市发展报告 NO. 3》，社会科学文献出版社，2010。

魏后凯：《论中国城市转型战略》，载魏后凯、叶裕民主编《城市与区域发展转型》（《城市与区域规划研究》第 4 卷第 1 期），商务印书馆，2011。

魏后凯，张燕：《全面推进中国城镇化绿色转型的思路与举措》，《经济纵横》2011 年第9期。

中国环境保护部：《中国环境统计年报（2010年）》，2012。

BP (British Petroleum), *Statistical Review of World Energy*, 2011.

ICR (International Cement Review), *Global Cement Report: Ninth Edition*, Tradeship Publications Ltd., 2011.

WSA (World Steel Association), *World Steel Short Range Outlook*, 2011.

Exploration on Green Pattern of Urbanization in China

Zhang Yan　Huang Shunjiang

Abstract: For a long time, with the features of "high consumption, high emissions and high expansion", this non-green urbanization is to aggravate resource and environmental pressure in China. With the advent of the city-dominated society, the traditional mode of urbanization is increasingly unsuited to the requirements of scientific development. Currently, Guided by the *Scientific Outlook on Development*, to implement the concept of green development, it's urgent to comprehensively accelerate the transformation of urbanization toward a new pattern, to promote the coordinative development among the urban population, economy, resource and environment, and characterized by "resource conservation, low-carbon and emission reduction, environment friendly, high effective economy".

Key Words: Urbanization; Development Model; Green Transformation

B.4
国外绿色城市规划的思潮与实践

白联磊*

摘　要： 19 世纪，霍华德系统提出了“田园城市”的思想。与霍华德同时代的盖迪思厘清了技术和环境的关系，提出自然与城市相互融合的观点。惠依顿、沙恩等人都进一步发展了“田园城市”的思想。进入 20 世纪，“城市生态学”、“生态规划学”相继出现，并向精细化发展。20 世纪 80 年代，绿色城市思潮重点讨论城市环境恶化的解决之道。绿色城市的实践方面。巴西的库里蒂巴、新加坡、瑞典的马尔默，分别代表了发展中地区的大城市、经济发达但资源紧张的大都市区、经济发达的中小城市，在绿色城市建设中的成功实践。这些城市在垃圾回收、公共交通建设、新能源开发、公民环境教育、绿色建筑等方面作出了各具特色的探索，并取得了较好的效果，对我国不同区域的绿色城市建设提供了良好的借鉴。

关键词： 绿色城市　田园城市　生态城市　库里蒂巴　新加坡　马尔默

随着新兴国家的崛起，全球范围的城市化浪潮已经成为改变世界面貌的重大力量。与此同时，全球气候变暖、城市病等正在成为城市健康发展的约束力量。正是在这一正一反的较量中，作为行动主体的人类需要寻找一条可持续的城市发展道路，于是绿色城市应运而生。

一　绿色城市规划的思潮

绿色城市并非唯一的应对策略，绿色城市与生态城市、低碳城市等概念相互

---

* 白联磊，中国社会科学院城市发展与环境研究所博士研究生，研究方向为城市和区域经济。

交叉，相互融合，它们的共同指向都是城市的可持续发展。所以，归纳绿色城市的思想脉络必然包括了与其相关的城市可持续发展的思潮。

（一）田园城市——自然与城市的融合

绿色城市的思潮萌芽于20世纪之前的农业社会。西方文明的中心古埃及和古希腊均主张从自然环境角度考虑环境选址和布局。然而，这个时期城市设计的重点停留在城市建设和城市建筑的造型艺术上。

到了19世纪，欧洲的工业社会初具规模，面对逐渐发展的城市病，1898年，霍华德提出建立“田园城市”（Garden City）；1903年和1919年，他通过与资本家合作在伦敦郊区建设了两座理想中的田园城市，分别命名为“莱奇沃思”（Letchworth）和“韦林”（Welwyn）。然而，由于出资方对城市规划的干预，这两座城市并未完全按照霍华德的思路进行规划。尽管如此，我们仍然可以通过霍华德的《明日的田园城市》管窥理想中的田园城市：从中央到外围分为三层，最核心地带是中央大公园和配套的公共建筑，它们被周围的拱形廊道和购物街围绕，而购物街外围则是环境宜人的花园住宅，城市最外围是工业区，但是工业区和住宅区之间被宽约140米的林荫道阻隔，从而保证住宅区的环境质量。田园城市要求低密度的居住格局和高绿化率的城市生态。希望借此消灭私有制和大城市，实现人人平等和城乡一体化。由此可以发现，田园城市除了独具特色的城市布局之外，还承载了乌托邦主义者的社会理想。尽管霍华德改造社会的理想难以实现，然而，随着城市扩张的势头愈演愈烈，田园城市理论被运用于应对城市和住宅需求的扩张。1919年的“韦林”即是作为伦敦卫星城而建的。

在霍华德发表《明日的田园城市》一书之后，1915年，盖迪思（Patrick Geddes）在他的《进化的城市》中进一步发展了霍华德的理论。在这本书中，盖迪思提出了“生态区域”的概念。基于这一概念的重要性，他认为，城市规划应该在调查的基础上进行，调查的主要对象是城市的周边环境，而在整个环境空间中，流域是最基本的单元，是生态进化和城市进化的载体。基于空间调查的特殊需要，他指出了规划师惯用的平面图的缺陷，开始使用地理纵向剖面图作为分析基础，这一创举在当时具有革命性的意义。另外，盖迪思还对技术和城市环境之间的关系进行深入分析。尤为可贵的是，他并未在技术与环境之间进行二元对立式的“选边站”。而是提出了城市与自然相互融合的观点。他认为“城市必

须停止像墨水浸纸一样蔓延，而应该像植物般生长。城市中的人们完全可以生活在乡村一般的环境中”。

在整个20世纪，田园城市理论产生了世界范围的影响，在它的启发下诞生了“有机疏散论”和“卫星城理论”。如美国规划建筑师惠依顿提出，在大城市周围建设绿地以限制钢筋混凝土的城市建筑过度扩张，同时在绿地外围建设卫星城镇和工业企业，并与大城市保持一定联系，以减轻城市中心区的压力。而芬兰建筑师沙林恩（Elien Sarrinen）则按照有机疏散论的原则制定了“大赫尔辛基”方案，进一步发展了萌芽中的卫星城理论。

“田园城市”中蕴涵的人与自然融合的可持续发展理念，超越了之前单纯根据建筑形态和美学理论设计城市的规划思路，深刻影响了全世界的城市规划者，田园城市运动在全世界蓬勃发展起来，霍华德的“田园城市”思想由此被认为是现代“生态城市”思想的起源。

（二）生态规划——结合生态的城市规划

20世纪初，受田园城市思潮的启发，城市问题研究中开始引入生态学视角，从而奠定了生态城市理论研究基础。1945年芝加哥人类生态学派创建了城市生态学。1945年该学派的创始人帕克（R. E. Park）出版了《城市与人类生态学》。该书按照生物群落的视角研究城市环境，城市生态学作为一门系统科学开始成形。

1969年，麦克哈格发表了《设计结合自然》一书，该书重视生态系统中复杂的自然过程，强调设计者在人与自然关系中的重要使命，对如何处理人类聚落与自然环境之间的关系提出了明确阐述。尤为重要的是，麦克哈格建立了一套崭新的生态规划方法，将城市适宜性与环境叠图程序纳入规划体系，适宜性是对环境和工程目标的和谐程度的测度指标。在工程设计之前，根据即将建设的工程项目的特点，通过叠图技术测定所在区域的适宜性，适宜性决定工程的可行性，由此保证了以环境为基础的城市规划的可行性。

叠图城市的生态规划将设计学、景观学和生态学融为一体。在继承盖迪思的“流域单元”概念的基础上，麦克哈格提出了“大河谷鸟瞰”的概念，比盖迪思的“河谷纵向剖面”涵盖了更为丰富的环境知识。另外，麦克哈格还提出了城市聚落的空间适宜模式，该模式将城市聚落散落配置于特定空间，使之与自然地形特征相互交错，一方面避开平原地区的洪泛灾害，同时将自然生态的多样性引入城市空间。从而为1990年代之后的生态城市发展提供了新的思路，也为城市生物多样性的实现提供了可能。

进入1970年代，生态规划方法有了进一步发展。希尔斯（Angus Hills）发展了土地使用的生态规划方法。希尔斯认为，地形是土壤构造的外在表现，植被是环境条件的重要指标。地形、气候共同决定了植被的构成。于是，从根本上说，土壤的成分构成决定了土地利用潜力。在这种分析的基础上，希尔斯提出了土地生态规划的步骤：根据地形和气候对土地进行分级；依照土地类型决定在特定环境下的使用范围；提出使用建议。

路易斯则从在景观建筑方面进一步拓展了生态规划方法。他将环境资源的价值区分为内在价值和外在价值。前者是自然资源本身的品质，而后者则是经过人为改造之后所具有的品质。路易斯认为“环境廊道”，尤其是其中的节点，具有最为丰富的环境资源。在对威斯康星地区的环境廊道的研究中，他将景观的视觉品质和水体表面、湿地特征、地形坡度等环境因子结合起来，作出了开创性贡献。

在此之后，生态规划学者们在继承麦克哈格的适宜性分析基础上，对生态规划方法进行了发展从而使其更为精细化，先后出现了格式塔方法（Gestalt Method）、数学复合方法（Mathematical Combination Method）、区域分层方法（Identification of Regions）和复合逻辑方法（Logical Combination Method）。

（三）20世纪80年代以来的发展

进入80年代之后，生态城市规划从侧重直接的生态问题转而侧重由城市发展导致的城市生态失衡。1984年，MAB计划组织提出生态城市规划的五项原则：生态保护战略；生态基础设施；居民生活的生态标准；文化与历史保护原则；自然融入城市等。这些原则从整体上概括了生态城市规划的主要内容。面对全世界范围内形态各异的城市问题，生态城市战略着力解决的问题包括四个方面。

1. 环境容量制约下的大都市区规模测定

自然环境的承载力都是有限的，由此导致环境容量的有限性。而城市规模的迅速扩张往往会超越自然环境的承载力，造成城市生态失衡。如果人造环境对土

地、水资源、生物资源的干扰超过某个限度，可能会造成不可恢复的后果。然而，基于环境容量的城市规模测定仍然缺乏可靠技术手段的支撑，目前只是因时因地的相对标准。

2. 节能、环保与环境复育

由于环保技术的进步，土壤肥力恢复、污水处理和再利用、废物回收、能源节约和循环利用等得到推广，从而使得生态城市从理想变为现实。以土地复育为例，Emir Fikretoglu Huseynov 提出了可持续的土地更新战略。该战略包括四个基础性的原则：①以发挥废弃土地的潜在功能为目标；②在废弃土地上建设的设施应与环境融合并长期发挥作用；③保证复育土地的美观品质；④保证环境的可持续性——无污染、节能、易使用。

3. 绿色生态网络建设

从生态维护的效果看，分散的公园远远不及连接起来的大规模绿化带。网络化的绿色空间往往对城市的气候调节起着重要作用。在建设绿色生态网络时，应该将城市公园作为绿地核心，同时以环绕城市的绿色地带作为辅助，围绕河流和街道建成交错有致的绿色廊道，同时在其余适宜的空间设置绿色地块，以此形成相互连接的绿色网络空间，从而提高绿色区域连接性、降低碎片性和分割性，尤为重要的是，绿地网络空间还可以作为催化剂，保护并积蓄新的绿地空间。而对城市居民而言，由于增加了接近大自然的机会，绿色网络空间能够有效地提高居民的生活质量。

4. 紧凑型城市——城市绿色发展的可能路径

人均汽车拥有量和人口密度是成反比的。在巴黎大区，从人口密度最低的郊区到人口密度最高的市中心，户均私家车拥有量从 0.9 辆降低到 0.4 辆。另外，如果城市人口的密度增长两倍，城市的繁荣程度会增长五倍，而对于环境的负面效应只为原来的 5%。于是，通过公交系统的调整（扩建市内公交、限制轨道交通的延伸）将能够引导城市发展的尺度，降低人类活动对自然的干扰，减少机动车过多造成的温室气体排放。

二　绿色城市规划的实践

本文选取了三个具有代表性的绿色城市：巴西库里蒂巴、新加坡和瑞典马尔默。他们分别代表了发展中地区的中型城市、发达地区的大城市和发达地区的小城市。其绿色城市建设经验对中国类似发展水平地区的绿色城市建设具有借鉴意义。

（一）库里蒂巴市的实践

库里蒂巴是巴西东南部帕拉南州的首府。作为巴西城市化进程最快的城市之一，该市人口从1950年的30万增加到了1990年的210万。在这一时期，库里蒂巴的经济基础也从农产品加工发展为工商业为主。然而库里蒂巴并未出现人们预料中的城市病问题——失业、无序开发、交通拥挤、环境恶化等。相反，该市却表现出与巴西城市完全不同的特征——污染少、犯罪率低、教育水平高。这些成绩主要得益于库里巴蒂市开展了富有创见性的城市建设：努力保护自然环境；优先发展公共交通；采用适当的技术设施而非盲目迷信高技术；鼓励市民参与，防止政府大包大揽。

1. 结合生态的防洪设计

在20世纪50~60年代，库里蒂巴市中心的水患不断出现。沿河流而建的房屋建筑更加深了水患的影响，市政工程的施工不当又加剧了排水困难。为此，政府在1966年初重新规划了排水管线，并于1975年，通过“保护现行自然排水系统”的强制法令。之后，库里蒂巴市在河岸两旁建成了具有蓄洪作用的公园，同时建设人工湖，在公园里面大面积种植树木，而河道两旁废弃的工厂和其他建筑则被改造为体育和休闲设施。市政公司也开辟了通往这里的公交线路。这种结合生态的防洪工程，节省了过去巨大的防洪开支，同时避免了在防洪方面的新增投入。而将蓄洪区改建为公园更不失为一件创举，不仅起到了防洪和生态哺育功能，而且使得人均绿地面积从1970年的0.5平方米增加到50平方米。

2. 公交优先的交通设计

库里蒂巴的交通系统的最特别之处在于，其道路网没有一个中心节点。该市的道路网络由五条主轴构成，而每条主轴线又包括三组平行的道路。三组道路中，居中的道路包含两条高速公交通道，两侧是地方道路。由于政府允许城市绵延扩张，加之受到《土地使用法》的鼓励，每条轴线附近都得到了高密度开发，从而避免了辐射状交通系统带来的交通拥挤问题。

该市的公交乘车也颇具特色，乘客乘车实行不同区域、不同路线的单一票

制；在价高的管状车站内，乘客预先购票、快速验票，公共汽车为 2～3 节长，车门也是特制加宽的。这些设计大大增加了公交运载能力和效率。

尤其值得注意的是，库里蒂巴一直拒绝修建地铁。这主要是由于经济上的考虑——修建地铁每公里耗资将达到7000万美元，而相应的公交高速仅花费20万美元。由此导致的结果是，库里蒂巴市公交系统完全能够自负盈亏，而低收入居民的平均出行开支只占其收入的10%，在巴西属于较低水平，同时人均燃料消耗量也比巴西同类城市少1/4。库里蒂巴市成为巴西空气污染程度最低的城市之一。

3. 群众参与的垃圾处理

参与机制的主要作用在于能提高市民的积极性。

为鼓励公益行为，库里蒂巴市的“免费环境大学”向家庭主妇、建筑管理人员、商店经理等人提供实用的短期课程，教授日常工作中的环境知识。参与这种课程是某些行业取得执业资格的必备条件（如出租车司机）。为了帮助低收入家庭的儿童，市政府出资设立“报童计划”，向贫穷的儿童提供课余工作；另外，遍布全市的救助中心随时为儿童提供帮助；“SOS 儿童中心”专用电话号码被广泛公布，以便儿童在遇到危险时求助。

在解决城市问题中，库里蒂巴市拒绝强调使用高新技术的传统思路。该市拒绝了地铁，而是通过独特的道路交通和公交系统便避免了交通堵塞问题；同样，在垃圾处理上，他们没有建设昂贵的垃圾分拣工厂，而是通过鼓励民众参与解决了这一问题。库里蒂巴的“让垃圾不再是垃圾”计划吸引了70%民众参与可再生垃圾的回收工作。而在低收入地区，政府实行“垃圾换物”计划，贫困家庭可以用垃圾换取公交车票、食品和孩子的文具。而对于难以清理的垃圾，政府设立“彻底清除”行动，临时雇佣退休和失业人员清理废物。这些做法大大动员了民众的积极性，降低了市政成本，提高了垃圾处理效率，同时保护了资源、美化了环境，还增加了就业机会。

（二）新加坡的绿色城市经验

1. 生态保护与城市绿化

新加坡地处热带，是动植物的天堂。为了保护自然景观和生态稳定性，新加坡将大约3000公顷的树林、候鸟栖息地和沼泽地规划为自然保护区，以改善城市的生态环境。同时还通过公园联结网将主要的公园、保护区和其他生态区域联结起来，利用动植物的生态廊道促进生物多样性的发展。

为了建设宜居城市，新加坡还通过“蓝绿规划”（Green and Blue Plan）进行绿地设计。在建设绿色城市过程中，新加坡制定了14个关于公园和树木保护的法规，规定在公路、住宅、工商业等地点必须进行景观建设和绿化。同时，将绿地开敞空间与河流水体连接起来，努力扩大绿地规模。新加坡建成的大小公园超过337个，某些公园群落组成大型公园和生态观光带。在区域配置上，每个镇区都建有不少于10公顷的公园，居民住宅每隔500米建有1.5公顷的公园。新加坡的绿化环保理念和人本精神促进了当地社会人与自然的和谐共存。

此外，新加坡还设置了专门的城市绿化机构，保证花园城市的建设。其中，房地产与发展部专门负责房地产发展过程中的绿化工作。在新加坡，住宅区面积为1.5公顷的公园基本都是由房地产与发展部设计。该机构每年植树23000株，种植成活6个月后再交予市政部门管理。

新加坡国土狭小，人口稠密，绿化用地极为紧缺，因此，新加坡充分利用道路绿化提高绿化率。到2008年新加坡的人均绿地面积已经达到19.6平方米，在这种人多地狭的城市国家做到如此高的绿化率实属不易。

2. 紧凑城市的土地开发

为了充分利用宝贵的土地资源。新加坡大力发展土地的垂直利用，节约平面土地，从而建设成一座紧凑城市。以典型的阴沟隧道工程为例，新加坡政府斥资36亿新元建设了深10~50米、长60公里的污水隧道网，将原来六个污水处理系统的污水统一收集，输送到规模达80万立方米/日的樟宜污水净化厂，从而将原有污水处理用地置换为他用。按规划，一期工程便可释放156公顷可开发的土地。

新加坡还充分开展土地复合利用，兼顾工程、景观、娱乐等多种功能。以滨海湾建设为例，通过滨海堤坝的建设，不仅将海水拦在堤坝之外，达到防洪功能，还通过河口蓄水池，吸纳天然降水，实现海水淡化。而与之同时开展的滨海公园建设则不仅具有水土保持的生态功能，而且为市民提供了良好的休憩、观赏空间。

在交通道路设计上，新加坡也通过大力发展地下轨道交通，实现与公交系统、出租车无缝对接，同时限制私人汽车拥有量等措施，节约道路面积，提高交

通运载效率，从而实现有限空间内人口的高效率、大规模流动。而交通枢纽的建设则力求实现商业、交通、休闲等多重功能的复合开发。

3. 可持续的资源利用项目

（1）可持续的水资源循环利用

新加坡四面临海，岛上河流和湖泊稀少，淡水资源极为匮乏。为了确保高效、安全、持续的水资源供应，新加坡在开源和节流两个方面开展了卓有成效的工作。

在开源方面，新加坡将国土面积的2/3划为集水区，通过收集天然降水供应城市需要。同时，新加坡还对城市排放的各种污水进行深度处理以满足工业、服务业和道路绿化、清洗等需求，甚至部分处理过的污水可以进入自来水系统。新加坡还大力发展海水淡化工程。新加坡第一座海水淡化厂——新泉海水淡化厂大规模使用全球领先的反渗透膜技术，可日产淡化海水13.6万吨，占新加坡日用水量的10%。

在节流方面，新加坡制定了自愿加强制的全方位节水计划。一方面大力宣传节约用水，由居民自愿组成节水小组进行生活节水的宣传和监督，目前节水观念已经根深蒂固地融入市民的观念中；另一方面，强制安装双重冲洗低容量抽水马桶，增加屋顶绿化和楼面垂直绿化，帮助市民在生活细节中节约用水。

（2）可持续的能源利用

新加坡的能源资源非常匮乏。为了实现能源的集约利用，在建筑设计中充分考虑减少能源消耗，在花园城市建设中，通过立体绿化、使用节能建筑材料，建设低碳绿色城区。为了保护清洁空气，新加坡的天然气发电量占总用电量的80%。考虑到新能源的经济成本，新加坡的风能和太阳能多体现在示范项目上，而垃圾和生物质能发电是重点项目，其发电量已经占到总用电量的10%。

（三）马尔默的明日之城建设

马尔默早先时候是一座工商业城市，但是由于高科技产业的冲击，造船、汽车等支柱产业被迫倒闭或向外转移，在这种情况下，马尔默决定实施城市转型，通过地区规划、建筑、社区管理等进行可持续发展的超前尝试。其中的典型项目即将废弃的工业码头改建成生态住宅区，即“明日之城”社区。依靠这个思路，马尔默取得了首届欧洲城市博览会的举办权。

1. 绿色建筑设计

在决定建设生态城市之后，马尔默政府开始了对西港区废旧码头的更新改造。这座码头本是工业垃圾填海而成的，土壤中存在重度的工业污染。在这种情况下，马尔默政府以极大的魄力对码头超过10000吨有毒土壤进行了无害处理，从而为生态城市的建设打下了最坚实的基础。

马尔默与开发商、欧洲城市住宅博览会联合拟定了一个“明日之城”生活品质方案。其中严格规定社区内的住房，每平方米的年能源消耗不超过105千瓦时。同时，马尔默还要求开发商从楼面设计、建材选择到电气设备配套等方面都进行节能设计，而在建筑内部则广泛使用可调式通风系统、温控阀高效暖气片、节能灯具、空心砖墙、复合墙体、压型钢板等最新技术。

为了不影响城市绿化率，马尔默要求所有因建筑施工损失的绿化土地必须100%恢复。为此，马尔默广泛发展绿色屋顶，不但能够保温降温，节省保暖和纳凉的能源消耗，而且吸收了大量雨水，减轻市政排水压力。

为了保护城市的生物多样性，马尔默要求每个庭院建设10个“绿色角落”，如动物住宅区、蝙蝠栖息巢、鸭巢等。此外还要求种植充满香气的植物，或建造乡村风格的花园，以此改善市民的居住环境。

2. 垃圾回收设计

马尔默的垃圾回收系统有两种。一种是人工垃圾分类，居民在自己的厨房将垃圾分为有机垃圾和可燃垃圾。其中有机垃圾的垃圾桶上特意增加了一把锁，如果要扔有机垃圾必须拿钥匙开锁，从而使得有机垃圾不会和可燃垃圾混合，保证了有机垃圾利用率。另外一种是社区内建设的专门回收管道。住户将剩饭剩菜倒在专用垃圾箱，这些垃圾会顺着真空管道运送到储藏罐内，再由专用垃圾车送往垃圾处理站，最终被加工成沼气，成为石油的替代品。

在马尔默的街道上，大部分垃圾桶上都有八个小格，上面标着报纸、纸板、金属、玻璃、塑料等。甚至有的垃圾桶上分为十多个小格子。而在垃圾桶下面则安装了四通八达的管道，行人丢入的垃圾可以按照不同的路径进入垃圾储藏罐，进而通过垃圾处理厂进行加工。目前，马尔默“明日之城”的垃圾已经有95.8%可以实现分类回收或转化为生物燃气，只有4.2%需要填埋处理。

3. 新能源开发

除了垃圾的回收再利用之外，马尔默还拥有全球第三大海上风能发电项

目——里格伦发电厂，该电厂拥有48台风力发电设备，可以同时为6万个家庭提供电力。同时拥有瑞典最大的光伏电站，太阳能采集面积达1250平方米，峰值发电功率可达166千瓦，全国大部分的太阳能能源是在马尔默生产的。

“明日之城”的建成区内生活着约5000人，他们使用的能源全部为可再生能源。其中风能发电为主要部分，其余则来自生物质能和垃圾发电。而供暖能源主要靠太阳能电池板和热泵。太阳能板被安装在建筑物的朝阳面，既可以发电，也可以供热，虽然太阳能板的应用规模很大，但是配置协调美观，与周围环境融为一体。

4. 绿色产业发展

马尔默的实践表明，宜居的城市生活是可以与产业发展同步进行的。随着马尔默城市转型的成功，众多知识密集型、技术密集型产业落户在那里。企业、人才、学校的良性互动开辟了更和谐的产业发展道路，废弃的工业码头变成了安居乐业的花园社区，优良的环境也吸引了清洁能源技术、IT产业、环保材料技术企业纷纷进入，成长为马尔默的主导产业。

5. 环保教育

马尔默之所以能够顺利转型很重要的原因是市民教育的成功。从幼儿园开始，孩子们就被教育要与自然和谐共存。孩子们经常参与到植树活动中去，并且在老师的带领下和各种动物亲密接触。一直到大学阶段，绿色教育贯穿始终。而到了大学阶段，诸多笃信环保生态城的孩子们开始学习最先进的清洁能源技术、材料科学技术等。可以说，马尔默市民中不论种族、年龄、知识结构，都对环保工作充满了热情，在这种情况下，政府的任何环境友好型措施都能得到市民的大力支持。

三　总结与借鉴

绿色城市的理论思潮始终贯穿的一个思路是将自然融入城市，改善人居环境，实现城市的可持续发展。绿色城市的思想在发展过程中逐渐容纳了地理学、生态学、景观学、经济学等多学科知识，最终目的是解决城市发展过程中面临的资源短缺、环境恶化、效率低下等问题。面对当今世界范围内的城市病问题，绿色城市理论力图通过测度环境容量限制城市规模；通过节能环保技术的采用缓解资源短缺问题；通过绿色网络建设提高城市生态质量；通过紧凑型城市建设，加强公共管理提高城市运行效率。

但是，绿色城市的建设模式并非千篇一律。不同地区、不同规模、不同发展水平的城市，都对应着不同的绿色城市发展之路。本文选取的三个案例为我们提供了发展水平、资源状况、人口规模均不相同的城市的绿色发展经验。

（一）库里蒂巴的经验

1. 在经济发展水平较低的城市，价格昂贵的环保技术并非最优选择。相反，他们可以当地的特色资源，如丰富而廉价的劳动力，因地制宜地进行垃圾处理和环境维护。

2. 造价高昂的轨道交通并不适用所有的城市。在土地相对充裕的城市，发展充分、设计完善的公交系统能够以更低的价格提供高效率的交通服务。

（二）新加坡的经验

1. 在资金充裕但各种资源紧缺的现代化都市中，紧凑型城市建设是必然的选择。土地利用时需要进行立体开发和复合功能设计，市内土地开发应力争达到环保、节能、便捷、舒适。生态土地应实现生态、人文、休憩、观赏等多种功能的综合开发。

2. 现代化都市中现代高新科技的应用能够快速实现节能、环保、低碳的目标，而较高的财政投入也是新资源、新能源利用的前提条件。

3. 高效的城市公共管理也有助于培育市民的环保意识，从而改善城市运行效率、降低环境污染程度。

（三）马尔默的经验

1. 对于资金充裕、科技发达的地区，小规模城市的生态改造可以进行意识超前的全面规划。绿色城市的方方面面，包括城市土壤的绿化改造，新能源设施的安装，垃圾的处理、回收、再利用，绿色建筑的建造，维护生物多样性的设计，都要整体推进，以期在较短的时间内达到良好的效果。

2. 绿色城市的建设可以实现人居环境与产业发展的齐头并进。良好的城市环境往往更有利于吸引高科技企业、环境友好型企业以及高科技人才的流入，从而进一步促进环境质量的改善。

（四）三个城市的共同经验

1. 绿色城市规划需要私营单位、国家部门、专家、普通市民的共同参与，一方面凝聚共识，一方面群策群力，塑造较完善的城市发展思路。

2. 绿色城市的发展需要得到广大市民的支持。所以，环保教育非常重要。不仅正规的教育体系中要始终贯穿环境教育，在社会教育中也要开展不同类型、不同层次的环保宣传教育，在全社会塑造可持续发展的绿色发展理念。

参考文献

〔英〕霍华德：《明日的田园城市》，金经元译，商务印书馆，2001。

黄光宇、陈勇：《生态城市理论与规划设计方法》，科学出版社，2002。

Huseynov, E. F. O. (2011), "Planning of sustainable cities in view of green architecture", *Procedia Engineering*, 21, 539.

Fouchier, V. (2009), "The new meaning of metropolitan planning in the Ile De France Region", Paper presented at the Workshop on Green Cities: New Approaches to Confronting Climate Change, LAS PALMAS DE GRAN CANARIA, SPAIN.

The Trend of Thoughts and Practices of Green City Planning in Foreign Countries

Bai Lianlei

Abstract: E. Howard systematically proposed the concept about "Garden City" in the 19th century. Patrick Geddes, living in the same time with Howard cleared the relationship between technology and environment, and put forward that nature and cities should be integrated. Later, Wheaton and Shahn both developed the "Garden City" thought. Into the 20th century, "Urban Ecology" and "Ecological Planning" were put forward and deep developed. In the 1980s, the Green City Thought focused on how to resolve the aggravation of urban environment. In the practice of Green City,

Curitiba in Brazil, Singapore and Malmo in Sweden, respectively represent the large cities, developed metropolitan with scared resources and developed small-medium cities and successfully in developing region. These cities made effective innovations in different aspects such as waste recycling, public traffic construction, new energy development, public environmental education and green building design, etc.. These experiences provide us lessons in constructing green cities in different regions of China.

Key Words: Green City; Garden City; Ecological City; Curitiba; Singapore; Malmo

生态环境篇

Ecology and Environment

B.5

城市生态环境保护面临的挑战与对策

李宇军　严锦梅*

摘　要： 2011年，全国城市生态环境质量整体改善。但是，仍不能满足公众对高质量环境的要求，本文分析了城市生态环境保护面临的挑战，并提出了改善城市生态环境的对策措施。

关键词： 城市　环境保护　重金属污染　生态城市

一　城市生态环境状况

2010～2011年，各城市污染减排力度加大，城市生态建设、环境保护基础设施建设和工业企业污染设施建设与管理水平均有较大幅度提高，污染减排效果

* 李宇军，中国社会科学院城市发展与环境研究所环境经济与管理研究室主任、副研究员，主要研究领域为环境规划与管理、环境政策、固体废物管理、生态城市；严锦梅，中国社会科学院研究生院城市发展系，硕士生，专业方向为环境经济与管理。

有所显现，城市生态环境质量整体有所改善。但是，也应看到，城市生态环境质量仍与广大公众的需求存在一定距离，因此，控制污染、持续不断地改善生态环境仍是我国各城市未来环境保护的重点工作与努力方向。

（一）空气质量持续改善

我国大部分城市空气质量均有不同程度的改善，从区域看，东部城市空气质量好于中部和西部城市，中部城市在抓住国家中部崛起战略规划实施机遇的同时，也应将保护环境作为重要工作。西部城市需要在西部大开发战略实施过程中，更应关注环境保护，良好的环境是实现跨越发展的基石。从城市规模分析，小城市的城市空气质量一般好于大中城市，而直辖市城市空气质量相对较差。

1. 县级城市空气质量好于地级以上城市

2010 年，全国城市[①]空气质量整体平稳。全国城市空气质量达标率[②]为 82.8%，比上年 82.5% 的达标比例高 0.3 个百分点，但达一级城市的比例比上年低 0.6 个百分点，劣三级城市比例增加 0.4 个百分点。其中，达到《国家空气质量标准（GB3095－1996）》一级标准的城市占 3.6%，达二级标准城市比例为 79.2%，达三级标准城市比例为 15.5%，劣于三级标准城市的比例为 1.7%（见图 1）。一些城市大气污染问题相对严重，还有部分城市酸雨污染严重，城市大气污染控制任务依然严峻。2010 年，县级城市的达标比例为 85.5%，与上年基本持平，地级及以上城市环境空气质量有所改善，达标比例为 81.7%，高于上年 2.1 个百分点。[③] 县级城市空气质量仍然好于地级及以上城市。北京、武汉、兰州、乌鲁木齐、白银和陇南等城市全年空气优良天数比例均低于 80%，空气环境质量有待进一步提高。

地级以上及 113 个重点城市空气质量大幅提高。2011 年，325 个地级及以上城市（含部分地、州、盟所在地和省辖市）空气质量达标率为 89%，超标城市比例为 11%，达标率和超标率都比 2010 年提高了 7.3 个百分点。其中达一级标准的城市占 3.1%，达二级标准城市比例为 85.9%，达三级标准城市比例为

---

① 全国城市：主要是指 471 个全国县级及以上进行空气质量监测的城市。监测项目主要包括二氧化硫、二氧化氮和可吸入颗粒物（PM_{10}）。

② 达标率：达到《国家空气质量标准（GB3095－1996）》二级标准的城市百分比。

③ 中华人民共和国环境保护部：《2010 中国环境状况公报》，2011 年 6 月 5 日，http://www.zhb.gov.cn。

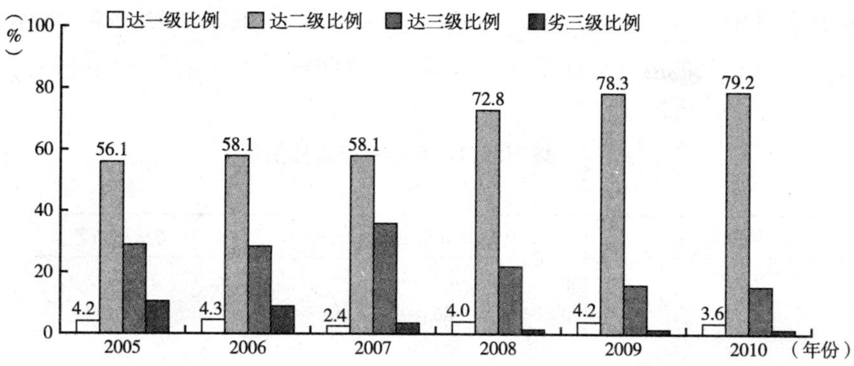

图1　2005~2010年监测城市空气质量达标情况示意图

注："达一级比例"、"达二级比例"、"达三级比例"、"劣三级比例"分别表示：空气质量达到《国家空气质量标准（GB3095-1996）》一级、二级、三级、劣于三级标准的城市比例。

数据来源：环境保护部：《中国环境状况公报》，2005~2010年，环保部网站。

9.8%，劣于三级标准城市的比例为1.2%。2011年，113个环保重点城市空气质量达标比例为84.1%，比2010年达标城市比例提高10.6个百分点。2011年，环保重点城市环境空气中二氧化硫、二氧化氮和可吸入颗粒物年均浓度分别为0.041毫克/立方米、0.035毫克/立方米和0.085毫克/立方米，好于2010年水平。出现酸雨的城市数量有所减少。2011年，对468个市（县）进行了酸雨监测，出现酸雨的市（县）共有227个，占48.5%，比2010年降低2.1个百分点；酸雨频率在25%以上的140个，占29.9%，比2010年的32.4%降低2.5个百分点；酸雨频率在75%以上的44个，占9.4%，比2010年降低了1.6个百分点。①

（二）水环境质量有所下降

1. 城市水域功能区水质有所降低

2010年，水环境质量总体稳定，全国城市地表水环境功能区（城区）水质达标率平均为86.81%，② 与2009年水质达标率89.84%相比下降3.03个百分点

① 中华人民共和国环境保护部：《2011中国环境状况公报》，2012年6月5日，http://www.zhb.gov.cn。

② 中华人民共和国环境保护部：《2010年全国城市环境管理和综合整治年度报告》，2011年12月，http://www.zhb.gov.cn。

(见表1)。其中上海、合肥、太原、吕梁、鞍山、嘉兴、德阳、自贡和六盘水等市的地表水水环境功能区(城区)水质达标率不及60%,水环境质量亟待改善。

表1　城市水域功能区水质达标情况

单位:座,%

年份	全国城市水质达标率	考核城市数量
2006	82.13	595
2007	86.50	617
2008	85.40	629
2009	89.84	655
2010	86.1	661

数据来源:环保部:《全国城市环境管理与综合整治年度报告》(2006~2010年度),环保部网站。

2. 城市内湖水水质有所提高

2011年,在5个城市内湖中,杭州西湖和济南的大明湖水质最好为Ⅲ类,与2010年相比,西湖、玄武湖和大明湖水质都有不同程度的提高。昆明湖和大明湖呈中营养化,东湖、西湖和玄武湖均呈现轻度富营养化现象(见表2)。

表2　五城市内湖水环境质量数据

年度	2008		2009		2010		2011	
水环境质量	水质级别	富营养程度	水质级别	富营养程度	水质级别	富营养程度	水质级别	富营养程度
昆明湖	Ⅳ	中营养	Ⅳ	中营养	Ⅳ	中营养	Ⅳ	中营养
东　湖	劣Ⅴ	中度富营养	Ⅳ	中度富营养	Ⅳ	轻度富营养	Ⅳ	轻度富营养
西　湖	劣Ⅴ	轻度富营养	劣Ⅴ	轻富营养度	劣Ⅴ	轻度富营养	Ⅲ	轻度富营养
玄武湖	劣Ⅴ	轻度富营养	劣Ⅴ	轻度富营养	Ⅴ	轻度富营养	Ⅳ	轻度富营养
大明湖	劣Ⅴ	轻度富营养	劣Ⅴ	轻度富营养	劣Ⅴ	轻度富营养	Ⅲ	中营养

数据来源:环境保护部:《中国环境状况公报》(2005~2011年),环保部网站。

3. 全国113个环保重点城市主要集中式饮用水源地达标率近九成

我国环保重点城市年取水总量为227.3亿吨,服务人口1.63亿人,达标水

量近九成，为206.0亿吨；不达标水量占一成，约为21.3亿吨。城市饮用水水源地水质直接关系到公众健康，因此，饮用水源地水质保护工作还应加强。

4. 城市地下水水质状况严峻

2011年，全国城市①水质呈优良级的占全部监测点的10.9%；水质呈良好级的占29.3%；水质呈较好级的占4.7%；水质呈较差级的占40.3%；水质呈极差级的占14.7%。2011年，城市地下水水质呈现优良、良好和较好级的比例为45.0%，比2010年的42.8%提高2.2个百分点；城市地下水水质呈现较差和极差级的占55.0%，比2010年的57.2%下降了2.2个百分点。但是较差和极差级的水质比例仍然高于优良、良好和较好级水质的10个百分点，全国地下水质量状况非常严峻。

（三）声环境质量大幅提高

2011年，城市区域声环境质量整体有所改善。对316个城市区域声环境质量和道路交通噪声进行了监测，结果显示，全国城市区域噪声总体水平达到一级、二级的城市比例为77.9%。城市区域噪声总体水平达到一级的城市比例为4.8%，达到二级的城市比例为73.1%，达到三级的城市比例为21.5%，达到四级的城市比例为0.6%。与2010年相比，全国城市区域噪声总体水平达到一级的城市比例下降了1.2个百分点，达到二级城市比例提高5.4个百分点，三级和四级的城市比例分别降低3.9个百分点和0.3个百分点（见图2）。

2011年，全国城市道路交通噪声总体水平达到一级和二级的城市比例为98.1%。城市道路交通噪声总体水平达到一级的城市占到75.0%，达到二级的城市占23.1%，达到三级的城市占1.3%，达四级的城市占0.6%。与2010年比较，城市道路交通噪声总体水平达到一级、达三级和达五级的城市比例分别增长了7.0个百分点、0.1个百分点和0.3个百分点，而达二级和达四级城市的比例则分别下降了6.2个百分点和1.2个百分点。

2011年，全年城市功能区噪声昼间达标点次占89.4%，夜间监测达标点次

① 2011年，全国开展地下水水质监测的有200个城市，共设有4727个水质监测点位，城市地下水水质评价结果，是依据水质取样测试分析得出的结果。数据来源：中华人民共和国国土资源部：《2011中国国土资源公报》，2012年4月；《2010中国国土资源公报》，2011年8月，http：//www.mlr.gov.cn。

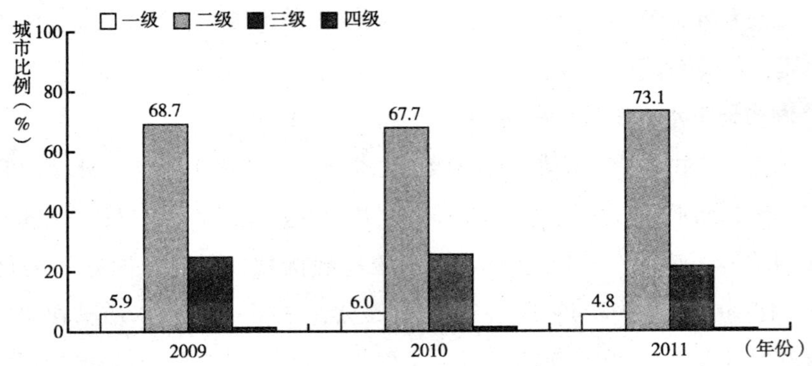

图 2　2009 ~ 2011 年城市区域声环境变化

数据来源：见环保部《中国环境状况公报》（2009 ~ 2011 年）。

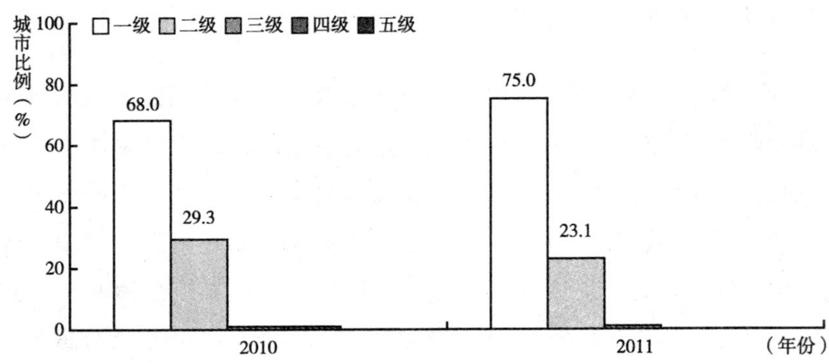

图 3　2010 ~ 2011 年城市道路交通声环境变化

数据来源：见环保部《中国环境状况公报》（2010 ~ 2011 年）。

占 66.4%。各类城市功能区噪声环境质量，夜间达标率低于昼间，三类功能区达标情况好于其他类别的功能区。

（四）辐射环境质量总体良好

2011 年，全国辐射环境质量总体良好。全国地级及以上城市环境 γ 辐射空气吸收剂量率，省会城市及直辖市气溶胶、沉降物总 α 和总 β 活度浓度，省会城市及直辖市空气中氡活度浓度均为正常环境水平。①

① 环境保护部：《2011 年中国环境状况公报》，2010 年 6 月 5 日，环保部网站。

（五）生态环境建设成效显著

2011 年是我国开展全民义务植树运动 30 周年，也是联合国确定的“国际森林年”，城市生态环境建设进展显著，截至 2011 年底，全国已建立各种类型、不同级别的自然保护区 2640 个，总面积约 14971 万公顷，其中陆域面积 14333 万公顷，占国土面积的 14.9%。全国城市建成区绿化覆盖面积达到 161.2 万公顷，比 2010 年增加了 11.8 万公顷；城市人均拥有公园绿地面积 11.18 平方米，与 2010 年相比增长了 0.52 平方米。全国城市建成区绿化覆盖率达到 38.62%，有 183 个城市被命名为国家园林城市，31 个城市被命名为国家森林城市。城市生态环境得到了进一步改善。

二 城市污染控制成效与进展

（一）环保设施水平逐年增长

城市环境投资大幅提高。2010 年，全国环境污染治理投资为 6654.2 亿元，占当年 GDP 的 1.67%。其中，城市环境基础设施建设投资为 4224.2 亿元；工业污染源治理投资为 397.0 亿元；建设项目“三同时”环保投资为 2033.0 亿元（见图 4）。在城市环境基础设施建设投资中，燃气工程建设投资 290.8 亿元；集中供热工程建设投资 433.2 亿元；排水工程建设投资 901.6 亿元；园林绿化工程建设投资 2297.0 亿元，比 2009 年增加 151.1%；市容环境卫生工程建设投资 301.6 亿元。城市基础设施重点领域包括园林绿化和排水设施建设，分别占到城市环境基础设施建设总投资的 54.4% 和 21.3%。

城镇污水处理能力显著提高。截止到 2011 年 9 月底，全国 657 个设市城市中，已有 637 个城市建有污水处理厂，占设市城市总数的 97%；累计建成污水处理厂 1827 座，形成处理能力 1.14 亿立方米/日。① 2011 年城市污水处理率已

① 中华人民共和国住房和城乡建设部：《关于全国城镇污水处理设施 2011 年第三季度建设和运行情况的通报》，2011 年 11 月 4 日，http：//www.mohurd.gov.cn/zcfg/jsbwj_0/jsbwjcsjs/201201/t20120120_208547.html。

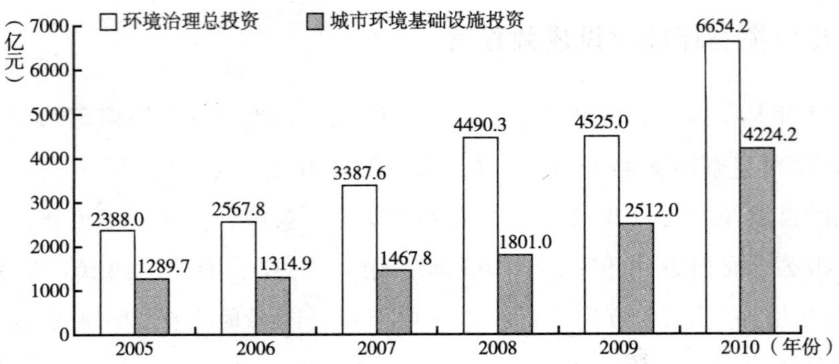

图 4　2005 ~ 2010 年环境治理及城市环境基础设施投资年际变化

数据来源：见环保部《中国环境状况公报》（2010 ~ 2011 年）。

经达到 82.6%，比 2010 年提高了 3.7 个百分点。①

2011 年，全国工业固体废物产生量为 325140.6 万吨，比上年增加 25.9%，综合利用量（含利用往年贮存量）为 199757.4 万吨，综合利用率为 60.5%，比 2010 年下降 6.2 个百分点。城市垃圾清运量逐年增长，2010 年垃圾清运量为 1.6 亿吨，比 2009 年增加 0.03 亿吨，截至 2010 年底，全国城市垃圾无害化处理率达 72.4%，比 2009 年提高 0.8 个百分点。

（二）主要污染物排放量下降

二氧化硫、烟尘等污染物排放量持续下降。持续调整产业结构是促进污染减排的重要手段之一，2011 年，全国共关停小火电机组 346 万千瓦、钢铁烧结机 7000 平方米，淘汰落后造纸产能 710 万吨、印染产能 23 亿米、水泥产能 4200 万吨。同时，2011 年，全国新建成投运脱硫机组装机容量 6800 万千瓦，钢铁烧结机烟气脱硫设施 93 台，烧结总面积 1.58 万平方米，火电机组脱硫设施投运率达到 95% 以上，56 台、2370 万千瓦火电机组脱硫设施取消烟气旁路，火电行业综合脱硫效率由 68.7% 提高至 73.2%。二氧化硫排放总量为 2217.9 万吨，比 2010 年下降 2.21%。2010 年，烟尘排放量为 829.1 万吨，工业粉尘排放量为 448.7 万吨，分别比 2009 年下降 1.3%、2.2%、14.3%。

机动车污染控制措施效果显著。2011 年 7 月 1 日，全国范围内实施了轻型

① 国家统计局：《国民经济和社会发展统计公报》（2010 ~ 2011 年），国家统计局网站。

汽油车国家第四阶段排放标准，单车污染物排放水平比国家第三阶段排放标准降低了三成。2011 年，全国共淘汰汽车 91 万辆（不含摩托车和低速载货汽车，包含强制注销车辆），北京、上海、广州等部分城市提前实施第四阶段车用燃料标准，大大降低了机动车污染物的排放量。

化学需氧量和氨氮排放量持续下降。2011 年，新增城镇污水日处理能力 1100 万吨，全国废水排放总量为 652.1 亿吨，化学需氧量排放总量为 2499.9 万吨，比 2010 年下降 2.04%；氨氮排放总量为 260.4 万吨，比 2010 年下降 1.52%。

（三）水资源利用率大幅提高

全国万元产值用水量呈下降趋势。2011 年，全国万元国内生产总值平均用水量为 139 立方米，比 2010 年下降 27.1%。万元工业增加值用水量 82 立方米，比 2010 年下降 21.9%（见图 5）。

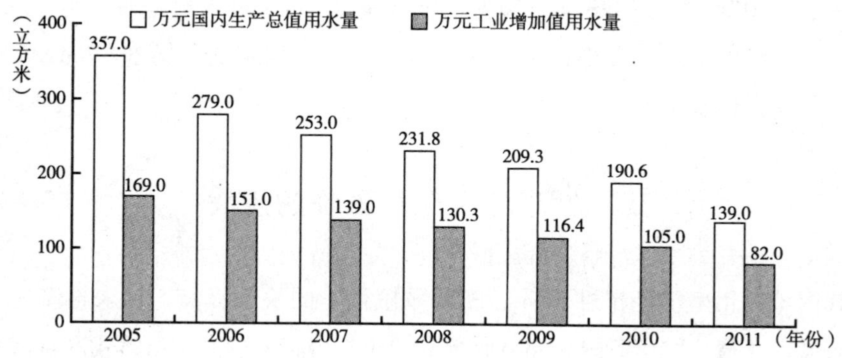

图 5　2005 ~ 2011 年万元产值用水量变化示意

数据来源：见国家统计局《国民经济和社会发展统计公报》（2005 ~ 2011 年），国家统计局网站。

（四）重金属污染控制纳入快行道

从 2009 年至今，我国已有 30 多起重特大重金属污染事件，严重危害人民身体健康的重金属污染愈发突出。为有效遏制重金属污染，国务院于 2011 年 2 月 18 日正式批复了《重金属污染综合防治“十二五”规划》。规划目标：到 2015 年，重点区域铅、汞、铬、镉和类金属砷等重金属污染物的排放，比 2007 年削减 15%；非重点区域的重点重金属污染排放量不超过 2007 年的水平。2011 年，为了控制重金属污染，取缔了一批涉铅等重金属企业，重金属污染控制进入了快行道。

（五）推进 PM2.5[①] 的控制

随着我国经济社会的快速发展，以煤炭为主的能源消耗大幅攀升，机动车保有量急剧增加，经济发达地区氮氧化物（NOx）和挥发性有机物（VOCs）排放量显著增长，臭氧（O_3）和细颗粒物（PM2.5）污染加剧，在可吸入颗粒物（PM10）和总悬浮颗粒物（TSP）污染还未全面解决的情况下，京津冀、长江三角洲、珠江三角洲等区域 PM2.5 和 O_3 污染加重，灰霾现象频繁发生，能见度降低，在此背景下，环保部批准发布了《环境空气质量标准》（GB 3095 - 2012），该新标准的分阶段实施，标志着我国拉开了 PM2.5 污染控制工作的序幕。

2012 年，在京津冀、长三角、珠三角等重点区域以及直辖市和省会城市实施新标准；2013 年，在 113 个环境保护重点城市和国家环保模范城市实施；2015 年，所有地级以上城市实施；2016 年 1 月 1 日，全国实施新标准。PM2.5 污染控制工作将会逐步推进。

三　城市环境保护面临的挑战

我国城镇化率已经超过 50%，随着城镇化率的快速提高，越来越多的人口将会向城市迁移，城市资源、环境所承受的压力会越来越大，虽然我国城市生态环境持续改善，但与公众的需求还有很大差距，城市生态环境保护面临着巨大的挑战。

（一）城市环境质量有待改善

虽然近几年城市环境质量总体稳定，但与公众需求差距较大。2011 年，全

---

① PM2.5 是指大气中直径小于或等于 2.5 微米的颗粒物，也称为可入肺颗粒物。它的直径还不到人的头发丝粗细的 1/20。虽然 PM2.5 只是地球大气成分中含量很少的组分，但它对空气质量和能见度等有重要的影响。与较粗的大气颗粒物相比，PM2.5 粒径小，富含大量的有毒、有害物质且在大气中的停留时间长、输送距离远，因而对人体健康和大气环境质量的影响更大。

国近两成的城市空气质量不达标，城市阴霾天气增多，呼吸道病人增多；城市水域功能区超标率约为15%，与2009年相比有所上升；城市饮用水源地水质还有一成不能达标，城市环境质量有待进一步改善。

（二）城市垃圾排放量逐年增长

我国工业固体废物产生量逐年增加，虽然综合利用率在提高，但仍有大量固体废物未得到有效利用，只能堆存，对环境造成威胁。城市生活垃圾排放量也是逐年增加，虽然城市垃圾无害化处理率逐年增长，但仍然低于垃圾排放量的增长速度，约有两成多的垃圾未得到有效处理，严重威胁公众身体健康。

（三）重金属污染控制形势严峻

我国对重金属的开采、冶炼、加工及商业制造活动日益增多，重金属污染未在早期得到重视，近年来，重金属污染事件频发。由于重金属污染成因复杂，很难在短期内有效根除，特别是重金属土壤污染，修复技术难度大，修复时间长，需要的资金量也非常大，因此，重金属污染治理是一项长期的重要任务，形势严峻。

（四）城市机动车污染严重

“十一五”期间，我国机动车保有量由1.18亿辆增加到1.9亿辆，“黄标车”仍占汽车总量的20.2%。2010年，全国机动车排放污染物5226.8万吨，包括氮氧化物（NOx）、碳氢化合物（HC）、一氧化碳（CO）、颗粒物（PM），其中汽车排放的氮氧化物和PM超过85%，碳氢化合物和一氧化碳超过70%。机动车污染成为城市大气污染的重要污染源之一，亟待控制。

四　生态环境保护对策措施

城市环境问题的产生是多层面、多种污染共同作用的综合结果，因此，城市生态环境保护应通过综合防治措施，逐渐向生态化转型，改善人居生态环境，提高公众生活质量。

（一）加大环保投入

虽然我国环境保护资金投入逐年增加，但环境保护投入占 GDP 的比重还不到2%，而美国、德国、日本、英国等发达国家环保投入占 GDP 比重都在 2.5%以上。目前，我国经济社会的快速发展，导致污染成因复杂，污染治理难度大，因此，必须大幅提高我国环保投入资金，满足环境保护对资金的需求，实现生态环境质量的根本好转。

（二）严格控制机动车污染

严格新车环境准入标准，对在用车排放进行严格监管，同时还应推进车用燃料无铅化和低硫化，加快淘汰黄标车。

积极倡导"绿色出行"，提高公共交通出行率。北京市通过不断优化地面、地下公交网络，进一步扩大了公交覆盖区域，日均客运量从"十五"末的1200万人次增长到2011年的1964万人次，公交出行比例由29.8%提高到2011年的42%。

（三）垃圾管理从末端转向全过程

目前，我国城市生活垃圾排放量逐年增长，虽然每年垃圾无害化处理设施建设都在增加，但仍不能满足垃圾处理的需求，主要原因是，当前主要管理目标是提高垃圾无害化处理率，忽视了对垃圾排放量的控制。为了有效地解决垃圾问题，垃圾管理需要从末端管理向全过程管理转变。

（四）深入推进重金属污染控制

严格落实《重金属污染综合防治"十二五"规划》。严格行业准入制度，取缔不符合国家产业政策或应淘汰的落后生产工艺；没有污染治理设施、污染治理设施不能正常运行、超标排放的企业，应停产整治；对已出现重金属污染的区域应制订科学的治理方案，有步骤地实施治理工作；提高对重金属污染企业的监管力度。

（五）科学推进生态城市建设

生态城市是按照生态学原则建立起来的社会、经济、自然协调发展的新型社

会关系，是有效地利用环境资源实现可持续发展的新的生产和生活方式。目前我国已经有天津、广州、上海、宁波、昆明、成都、贵阳、长沙、扬州、威海、深圳、厦门等城市提出了建设生态城市的目标，并作了大量的探索，他们的经验值得其他城市借鉴。城市生态环境保护是一项系统的社会工程，因此，只有树立生态城市的理念，协调经济、社会和生态环境之间的关系，才能真正解决在城市化进程中遇到的生态环境问题。

The Situation and Countermeasures of Urban Environmental Protection in China

Li Yujun　Yan Jinmei

Abstract: In the overall, China's urban environmental quality has been improved in 2011. However, it could not meet the public demand for higher environmental quality. This paper mainly indicate the challenges and countermeasures of urban environmental protection.

Key Words: Urban; Environmental Protection; Heavy Metal Pollution; Ecological City

B.6
中国城市绿色交通体系发展研究

王劲松　马智慧*

摘　要： 建设绿色交通体系，是推动城市科学发展、可持续发展的必由之路。本文梳理了绿色交通体系的兴起和发展，介绍了伦敦、新加坡、香港的发展模式和经验，研究了国内不同地区城市实践现状和发展规划，总结了我国城市绿色交通体系发展存在的困难和问题，提出了“构建以公交为重点，以慢行交通为补充，辅以适量环保型汽车交通的综合交通体系”的战略思路，并从理念、法规、规划、设施、交通工具、管理、监督等方面提出了具体的政策建议。

关键词： 绿色交通体系　城市　中国

交通是《雅典宪章》所明确的城市四大功能之一，是城市运转与发展的“动脉系统”，交通问题日益成为当今城市尤其是大城市面临的重大难题之一。随着研究和实践的深入，城市“绿色交通体系”正取代传统交通理念和实践，成为城市交通规划与具体建设的指导和目标。中国《交通运输“十二五”发展规划》提出，要建立以低碳为特征的交通发展模式，构建绿色交通运输体系。建设便捷、环保、安全的城市绿色交通体系是建设资源节约型、环境友好型社会的必然选择，是推动城市科学发展、可持续发展的必由之路。

一　传统城市交通体系面临的困境

传统城市交通体系由于以便利汽车通行为发展导向，对交通与人、环境、资

* 王劲松，吉林省城市发展研究所所长、中国社会科学院经济学博士，浙江大学博士后，主要研究领域为城市与区域经济、国际经济与民营经济、公共服务均等化等；马智慧，浙江大学博士，杭州国际城市学研究中心（杭州研究院）助理研究员，主要研究方向为城市学、杭州学、城市文化景观。

源、城市社会的关系重视不够，常常盲目加建、拓宽道路，缺乏系统规划，带来很多难以解决的交通难题。

城市交通拥堵问题是一个世界性的难题，是现代“城市病”中的一大顽疾。有研究预测，2025 年英国所有驾驶员一年中将会在交通拥堵中累计度过 6.56 亿小时，这相当于 75000 年。20 世纪 90 年代，美国每年因交通拥堵造成的经济损失约为 410 亿美元，规模居前 12 位的大城市每年的损失均超过 10 亿美元。[①] 欧盟 2011 年发布的交通发展白皮书显示，交通拥堵造成的经济损失占欧盟 GDP 的 1%。《中国汽车社会发展报告（2011）》显示，全国 667 个城市约有 2/3 的城市交通高峰时段出行拥堵。与行车难并存的是停车难，许多城市停车位严重短缺。据 2011 年 4 月的统计，北京市 400 多万辆汽车，停车位仅 74 万个。

交通污染尤其是机动车尾气排放，是城市环境面临的严峻挑战。交通排放中的一氧化碳、碳氢化合物、NO_x（氮氧化物）和 VOCs（挥发性有机化合物）是城市大气的主要污染源，而城市空气中的浮尘〔包括总悬浮颗粒物（TSP）、PM10、PM2.5 等〕约有 50% 来源于汽车尾气排放及车辆行驶过程中带起的扬尘。此外，汽车鸣笛及行驶噪声会带来噪声污染。交通排放产生大量的 CO_2 等温室气体，不但使城市“热岛效应”加重，而且将导致全球气候变化加剧。欧洲城市中交通 CO_2 排放量占 CO_2 排放总量的 14%。中国环保部的一项调查显示，2010 年全国 333 个地级以上城市，1/5 空气质量不达标，汽车尾气排放是主要污染源。自 2012 年开始中国将分期推进实施新修订的《环境空气质量标准》（GB 3095－2012），增设了 PM2.5 和臭氧 8 小时浓度限值等。按照新国标，全国有 2/3的城市达不到空气质量的要求。

城市交通能耗尤其是燃油等化石燃料消耗问题，是城市可持续发展面临的重大资源问题。国际能源机构（IEA）的研究报告显示，2000 年全球约 50% 的石油消耗在运输部门，到 2020 年全球运输用油将占石油消耗的 60% 以上。在美国，约 10% 的家庭收入消耗在汽油上。中国每年因汽车增长而增加的石油消费达 3000 万吨，“十一五”期间国内新增炼油能力全部被新增汽车消耗掉。

---

① 陆化普：《大城市交通问题的症结与出路》，《城市发展研究》1997 年第 5 期，第 16 页。

二　绿色交通体系的理念和国际经验

传统城市交通体系的弊端，说明以汽车为发展重心的城市交通是不可持续的，这引发人们不断探索新的交通发展模式，“绿色交通”应运而生。

（一）绿色交通体系的兴起与发展

1994 年，加拿大人克里斯·布拉德肖（Chris Bradshaw）提出了“绿色交通等级层次”的观点。① 随着研究的深入和实践的推进，融规划系统、基础设施系统、交通工具系统和管理系统等于一体的“绿色交通体系”概念逐渐形成。城市绿色交通体系是指与城市发展、规划和功能分区相协调，以节能、环保、通畅、安全的交通设施为基础，以公共交通、慢行交通（步行、自行车）、适量新能源、环保型汽车为主体，以高效、智能管理为依托的，可持续、可拓展的城市综合交通系统。城市绿色交通体系以“减少交通拥挤、降低能源消耗、促进环境友好、节省建设维护费用”为目标，② 其核心是“交通的通达，有序，参与交通个体的安全和舒适，尽可能少的土地和能源占用，与生活环境和生态环境的协调统一及交通系统的可扩展性”。③

绿色交通体系具有很好的环境和经济效益。据国际公共交通协会（UITP）对世界 45 个城市的调查，绿色交通方式比例高的城市，即使人口密度较高，交通能源消耗和出行费用依然比较低（见表 1）。同时，绿色交通占用道路空间较小（见表 2）。这些优点使很多国家和城市将其作为交通规划和建设的指导。联合国环境规划署发布的《迈向绿色经济：通往可持续发展和消除贫困的各种途径》也将推进城市交通“绿色发展”作为建设未来“绿色城市”的必要途径，④ 其发展前景十分可观。

① 他对交通出行进行评价和优先级排序的结论，依次为步行、自行车、公共交通工具（公共汽车、地铁、轻轨等）、共乘车、自用机动车，即“绿色交通等级层次”。

② 陆化普：《城市绿色交通的实现途径》，《城市交通》2009 年第 6 期，第 24 页。

③ 王秋艳主编《中国绿色发展报告》，中国时代经济出版社，2009，第 47 页。

④ UNEP, *Towards a Green Economy*: *Pathways to Sustainable Development and Poverty Eradication*, 2011.

表 1　城市人口密度、出行方式、燃料消耗和出行费用

城市所属区域	城市人口密度（人/平方公里）	步行、自行车和公交所占出行比例（%）	年平均交通能源消耗（焦/人 ×10^6）	城市居民出行费用（% of GDP）
美国、加拿大、大洋洲	1750	15.5	48000	12.6
欧洲	4550	53.0	15500	8.5
亚洲（富足城市）	13400	61.5	11000	5.5
亚洲（发展中国家城市）	16600	77.5	5800	12.0

资料来源：陈旭梅、袁庆达、高世廉：《绿色交通理念下的城市交通可持续发展》，《综合运输》2002 年第 2 期，第 27 页。

表 2　城市主要交通方式常速时占用道路空间

交通方式	常见速度/（$km \cdot h^{-1}$）	车头间距/m	车道宽度/m	占用道路面积/m^2	车均载客数/人	平均每位乘客占用道路空间/m^2
步　行	4	1	1.00	1	1.0	1.00
自行车	15	8	1.00	8	1.0	8.00
摩托车	30	20	2.00	40	1.2	33.00
小汽车	40	40	3.00	120	1.5	80.00
中型公共汽车	30	35	3.50	123	40.0	3.10
大型公共汽车	30	35	3.50	123	60.0	2.10
通道型公共汽车	25	30	3.75	113	120.0	0.94

资料来源：陆建、王炜：《城市道路网规划指标体系》，《交通运输工程学报》2004 年第 4 期，第 63 页。

从已有的实践来看，公交、慢行交通和环保型交通工具是绿色交通体系建设的重点。优先发展公共交通是提高交通资源利用效率、节能环保、缓解交通拥堵的重要手段，世界上许多大城市都努力打造“公交都市”，东京、纽约、伦敦、新加坡、香港等较为典型，轨道交通和 BRT（快速公交）是发展的重点。国际经验表明，当一个国家的城市化率超过 60%，城市轨道交通将实现高速发展以解决大城市交通拥堵问题。伦敦、纽约、东京、香港、北京等都是轨道交通发达的城市。近些年来，在世界范围内，各种类型的快速公交系统得到广泛的发展，人口过千万的大城市，如圣保罗、首尔、墨西哥城等都建设了快速公交系统。

自行车交通非常适合短距离出行需要。20 世纪 80 年代以来，油价上涨、环境污染、交通拥堵等问题的出现，以及休闲健身需求的增加，使自行车在发达国家备受青睐。美国拥有 1 亿辆自行车，有 15.5 万公里自行车专用路；日本有

5000万辆自行车，有2万公里自行车专用道。① 以色列在耶路撒冷、特拉维夫、海法等城市修建自行车专用道路，发展公共自行车。荷兰许多城市辟有专门的与交通主道隔离的自行车道，完善自行车与火车等交通的衔接。伦敦的手机运营商和自行车租赁公司联合推出了“短信租车”服务；巴黎于2007年推出了名为“Velib”的自行车自助租用服务。目前，全球已有近300个公共自行车系统项目，发展前景十分可观。

步行，是人类最基本的空间移动方式。汽车成为城市交通工具主体之后，城市步行空间被大大压缩，人车分离。随着社会的发展，“街道共享”理论促使人和车辆平等共存的概念逐渐取代人车分离的概念，② 步行交通获得了新的地位和发展。苏黎世是步行城市的典范，人行道和徒步旅行道系统的总长约3150公里，每位居民大概日平均出行1.8公里左右，接近1/3的出行通过步行来完成。③

燃油资源紧张、价格上涨，城市环境污染，使各国纷纷出台政策扶持环保型交通工具。其中的关键革新有二，一是能源，二是动力技术。目前，纯电动汽车、燃料电池电动汽车等成为引领交通技术和工具革新的代表。2010年，全球新能源汽车产量为106.1万辆，比2006年增长了117.4%，呈现出快速发展势头。④

（二）城市绿色交通体系的国际比较

在世界范围内，伦敦、新加坡、香港等城市在经历了交通拥堵、环境污染的痛苦阶段后，转变传统交通发展模式，将绿色交通体系作为发展方向。它们创造了适合自身发展的绿色交通模式，其政策引导、公交优先、鼓励慢行、限制私人汽车、智能管理等经验可供我们借鉴。

1. 伦敦——“公交 + 限车 + 自行车”模式

伦敦曾经是世界上交通最拥堵的城市之一，汽车尾气是导致其成为“雾

① 黄序等编著《外国家庭汽车化与大城市交通》，中国建材工业出版社，2006，第139页。

② 卢柯、潘海啸：《城市步行交通的发展——英国、德国和美国城市步行环境的改善措施》，《国外城市规划》2001年第6期，第43页。

③ 戴德胜、姚迪：《全球步行化语境下的步行交通策略研究——以苏黎世市为例》，《城市规划》2010年第8期，第49页。

④ 赛迪顾问：《2010年中国新能源汽车发展报告》，2011。

都”的主要原因。为改善交通，2001 年的伦敦交通发展战略提出，10 年中使轨道交通和公共汽车交通运输能力各增加 40%，以减少 15% 的中心城区交通量。经过更新、完善的伦敦公共交通系统十分发达，地铁、轻轨、公共汽车、水上交通等有机结合，线路密集，节点科学，换乘便捷，保障了出行的便利和高效。

2003 年伦敦对交通拥堵的重点地区开始实施 5 英镑拥堵收费方案，① 一年后拥堵下降了 30%，车速提高超过了 20%。② 2005 年拥堵费上涨到 8 英镑。2007 年公布了更为严厉的《交通 2025》方案，计划在 20 年内将伦敦的私家车流量减少 9%。2011 年收费标准上调 25%。值得注意的是，拥堵费被用来改善公交系统，进一步推动了公交的发展。

伦敦将每年的 9 月 20 日定为“自行车日”，以提高市民对自行车的热情。至 2008 年时，伦敦修建了 1000 英里长的自行车线路网，有 350 多条自行车专用道。2008 年和 2009 年，伦敦市长伯瑞斯·约翰逊相继提出和补充了他的“自行车革命”计划，包括开通巴克利自行车高速公路、新的自行车租赁计划、自行车培训、增加停车点、组建自行车警察部门等，目标是到 2013 年让 100 万伦敦市民加入自行车出行，到 2025 年自行车出行要比 2000 年增加 400%，占所有出行量的 5%。③

2. 新加坡——“限车 + 公交 + 共用汽车”模式

新加坡发展绿色交通的基本手段是控制交通需求，限制私家车数量，发展公交。新加坡通过静态的车辆配额系统（VQS）和“拥车证”（COE）制度，有效地控制了私家车数量的增长；通过动态的智能管理手段——电子道路收费系统（ERP），降低了高峰时段交通流，并促使民众选择公交出行。④

新加坡公共交通发达，地铁、轻轨、公共汽车、出租车组成了多层次的覆盖网络，成为新加坡人出行的首选。其公交分担率为 63%，位列世界第四，绝大

---

① 颜燕、杨英姿：《伦敦交通拥挤收费的实施效果及相关思考》，《城市公用事业》2009 年第 1 期，第 14 页。

② 《世界各地交通拥堵费实施情况的报道》，中国交通技术网，2010 年 3 月 9 日。

③ 《伦敦发展出租自行车业务鼓励绿色出行》，中国环保网，2010 年 9 月 17 日。

④ 《新加坡模式的启示——用绿色交通建设可持续发展的现代化都市》，中国交通技术网，2008 年 6 月 27 日。

部分公共交通使用者在早高峰时段可以在45分钟内完成出行。近年来，新加坡兴起了会员制的“共用汽车”模式。会员绝大多数时候选择公交出行，当公交无法到达目的地时，才改乘“共用汽车”。这一交通方式填补了私家车和公共交通之间的缺口，有利于缓解交通压力。①

3. 香港——“公交+城铁+限车”模式

香港在城市交通发展中，打造了以“公交+城铁”为主的客运系统。便捷、舒适、经济的公共交通成为大多数居民出行的首选。香港运输署2010年底的统计数据显示，香港约有九成市民选择公交出行，居世界第一。② 市区巴士以载客量大的双层客车为主，舒适整洁，不仅是市民出行工具，也是游客欣赏风景的良好选择。香港铁路（包括地面铁路和地下铁路）每日载客量占公共交通总载客量的约35%，同时运送65%的跨境乘客前往内地。香港采用“铁路加物业”的发展模式，利用沿线物业收益，补贴建造和营运费用，基本收支平衡，并保障铁路票价维持在较低水平，吸引大量市民乘坐。

香港在大力发展公共交通的同时，对私家车采取比较严格的限制措施。首次登记费、燃油税、隧道、桥梁费等使拥有私家车的支出很高。此外，香港停车位非常紧张，并完全由市场调节，费用高昂。这些因素使香港私家车拥有率很低，公交的发展空间更大。

三 城市绿色交通体系在中国的实践

按照国际通用标准，一个国家100个家庭中有20个拥有汽车即标志着该国进入了汽车社会。据估测，2012年第一季度，中国私人汽车拥有量达到8650万辆之时，百户家庭汽车拥有量达到20辆。③ 预计到“十二五”末，民用汽车保有量将达到1.5亿辆。④ 汽车保有量的增长速度大大超过交通配套设施的增长速度，随之而来的是交通拥堵、环境污染、能源紧缺、事故频发等问题。交通问题已成为我国城市发展面临的一大顽疾和可持续发展的“瓶颈”。

---

① 《新加坡：多种措施齐抓共管筑“绿色交通”》，2007年9月19日《经济参考报》。

② 《香港交通不堵车是最大人性化，九成市民公交出行》，人民网，2012年3月23日。

③ 王俊秀主编《中国汽车社会发展报告（2011）》，社会科学文献出版社，2011年，第3~4页。

④ 中华人民共和国交通运输部：《交通运输“十二五”发展规划》，2011年4月。

发达国家城市交通发展经历了“需求导向、效率导向和环境导向”三个阶段。① 建设绿色交通体系，促进城市交通可持续发展，已是势所必然。随着研究和实践的发展，“绿色交通”理念被引入我国。2003 年 8 月，建设部、公安部联合倡导开展创建“绿色交通示范城市”活动，从组织管理、规划建设、公共交通、基础设施、交通环境五个方面建立了考核指标体系，以引导绿色交通建设的发展。2007 年 9 月 16 ~ 22 日，国家建设部开展“中国城市公共交通周暨无车日”活动，核心主题是“绿色交通与健康”。2009 年中国城市无车日活动于 9 月 22 日举行，活动主题为“健康环保的步行和自行车交通”，大力倡导绿色出行。2011 年 11 月 9 日，交通部发出《关于开展国家公交都市建设示范工程有关事项的通知》（交运发〔2011〕635 号），在“十二五”期间组织开展国家“公交都市”建设示范工程，计划到 2013 年底前，全部启动 30 个城市的“公交都市”示范工程试点工作。绿色交通理念逐步深入我国城市交通规划与建设实践中，并涌现出一些城市典型。

（一）北京、上海、广州、大连——发达地区城市案例

地铁是北京的骄傲。北京地铁以便捷、高效、安全、经济闻名，是北京城市客运的主体力量。截至 2011 年底，轨道交通总里程达到 372 公里。2007 年 5 月以来，轨道交通既有线路先后 14 次缩短运营间隔，大大提高了轨道交通的运输效率。自 2007 年 10 月 7 日起，执行新的票制票价政策，全路网实行单一票制，票价为 2 元/人次（不含机场轨道交通线），进一步提高了出行吸引力。根据北京综合交通体系规划，2020 年计划建成轨道交通线路 19 条（中心城线路 15 条，市郊线路 4 条），运营线路总里程约 570 公里；中心城区公共交通出行占客运出行总量的比例，由 2000 年的 27%，提高到 50% 以上，其中轨道交通及地面快速公交承担的比重占公共交通的 50% 以上，使公共交通成为城市主导交通方式。近几年，北京还将自行车租赁作为分担交通流的手段，并经历了由企业租赁到政府主导的转变，将其纳入公交系统。2011 年，北京公共自行车在东城和朝阳两区先行试点，各 1000 辆。“十二五”期间，北京计划建成 1000 个站点、5 万辆规模的公共自行车服务系统。

---

① 陆化普：《城市绿色交通的实现途径》，《城市交通》2009 年第 6 期，第 25 页。

上海是人口众多的特大型城市，在交通领域十分重视公共交通尤其是轨道交通发展。至2010年底，公共交通日均客运量达1623万人次，比2005年增长30.70%。其中，轨道交通客运量占公共交通客运量的比重从2005年的13.1%增长至31.8%。"十一五"末，上海城市轨道交通运营里程450公里，比"十五"期末增加304公里，位居世界第一。

上海慢行交通发展可圈可点。2001年《上海市城市交通发展白皮书》提出重视城市慢行交通，2008年完成《上海市中心城慢行交通系统规划》，计划营造300多处中心城区"慢行核"和数十个"慢行岛"，建设自行车休闲道、专用道和廊道，注重与公共交通的衔接。2008年，上海张江公共自行车系统试运营50个服务点，成为国内首家试行的公共自行车系统。至2011年9月底，上海共建成800个服务点，投放自行车3万辆，有效解决了公交"最后一公里"问题。"十二五"期间，上海将再建成轨道交通和城际铁路约200公里，完善轨道交通基本网络功能，实现"区区通轨交"（崇明县除外），基本建成以公共交通为主体、机动车交通和慢行交通相协调的"便捷、安全、集约、低碳"的一体化综合交通运输体系。

亚运会推动了广州公共交通尤其是轨道交通的发展。至2010年亚运会开幕前，广州轨道交通运营线路达211公里，居全国第三位。目前，日均客运量超过400万人次，成为广州城内客运的中坚力量。2007年，编制了《广州市轨道交通站点客运一体化设施近期规划》。近期线网换乘枢纽站设置了"P+R"私人小汽车换乘设施、"K+R"接送换乘及短途接驳巴士，以实现无缝化衔接。广州BRT筹划4年之久，2008年11月动工，2010年2月正式开通，采用"快速专用通道+灵活线路运营"模式，客流承载量大，单向客流达到2.2万人次/小时，高峰客流达到2.5万人次/小时。① 同时，31条BRT线路覆盖了全市1/7公交站点，且多个站点与地铁线路接驳，站台设计包括自行车停车点以及公共自行车。广州BRT票价一律2元，属公交地铁优惠方案范畴，BRT站台内实行同方向免费换乘。速度方面，甚至可以和出租车媲美。2011年1月，在美国交通运输研究委员会（TRB）的年度会议上，广州由于在中山大道快速公交系统、公共自行车系统、绿道系统等方面的突出成就，获得了可持续交通奖委员会颁发的"2011年

---

① 《美国官员来穗取经BRT》，2011年4月12日《广州日报》。

可持续交通奖”，这是中国城市首次获得该项荣誉。

2006年，《大连市轨道交通线网规划》和《大连市快速轨道交通建设规划》确定了由5条线路组成的“以换乘枢纽为核心，交通走廊为骨架，沿城市发展方向辐射”的无环放射式的线网形态，线网骨架由核心区域结合“西拓北进”的发展思路，沿客流主流向四周辐射，明确了以“快速公共交通和轨道交通为主导”的绿色交通发展方向。2008年1月15日，大连公交集团开通首条快速公交线路，成为东北地区的第一条城市快速公交系统，利用现代化公交技术配合智能交通和运营管理，开辟公交专用道路和建造新式公交车站，优化运营服务，对缓解大连市交通拥堵起到了重要作用。大连计划在现有12条公交专用道基础上再增建10条，通过公交枢纽站实现“零距离”换乘。快速公交将是大连打造绿色交通的主要载体。

（二）武汉、昆明、乌鲁木齐——中西部城市案例

武汉市两江分隔、三镇鼎立、山体湖泊众多的城市格局，致使城市道路网络存在先天不足，为此，武汉打造了轨道交通、快速公交、自行车、步行一体化的公共交通网络。轨道交通1号线2001年4月开工，2004年7月28日开通试运营，全长10.234公里，全线高架。武汉市新的轨道交通线网规划于2008年5月通过审批，计划到2012年底之前线路里程达72公里，形成连通长江两岸的“工”字形线网。“十二五”期间，中心城区每年开通一条地铁线，与新城区全部实现轨道交通或快速公交线连接，使公共交通分担率达到40%。① 至2040年建成后，有66%的人口和岗位位于地铁站点600米步行半径范围内，居民选择轨道交通出行可实现60分钟穿城、30分钟到达中心城的目标，轨道线网承担客运比重占公共交通的50%以上。② 武汉市公共自行车系统的功能定位是“接驳公共交通，形成多层次、一体化的公交运输体系”，解决公交末端“一公里”问题，实现“门到门”服务。③ 至2010年5月初，武汉中心城区站点已发展至800个，免费自行车已经达到2万辆，日租车量突破18万辆次。步行交通系统方面，

---

① 《武汉市政府工作报告（2012）》。

② 课题组编《中国城市轨道交通年度报告（2009）》，中国铁道出版社，2010，第90页。

③ 李黎辉、陈华、孙小丽：《武汉市公共自行车租赁点布局规划》，《城市交通》2009年第4期，第41页。

推进“绿色江城”建设，建成30公里江滩生态游园，“两江四岸”成为靓丽的风景线。花山生态新城以“慢行优先”为交通特色，建设200公里以上的步行网络。

内侧式公交专用道是昆明道路建设中的一大特色，使普通公交具备了部分BRT特征，提高了运行效率。2003年，《昆明快速公交系统规划研究》构建了昆明由公交专用道系统向大容量BRT发展的技术框架和措施。2011年底，昆明正式提出了将城市主要客流走廊和城市组团之间的主要干道发展为BRT线路的方案，以连接公交场站、交通枢纽、客流集散点、重要交通节点，并衔接地铁，满足换乘。昆明轨道交通发展迅速，目前有6条城市轨道线，主城骨干线2条，主城与呈贡骨干线1条，辅助填充线2条，机场线1条，总长162.6km。① 2011年昆明主城公交出行分担率达40%。② 近期，昆明提出了争创“公交都市”试点城市的目标，力争到“十二五”末，基本形成以“轨道交通和快速公交为骨干、常规公交为主体、出租车为补充、慢行交通为延伸”的“三位一体+一慢”一体化都市公交体系，公交分担率大于50%，其中轨道交通承担比重大于50%。

近两年，乌鲁木齐市在公共交通建设中重点发展了BRT。投资约9.3亿元，于2011年5月1日开工建设，8月28日1、3号线开通，11月26日2号线开通，大部分路段使用专用道，形成了一个相互连接的环状网络，1、2号线在五个车站可双向免费换乘，2、3号线在两个车站可同向免费换乘，BRT路网已见雏形，对加快形成城市客运“大通道”、架构城市公交网络格局具有重大作用。三条线路日客运量约33.3万人次，占乘坐公交车出行总人数的14%，改变了市民出行理念，每天有近8%的私家车车主选择BRT出行。③ 目前，乌鲁木齐的公交出行率约为30%，占机动化出行总量的一半以上。“十二五”期间，乌鲁木齐将坚持“公交优先、功能完备、层次清晰、运行高效”的原则，重点建设轨道交通1号线，发展BRT系统，形成“田”字形快速交通体系，建设公交专用道路和“一心三十场”公交场站等，实现乌鲁木齐市内公共交通的无缝衔接，构建“轨道

① 《昆明市交通发展概况》，昆明市交通运输局网站，2011年9月22日。

② 《昆明市政府工作报告（2012）》。

③ 《乌市BRT：从质疑到喝彩的背后》，2012年2月8日《中国青年报》。

交通为骨架，BRT快速公交系统为支撑，常规公交为主体，其他交通方式为补充”的一体化都市公交体系，使公交分担率达到35%以上。

（三）杭州、厦门、珠三角城市——个性交通案例

杭州公共自行车系统在国内乃至国际上都处于领先地位。自2008年5月推出以来，杭州市不断改善自行车出行环境，改进服务质量，扩大公共自行车覆盖面，有效连接公交（地铁）车站、居住区、商务区、学校、机关、企事业单位、公建配套设施、风景旅游点，引导绿色出行。至2011年8月底，共设服务点2431个，投放公共自行车6.06万辆，日租用量最高突破32万辆次，成为全球最大的公共自行车系统。杭州水上巴士自2004年在全国率先开通后，一直受到市民和游客青睐。杭州水上巴士的发展遵循“能通则通、连片成网”的要求，不断开辟新航线，加密上下班高峰期班次，完善与地面公交尤其是与公共自行车的零距离换乘，不断提高公交分担率，让市民乘坐水上巴士上下班成为常态。截止到2011年8月底，已开通水上巴士线路8条，线路涵盖城西、城北、城中地区，总线路里程已达78公里。

兼具休闲、交通功能的绿道，是新时期颇受追捧的慢行系统。厦门除了颇具特色的被称为“空中走廊”、“百姓专线”的高架BRT外，还开展了全岛健康步道系统建设，打造绿色交通体系。从2007年开始，厦门开展了健康步道规划、步行系统研究。健康步道是可供自行车出行、市民步行的、连续的交通线路，环保又健康。目前，环岛路栈道是已经有的海滨步道。今后厦门健康步道还将注意与城市公共空间、公共设施建设以及城市公共交通系统之间的衔接，提升其交通功能，引导绿色出行。

“珠三角”城市慢行绿道网规模目前居中国首位。2010年1月，广东省开展了“珠三角”绿道网建设工程，以生态廊道和慢行系统相结合，引导市民绿色交通、低碳出行。2011年1月5日，“珠三角”区域绿道全线贯通，累计建设完成2372公里。[①] 绿道网的慢行道分为步行道、自行车道、无障碍道和综合慢行道，建设自行车租赁点、停车场等设施，增强了交通功能。

---

① 冯利芳：《功在当下，造福千秋——珠三角绿道网建设的调查报告》，《城市发展研究》2012年第2期，第1页。

四 中国城市绿色交通体系发展的问题

尽管上述部分城市在绿色交通发展方面取得了一定成果，但系统化的建设明显不足。绿色交通体系的发展受到多种因素的影响，既涉及交通系统内部，又涉及与交通紧密相连的社会系统（人的交通观念、出行方式选择）、法规政策系统（相关规范、引导政策）等。从更深层次看，建设绿色交通体系，要推进交通与环境的和谐（生态、土地、城市其他设施）、与未来的和谐（适应未来发展）、与社会的和谐（安全、以人为本）、与资源的和谐（以最小的代价或最少的资源满足交通需求）。建设绿色交通体系离不开交通系统之外的社会系统、法规政策系统的支持，并且需要逐渐替代、淘汰传统交通工具，尤其是传统汽车，转向便捷高效、通达有序、环保、节能、舒适、人性化、经济型的交通。以此观之，我国城市绿色交通体系发展面临着不少困难和问题。

（一）规划与设施方面

我国传统的城市交通规划综合性差，单一面向交通，大多只注重对设施本身的规划，在规划时主要是以土地利用为依据，缺少综合交通对土地利用的反馈；单纯把建设投资金额作为成本因素的唯一约束条件，没有考虑到环境补偿的成本要求和资源约束。① 另外，以机动化尤其是小汽车交通需求为导向的规划模式，从需求出发安排各项交通设施的布局，其结果往往是交通建设跟不上机动化交通的发展，造成交通拥堵。而研究表明，30%～40%的小汽车出行不是必须的，完全可以用绿色交通方式（公交、自行车、步行）代替。就人性化的角度而言，交通规划要照顾到最大多数人的利益和需求。而机动化建设导向导致非机动道路空间受到挤压，道路不连贯，甚至机非混合，安全性差。

此外，在科学配置和利用交通资源方面的规划尚有很多不足，还不能综合考虑交通结构优化、换乘枢纽配置、对外交通衔接、线网分布、场站布局，轨道交通的公交接驳不尽如人意，沿线的停车场建设不到位，大多数公交站没有自行车停放点，多数尾站没有停车场，不利于车辆接驳，易增大交通流量。

---

① 中国城市规划设计研究院：《中新天津生态城绿色交通系统规划研究》，2008年2月。

目前，我国许多城市绿色交通基础设施建设还不能与城市发展水平、总体布局和人口产业分布相协调。我国土地资源比较缺乏，人口集聚的城市尤为突出。据统计，我国 12 个大城市平均每人占有道路面积仅为 5.7 平方米，而伦敦为 28 平方米，纽约为 26.3 平方米，东京为 10.9 平方米。① 此种情况下，许多城市仍以私人机动化交通需求为目标建设基础设施，造成交通需求与分配不协调，公共交通尤其是慢行交通发展受限。现阶段，步行和自行车交通仍是我国城市居民出行的主要方式，一般占总出行方式的 60%。许多城市道路空间分配不平衡，很多非机动车道或太窄或被占用，步行和自行车使用的道路空间受到严重挤压，造成机非混行，交通安全得不到保障。许多道路尤其是平交道口安全防护设施欠缺，易发生交通事故。从 2009 年的发展趋势看，自行车出行比例正以年均 2% ~5% 的比例下降。②

（二）技术与工具方面

全球性能源紧张以及气候变化问题受到普遍关注，交通节能减排也日益成为国际社会的共同责任，也是实现低碳经济的重要途径。2009 年中国政府已向全世界庄严承诺，到 2020 年单位国内生产总值二氧化碳排放比 2005 年下降 40% ~ 45%。作为“三大碳源”之一，交通碳排放占据比例较大且增长较快，是我国节能减排的重点领域。《交通运输“十二五”发展规划》提出，“交通运输行业要以节能减排为重点，建立以低碳为特征的交通发展模式……构建绿色交通运输体系，走资源节约、环境友好的发展道路”。《公路水路交通运输环境保护“十二五”发展规划》提出，到 2015 年，营运车辆单位运输周转量的碳排放量比 2005 年降低 11%。实现这些目标，需要推进绿色、低碳交通技术及工具的推广，尽快建成以低碳排放为特征的绿色交通工具体系。但我国在绿色交通技术创新及绿色交通工具普及方面还有很大不足。

目前，我国新能源汽车发展的重点是混合动力汽车、纯电动汽车，电池等技术瓶颈是最大的问题。推向市场的电动汽车蓄电池的充放电次数一般是 300 ~

① 白雁、魏庆朝、邱青云：《基于绿色交通的城市交通发展探讨》，《北京交通大学学报（社会科学版）》2006 年第 2 期，第 11 页。

② 《住建部：步行和自行车交通占我国全方式出行比例的 60%》，新华网，2009 年 9 月 2 日。

400次，使用寿命较短；一次充电后的理论续驶里程为100～300公里，但一般都无法达到这个目标。相比美国、欧盟和日本等国家，我国对新能源汽车关键共性技术研发的政策支持和资金投入力度仍显不足。新能源汽车实现产业化，尚需政策与资金扶持，以突破技术瓶颈，完成核心部件和材料的进口替代，降低成本，完成市场导入。

我国绿色交通工具，尤其是新能源汽车消费市场仍有待培育。目前，新能源汽车主要应用于市政交通领域，进入私人消费领域的规模和数量非常有限。2010年6月1日，财政部、科技部、工信部、国家发改委联合发布了《关于开展私人购买新能源汽车补贴试点的通知》，确定上海、长春、深圳、杭州、合肥5个城市为试点，纯电动汽车每辆最高补贴6万元；但相比传统汽车，价格仍很高，难以吸引消费者。加之配套的充电设施不完善，更影响了新能源汽车的普及。

（三）管理与控制方面

城市交通是一个复杂系统，涉及多个部门和行业，需要公安、环保、科技、司法等部门的协同。目前，一方面，我国很多城市的交通管理体制受计划经济时期分块管理模式的影响，规划、建设和运营管理缺乏协同，还不能形成符合市场经济和交通发展规律的行业管理模式。在分散管理的情况下，难免造成管理体系不健全、监督和执行力度不强、监管手段缺乏以及监测、统计、监理等较为薄弱等不足。同时，由于城市交通智能化控制建设滞后，信息共享较差，还不能有效指导和控制车辆通行，以及运用于交通指挥和交通管理，造成交通有序性差，易引发拥堵和交通事故。

另一方面，与引导不足相对，不顾城市自然地理环境、经济社会发展实际，盲目超前发展绿色交通体系尤其是地铁等轨道交通，追求形象工程，造成浪费和损失，也是不可取的。公共交通尤其是轨道交通项目具有投资大、运行费用高、社会效益好而自身经济效益差的特点。因此，发展公共交通应当坚持量力而行，合理控制建设规模和发展速度，确保与城市经济发展水平相适应，防止盲目发展或过分超前。针对部分城市盲目发展轨道交通的现象，国务院办公厅曾发布《关于加强城市快速轨道交通建设管理的通知》（国办发〔2003〕81号）加以规范。

五　中国城市绿色交通体系发展的政策建议

鉴于我国绿色交通体系发展存在的困难和问题，今后城市绿色交通体系发展的战略思路是：构建以公交为重点，以慢行交通为补充，辅以适量环保型汽车交通的综合交通体系。其中重点是发展公交和慢行交通。对于大城市而言，要以轨道交通、快速公交作为发展重点。

国内外实践经验表明，建设绿色交通体系，要处理好交通与社会、交通与城市、交通与环境、交通与行人、交通与能源等的关系，统筹考虑交通系统内部和系统外部的各种因素。同时，要因地制宜，选择适合城市自身特点的发展模式。

（一）树立理念，增强责任

交通活动的主体是人，交通变革离不开人的需求和支持。只有社会普遍接受绿色交通理念，增强责任感，才能从根本上推动绿色交通体系发展。绿色出行既是对社会的贡献，也是为自己节约时间和经济成本。要通过“无车日”、“公共交通周”等活动，提高民众素质，形成绿色出行风尚和文化氛围。

（二）出台法规，正确引导

目前，许多城市和部门对绿色交通体系认识不深，实践零散，缺乏规范指导和科学标准。要真正将理念转化为切实可行的建设计划与实施方案，必须出台相应的法规政策，制定规范和标准，推动建设有序开展。要协调应用法律、经济、财政、行政管理等多种政策手段，有效促进绿色交通体系建设。

建立健全法律法规和标准体系。要从以人为本和国情、市情出发，借鉴国内外绿色交通体系建设的成功经验，从规划、建设、管理等方面，加快建立确保绿色交通发展的法律法规体系。要健全规划编制、基础设施建设、交通工具配备与更新、环境要求、服务质量等方面的技术标准体系。

保障和引导绿色交通发展。一是资金到位。绿色交通体系发展尤其是其中的轨道交通建设需要大量投资，除政府投资外，要进一步开放市场，推动投资渠道和投资主体多元化。二是执行到位。采取措施，防止和纠正侵占绿色交通基础设施的行为，保证优先发展公共交通、慢行交通的需要。加强机动车环保监管能力建设，提高排放控制水平。三是引导到位。首先是引导绿色出行。建设绿色交通体系硬件设施和配套环境，通过财政补贴降低公交费用，增加公交出行吸引力。其次是引导绿色交通工具的发展。要实施优惠政策，并加快相关配套设施建设。限制、淘汰传统汽车。要通过税费调整、政策限购等措施，控制私家车过快增长。要通过征收拥堵费，减少私家车出行；通过提高节能减排标准，淘汰传统汽车。

（三）科学规划，以人为本

做好综合交通规划。要在对交通现状、需求和发展前景进行充分调查研究的基础上，以公共交通为核心，兼顾慢行交通，编制与城市总体布局和人口产业分布相协调的城市综合交通体系规划，建立以公共交通、慢行交通为导向的城市发展和土地配置模式。

做好公共交通专项规划。要注意提高线网密度和站点覆盖率，优化运营结构，形成干支协调、结构合理、高效快捷并与城市规模、人口和经济发展相适应的公共交通系统。合理规划公交专用车道（路）、优先车道，提高公交车辆运营速度。

推广 TOD 模式，科学规划换乘枢纽。科学的城市形态和土地开发模式是减少交通需求、减少机动车出行的有效策略。TOD（Transit-oriented Development）是以公共交通为导向的、国际上具有代表性的城市土地开发模式，可实现城市功能区紧凑型开发、有机协调。交通换乘枢纽规划要实现公交之间的方便快捷换乘、“零距离”换乘，与慢行交通及其他交通有效衔接、无缝接驳。

科学规划静态交通。静态交通不仅仅是交通工具停放，它涵盖停车政策、换乘方式等诸方面内容，是复杂的城市系统工程。科学规划静态交通设施是交通规划的必要环节，是保证动态交通顺畅的有效手段。

（四）关注环境，完善设施

要加强生态保护，合理避绕生态敏感区，降低交通设施建设对生态系统的扰动。要注重生态修复，改善受影响区域的生态环境功能。基础设施建设要注重节约土地、能源、建筑材料等，提高设施耐久性，提升节能水平。要积极推进废旧材料、疏浚土等的循环利用。要研究制定生态型交通设施的技术指南，逐步推广

生态型交通基础设施建设。同时，要建设防噪降噪设施，在高架、快速路、轻轨等交通线两侧建隔声屏、绿化带。

（五）公交优先，助推慢行

公共交通承担着城市客运的主要任务，要大力开展公共交通建设，完善支持政策，增加线路、延长营运里程、扩大站点覆盖面、优化线网结构和运力配置，提高运营质量和效率，提供方便周到、快速准时、经济舒适、绿色环保、安全可靠的优质公共交通服务，引导人们选择公共交通作为首选出行方式。对于交通拥堵的大城市，要适当发展轨道交通，发展 BRT。提升公交运输能力的同时，要大力改善公交服务，加大行车密度；要加强对公交场站、车辆、设施装备等的维护保养，创造良好的乘车、候车环境。

发展慢行交通重点要增强道路安全性、改善道路环境，完善行人与非机动车的交通组织和安全防护设施。要设置专用路和专用道，实施渠化交通，在机非交叉带设置减速路拱，保障安全。同时，修建和完善停车场、维修部等服务设施，加强路面改善、绿化，提高舒适度。要积极鼓励发展公共自行车系统，推进自行车交通公益化建设。此外，要适当发展电动自行车，出台新国标，严格实施市场准入规范和标准。

（六）提升管理，加大监督

推行集中管理。交通巨系统涉及多个部门，需要集中管理，通盘考虑。因此，要推进机构改革，实行行业化管理，将规划与管理、建设与监督、统计与测评等统一、集中于大交通部门，集中管理和指导城市交通建设与发展。

推广 ITS（智能交通系统）。ITS 可以大大改善交通状况，使交通拥挤降低 20%，延误损失减少 10% ~25%，车祸降低 50% ~80%，油料消耗减少 30%，尾气排放减少 26%。[①] 因此，要积极利用信息化技术，促进人员、车辆、场站设施以及交通环境等要素之间的良性互动，推动智能交通系统建设。要科学配置交通线路运行显示系统、多媒体综合查询系统、乘客服务信息系统，方便人们了解交通信息，合理安排出行。充分运用信息技术，建立计算机营运管理系统和连接

---

① 戴东昌、蔡建华:《国外解决城市交通拥堵问题的对策》,《求是》2004 年第 23 期，第 63 页。

各停车场站的智能终端信息网络，加强对车辆、人流的管理，提高交通效率。

建设交通大环境监测评价系统。要加强环境保护政策法规、监测、统计、评价等方面的建设，完善各级交通环境保护管理机构设置，增强执行能力。要形成科学规范的环保统计、评价和公报制度。要建立交通环境监测站，形成监测网络，实时反馈交通环境数据。同时，建设统计信息平台，建立标准统一的统计数据库和网络传输系统，开发统计数据分析系统。一旦发现不符合标准、规范的交通工具、行为和建设项目，要及时处理。

总之，建设绿色交通体系是我国城市交通可持续发展的必然选择。城市绿色交通体系的发展，需要交通、环保、土地、科技、工业等多个部门及科研机构的协同努力，需要从社会人文、法规政策、管理监测、规划建设、交通工具、科研开发等多个方面联合推进，是一项社会系统工程。绿色交通是以人为本的交通，广大城市居民和游客要提高责任意识，形成广泛的绿色交通社会认同，绿色出行、文明交通，为绿色交通体系建设，为城市交通可持续发展，尽责尽力。

Study on the Green Urban Transportation System in China

Wang Jinsong Ma Zhihui

Abstract: Constructing a green transportation system is necessity for the scientific and sustainable development of cities. The system's emergence and development are, reviewed here. It introduces the development patterns and experiences from London, Singapore and Hong Kong, as well as the the state and development planning of the domestic cities in different regions. Difficulties and problems existing in the development of the green urban transportation in our country are also summarized. Then, it proposes a strategic thinking, which is "constructing a comprehensive transportation system which highlights buses, slow-moving traffics and a proper number of environment-friendly cars as supplement". Finally, specific policy suggestions are given from different perspectives, such as idea, law and regulation, planning, installation, vehicle, management and supervision and so on.

Key Words: Green Transportation System; City; China

B.7

城市能源消费与节能对策

王 蕾*

摘 要：稳定、清洁的能源供给是中国城镇化继续推进的重要保障。目前中国城市能源消费还存在诸多问题，例如总量不断增加、结构矛盾突出、利用方式粗放、利用效率不高等等。中国即将迈入城市时代，实施城市节能战略也是解决未来城市能源利用问题的重要途径，同时节能与环境保护这两个主要的国家能源战略目标必须从城市发展的层面去实现。为推动城市节能，我们认为各级政府可以通过完善政策体系、调整产业结构、提高优质能源供给、制定能耗标准、加强城市节能宣传等途径优化城市能源利用。

关键词：城市能源 节能战略 对策措施

一 中国城市能源消费状况

在中国能源消费结构中，全国终端能源消费绝大部分是在城镇。城镇能源消费的增长对中国能源消费增长起着决定性作用。

（一）城市能源消费总量迅速增加

1995～2010年，城市能源消费从10.69亿吨标准煤增长到30.47亿吨标准煤，增长了1.85倍；城市能源消费占总能源消费比重始终保持在80%以上；城市人均能耗由3.04吨标准煤/年增加到4.55吨标准煤/年，远高于全国人均能源消费。

---

* 王蕾，博士后，中国社会科学院城市发展与环境研究所，重点研究方向为能源经济。

近年来，城镇化推进使得城镇建设规模不断扩大，从而带动了城市能源消费总量的迅速增加。按照建设部统计口径，1991～2005 年全国城市建设用地增长了约 4 万平方公里，年均增长 2854 平方公里。全国设市城市房屋建筑面积由 1996 年 61.1 亿平方米增加到 2007 年的 174.5 亿平方米，增长了 1.85 倍。城镇基础设施及各类建筑的建设直接和间接地带动了能源消费。主要是建设所需大量的钢材、铜、铝、水泥、玻璃等建筑材料，这些高耗能产品生产消耗大量能源。据统计钢材、水泥等建材行业能源消耗大约占终端能耗的 17% 左右，其中大部分是为了满足城镇建设需要。

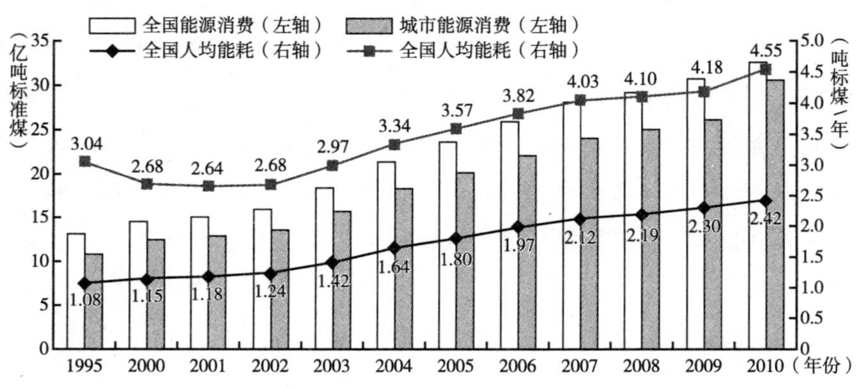

图 1　中国能源消费与城市能源消费情况

注：此处城市能源消费为非农业能源消费与城镇生活消费总和。

资料来源：根据《中国能源统计年鉴》（1996～2011）计算。

（二）城市工业能耗总量居高不下

工业主要集中在城市，2001 年以来随着工业化推进，城市工业能源消费总量不断增加，至 2010 年，年均增速 9.16%（见图 2），占能源消费比重长期保持在 70% 左右。

主要耗能工业能源消费总量保持持续快速的增长趋势。2001 年以来，黑色金属冶炼及压延加工业，化学原料及化学制品制造业，非金属矿物制品业，电力、热力的生产和供应业，石油加工、炼焦及核燃料加工业，有色金属冶炼及压延加工业几大耗能工业能源消费年均增速分别达到了 14.65%、9.76%、12.23%、8.28%、8.83%、13.91%。

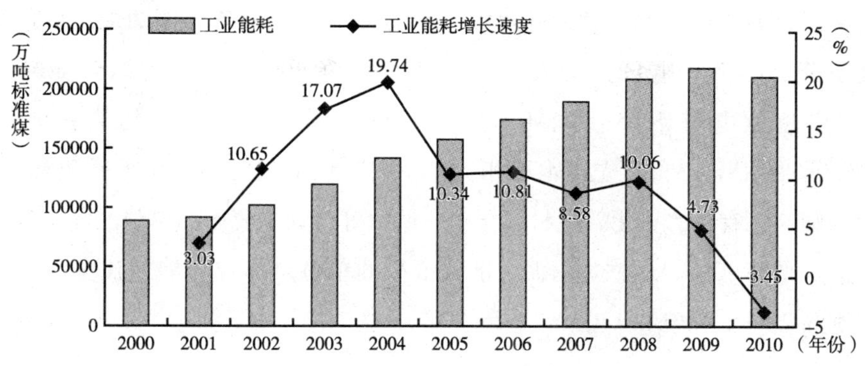

图2　2000～2010年工业部门能耗与增速

数据来源：2010年工业能耗数据来自《中国能源统计年鉴（2011）》，其他年份来自历年《中国统计年鉴》。

表1　主要耗能工业能源消费总量与增速

单位：万吨标准煤，%

行业	2001	2005	2006	2007	2008	2009	2001～2009年年均增速
黑色金属冶炼及压延加工业	17136.33	35988.232	42812.323	47774.3682	51862.92	56404.37	14.65
化学原料及化学制品制造业	12886.45	22494.074	24779.04	27245.2671	28961.1329	28946.07	9.76
非金属矿物制品业	9980.87	18849.941	19948.399	20354.842	25460.52	26882.28	12.23
电力、热力的生产和供应业	9727.44	15802.539	17416.879	18474.5882	18676.4796	19574.86	8.28
石油加工、炼焦及核燃料加工业	7837.34	11881.869	12360.11	13176.5147	13747.0089	15328.29	8.83
有色金属冶炼及压延加工业	3892.76	7188.69	8633.3225	10686.3668	11287.99	11401.37	13.91

数据来源：《中国统计年鉴》（2000～2011）。

“十一五”期间，城市工业部门能源利用效率下降比较明显。2005～2009年，工业总产值能耗累计下降43.60%，主要高耗能行业总产值能耗累计下降均超过30%，化学原料及化学制品制造业、非金属矿物制品业、有色金属冶炼及压延加工业等超过50%。主要工业产品单位能耗下降也较显著（见表2）。单位铜冶炼综合能耗下降35.9%，吨水泥综合能耗下降28.6%，原油加工单位综合能耗下降28.4%，电厂火力发电标准煤耗下降16.1%，吨钢综合能耗下降12.1%，单位电解铝综合能耗下降12.0%，单位乙烯生产综合能耗下降11.5%①。但是，与世界先进水平相比，中国工业部门能源利用效率仍然较低。电力、钢铁、有色、石化、建材、化工、纺织等行业主要产品单位能耗平均比国际先进水平高40%，钢铁、水泥、纸和纸板的单位产品综合能耗比国际先进水平分别高21%、45%和120%。

表2　2005～2009年工业和主要高耗能行业能源消费强度

单位：吨标准煤/万元总产值，%

年　份	2005	2006	2007	2008	2009	下降率
工业	0.67	0.60	0.51	0.44	0.38	43.60
黑色金属冶炼及压延加工业	1.84	1.69	1.61	1.39	1.11	39.72
化学原料及化学制品制造业	1.46	1.28	1.11	0.95	0.69	52.62
非金属矿物制品业	2.32	1.96	1.50	1.31	1.08	53.37
电力、热力的生产和供应业	0.92	0.86	0.73	0.63	0.60	34.72
石油加工、炼焦及核燃料加工业	0.99	0.97	0.79	0.73	0.65	34.57
有色金属冶炼及压延加工业	0.93	0.84	0.69	0.52	0.46	50.43

注：工业总产值按2005年可比价格计算。
资料来源：《中国统计年鉴（2010）》、《中国能源统计年鉴（2011）》。

（三）城市建筑能耗不断增长

建筑能耗②目前已经成为中国能源消耗的重要领域，并且呈现逐年增长的趋势。中国建筑能耗统计口径并不统一。根据诸多学者的计算，目前建筑能耗在中国能源消耗中所占比重大致在22%～27%，相对于1978年10%，增长了一倍多（见图3）。如果按照广义建筑能耗统计，中国建筑能耗约占社会总能耗近50%左右。根据中科院预测，如果不控制高耗能建筑，预计2030年，中国建筑能耗总量将达

① 《“十一五”经济社会发展成就系列报告》，中国统计信息网。

② 广义建筑能耗是指从建筑材料制造、建筑施工，一直到建筑使用的全过程能耗。狭义的建筑能耗是指建筑物内各种用能系统和设备的运行能耗，主要包括建筑采暖、空调、照明、热水供应、电气、炊事、电梯等方面的能耗，其中以采暖和空调能耗为主，约占建筑能耗的65%。

到26亿吨标准煤。建筑能耗对能源需求增长的影响逐渐突出。房屋建筑面积扩大、居民消费结构升级，建筑能耗将会继续增加。例如，住宅空调近年来销售量年均增长速度超过20%，每年新增的空调系统容量就接近于同期的新增电厂容量。

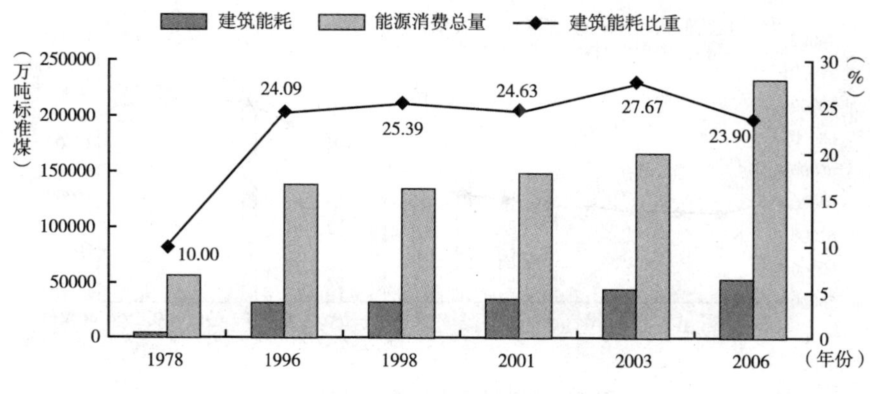

图3　建筑能耗增长情况

资料来源：武涌、梁境：《中国能源发展战略与建筑节能》，《重庆建筑》2006年第3期，2006年建筑能耗数据来自于清华大学建筑节能研究中心《中国建筑节能年度发展研究报告2009》，建筑工业出版社，2009。

（四）城市交通用能比重逐步提高

交通是城市能源消费增长较快的一个部门。随着经济高速发展，城市居民交通需求增长迅速。目前，中国主要大城市已经或正在进入轿车迅速膨胀时期。2010年，中国民用汽车保有量达到9086万辆，其中私人汽车保有量6539万辆，同比增长25.3%。民用轿车保有量4029万辆，增长28.4%，其中私人轿车3443万辆，同比增长32.2%。“十一五”期间，中国民用汽车和私人汽车年均增长率分别达到14.45%和24.25%。随着城市机动车数量迅速增加，机动车石油消费占石油总消耗比例呈现逐年增长趋势。目前机动车燃油需求已占全国总油耗量的1/3。根据相关部门预测，2020年和2030年汽车燃料需求分别达到2.3亿吨、3.7亿吨，分别占全国石油总需求的57%、70%。

（五）居民生活用能“总量上升结构优化”

1995年以来，城镇居民直接生活用能总量快速增加，由1995年9405.87万吨标准煤增加到2010年的20706.84万吨标准煤，增长了1.2倍。如果考虑间接生活能源消费，则城镇居民生活能源消费总量2007年达到了70962.14万吨标准煤，从2000年以来总体上呈现上升态势（见图4）。

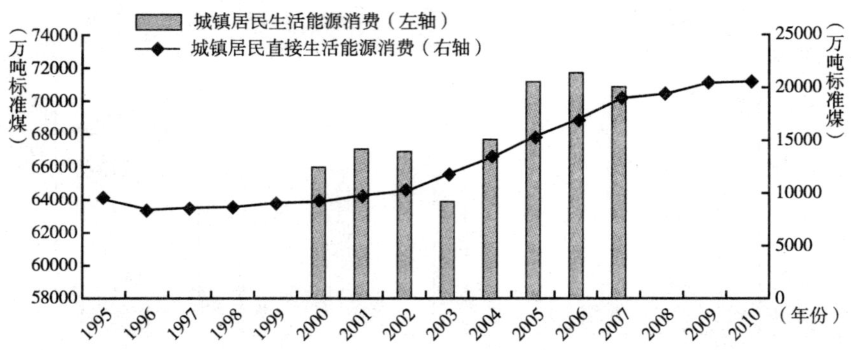

图4　城镇居民生活能源消费情况

资料来源：作者根据《中国统计年鉴》、《中国能源统计年鉴》计算。

随着城镇化进程加快，越来越多的农村居民转移到城镇。根据测算，城镇居民人均生活能源消费大约是农村居民的2倍左右，如果考虑到居民间接能源消费，则大约在3倍以上（见表3）。因此未来城镇生活能源消费量必然继续增长，我们假设居民生活能源消费保持现有水平不变，那么中国人口达到16亿、城镇化水平达到70%时，则意味着城镇生活能源消费至少需要增加5.32亿吨标准煤。

近年来，中国城市居民生活用商品能源结构也出现较大变化，以油气为代表的相对清洁能源消费比重开始逐步上升，煤炭消费在城镇生活能源消费中的比重逐步开始下降。1995～2010年，城镇生活能源消费总量增长2.2倍，而同一时期煤炭消费从4442.82万吨标准煤下降到1355.5万吨标准煤，城镇人均煤炭消费则下降更为明显，从1995年的126.3千克标准煤下降到2010年的20.2千克标准煤；油品（包括汽油、煤油、柴油和液化石油气等）、天然气、电力等优质能源则分别增长了2.12倍、10.44倍、3.04倍、3.51倍。城镇居民生活用能结构变动反映了城镇能源替代的趋势，也反映出城镇居民生活质量的变化。

表3　城乡人均生活能源消费变化

单位：千克标准煤

年份	城镇人均直接能源消费	农村人均直接能源消费	城镇/农村	城镇人均能源消费	农村人均能源消费	城镇/农村
1995	267.41	96.67	2.77	—	—	—
1996	231.50	70.94	3.26	—	—	—
1997	219.93	71.29	3.09	—	—	—
1998	211.86	71.73	2.95	—	—	—
1999	208.02	75.06	2.77	—	—	—
2000	204.65	76.94	2.66	1439.85	409.28	3.52
2001	202.66	80.97	2.50	1398.12	334.46	4.18
2002	205.47	87.49	2.35	1331.17	359.60	3.70
2003	226.98	102.49	2.21	1219.41	332.44	3.67
2004	251.99	120.07	2.10	1246.72	356.17	3.50
2005	273.82	132.98	2.06	1267.87	389.20	3.26
2006	295.20	145.51	2.03	1243.38	392.79	3.17
2007	320.34	162.09	1.98	1195.07	389.68	3.07
2008	323.33	170.28	1.90	—	—	—
2009	331.74	185.35	1.79	—	—	—
2010	309.16	206.39	1.50			

注：间接能源消费总量测算思路：家庭间接用能，是人们在满足日常活动需求的消费行为过程中产生的。我们通过对居民生活消费品的购买支出，测算其消费品中所包含的能源消费。具体测算步骤：首先确定与居民生活消费相关的产业，其次，根据居民购买支出与生产该产品产业的能源强度算出间接能源消费总量。

数据来源：家庭居民在各消费项目中支出数据来自历年《中国统计年鉴》，分行业增加值来自《中国工业统计年鉴》，城镇和农村人口数据来自《中国人口统计年鉴》。为了使数据具有可比性，我们将分行业增加值换算为2000年不变价。直接能源消费根据《中国能源统计年鉴（2011）》和《中国人口和就业统计年鉴（2010）》提供数据计算。

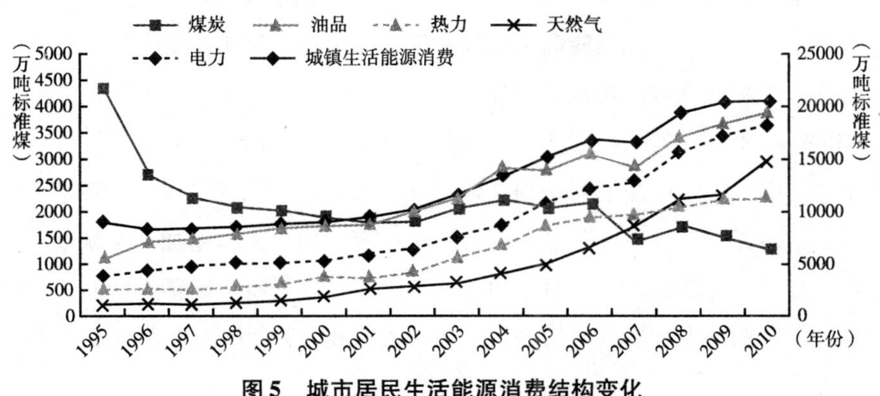

图5　城市居民生活能源消费结构变化

数据来源：根据中国能源平衡表（1995～2010）计算。

二　城市能源消费存在的问题

（一）能源消耗引起的城市环境污染日趋严重

由化石能源消费引起的城市环境污染问题日趋严重，城市发展所面临的环境压力和环境成本越来越大。有关数据显示，自1995年以来，有80%以上的城市大气中总悬浮颗粒物浓度超过国家二级大气环境质量标准，北方城市超标率高于南方城市，达到95%。二氧化硫超标城市占统计城市的58%。大气污染造成了巨大的经济损失，制约了经济的发展。工业生产领域，2010年，工业废气排放总量达到51.9万亿标立方米，相对于2000年17.5万亿标立方米的近3倍。其中，燃料燃烧所排放的工业废气量相应的由2000年10.4万亿标立方米增加到30.4万亿标立方米。生活领域，中西部地区不少城市燃气普及率不高，有的城市还不足50%，主要依靠直接燃煤取暖和炊事，燃煤导致的污染问题仍然没有得到妥善解决。城市交通领域，随着汽车销售量迅速增加，汽车尾气排放对大气环境影响越来越突出。近年来，汽车排放的气体，如一氧化氮、氮氧化物、碳氢化合物、臭氧等浓度明显升高，引起城市空气污染结构性的变化，汽车尾气正在逐渐成为一些城市大气环境污染的主要来源。

（二）城市优质能源供给还存在缺口

近年来，虽然全国能源供应总体上比较紧张，但是城市用能基本可以得到满足。随着油气、电力等优质能源供应保障能力的提升，城市能源消费结构发生了一定改变，煤炭在终端能源消耗总量中的比重由1995年的38.67%下降至2010年20.58%①。但是与日本、美国、法国、德国、丹麦等发达国家3%～5%左右水平相比，中国终端能源消耗结构高碳特征非常明显。究其原因，主要是不少城市特别是中西部城市优质能源供应能力不足。随着城市人口增加以及城市居民家用电器拥有量迅速增加，城市对电力、油气的需求规模将不断扩大，而目前中国大部分城市存在电力和油气供给缺口。改革开放的30余年中存在大面积非事故

① 根据《中国能源统计年鉴》（1995、2011）计算。

限电的年份将近80%。2003年以来，最多曾经涉及26个省份，出现严重缺电现象。根据中电联统计，2011年全国共有24个省级电网相继缺电，最大电力缺口超过3000万千瓦。城市天然气使用方面，多年来几乎每年用气高峰时期多个城市都会出现不同程度的“气荒”。因此，未来城镇化继续推进过程中，城市能源供需结构矛盾将成为中央及地方各级政府必须要着力解决的问题。

（三）城市能源利用方式粗放效率不高

由于地方城市缺乏相对稳定的财政收入，城市能源基础设施建设（例如，集中供热锅炉、增加煤气的生产和供应、铺设输气管道等）投入不足，使得不少城市集中供热面积和城市用气普及率水平不高。许多城市周边的电厂、焦化厂、钢铁厂等高能耗企业排放的煤气和热水得不到有效利用，既浪费了能源资源，又污染了环境。一些城市以种种借口限制小排量汽车、太阳能热水器的使用；有些城市为了追求城市形象，一些标志性建筑被要求必须保持电力供应到深夜。城市照明中节能灯国内市场使用率不高，据统计，2010年全国城市节能灯使用率不到30%，农村地区的比例更低。据测算，中国照明用电约占全社会用电量的12%左右。如果把在用的白炽灯全部替换为节能灯，年可节电480亿千瓦时，相当于减少二氧化碳排放4800万吨。城市建筑领域耗能巨大。中国是建筑大国，既有建筑近400亿平方米，每年新建房屋面积接近20亿平方米，而其中95%以上的建筑都是高耗能的建筑。据测算，仅北方采暖地区每年就多耗标准煤1800万吨，直接经济损失达70亿元。

（四）一定数量城市还存在“燃料贫困”现象

燃料贫困的概念源于1982年英国燃料使用权运动，Vijay将贫困和无法获得现代能源的人群称为能源贫困人群。国际能源署认为该人群的特征是在炊事方面依靠传统生物质能或无法获取和使用电力，其中传统生物质能包括薪柴、秸秆、稻草、稻壳及其农业生产的废弃物和畜禽粪便等，这一定义在研究工作中得到广泛的认同与应用。在中国，“燃料贫困”主要存在东北、西部省市农村地区，城镇已经基本不存在无法获取及使用电力的现象。但是就全国情况来看，仍然有部分城市人口依靠生物质能。截至2011年，中国大约有4.23亿人口依赖传统生物质能，其中0.46亿人生活在城镇，约占城镇人口的8%。除此之外，不少城市还存在一定规模的低收入群体，这部分家庭因燃料价格上涨，无力支付用能成本而陷入“燃料贫困”。因此，地方政府必须将解决“燃料贫困”纳入城市能源供给安全目标。

三　城市能源消费与节能的总体思路

近几年来，城市能源凸显的供需矛盾越来越大，城市能源供给问题已经成为城镇化继续推进必须要解决的重大问题。在城市层面必须要制定能源战略，为城镇化提供能源保障。在中国能源资源条件的现实约束与当前中国城市能源供需矛盾的背景下，我们认为城市能源战略必须以节能优先为首要战略目标。未来十年甚至更短时间，中国即将迈进城市经济时代，节能与环境保护这两个主要的国家能源战略目标必须从城市发展的层面去实现。目前，中国城市能源供需矛盾仍然存在，特别是电力、石油、天然气等相对清洁能源。随着城镇化推进，城市能源消费总量仍将进一步增加，相比扩大能源供给总量，通过节能途径缓解日益紧张的城市能源供需矛盾，更符合中国实际。

1. 节能优先关键是提高城市重要领域能源利用效率

目前中国城市能源消费不断增加，但是利用效率普遍不高，还存在大量的能源浪费现象。生产领域能源消费占了整个城市能源消费的80%以上，其中主要集中在工业领域。与发达国家相比，中国工业领域还有很大的节能空间。例如，从出口工业制成品的产值/能源消费来看，中国与世界第二大商品出口国德国相差17倍以上（周大地，2011）。工业领域节能不仅要关注节能技术问题，工业领域重复投资所造成的能源浪费问题，更应予以关注。近十年，中国已经发展成为世界工业品制造中心，几乎所有基础原材料产品和工业消费品产量都占了世界总量的近一半。但是不少城市，特别是在中西部地区的城市，仍然以这些产业作为主导产业。如此形成大量过剩产能无法消化，造成投资浪费和能源浪费。与此同时，随着城镇化推进，交通、建筑、生活等领域能源消费迅速增加，城市能源供给压力将长期存在。目前在城市中，这些领域的节能潜力巨大。以交通为例，发达国家城市大气污染以机动车排放的尾气为主，平均每辆普通小轿车每年排放330千克污染物，行驶12500英里要产生4.5吨一氧化氮。中国汽车性能相对较差，很多没有安装尾气处理设施的汽车污染物排放量甚至

超过环境标准的几倍至几十倍。

2. 城市节能必须强调地方政府的作用

过去中国在以能源供给为导向的能源战略背景下，“城市”关注的重点是城市能源供应，即使在能源紧缺的情况下，不少城市仍然关注城市能源供给与保障等“开源”问题。随着国家能源战略方向的调整，能源领域的“节流”问题已经被提高到国家战略层面，并已于“十一五”开始付诸实施。但节能重点主要集中在工业发展领域，而节能减排这个战略目标更需要在城市发展建设的各个环节予以体现和实施。当前城市在能源消费管理方面还存在一些不足。包括还没有制定包括工业锅炉、电动机、风机、水泵、变压器等主要工业耗能设备和家用电器、照明器具、建筑、汽车的能源效率标准；城市建筑、生活领域存在能源浪费现象；城市交通发展导向不明确，公共交通发展滞后等等。这就需要地方政府必须在城市节能过程中发挥积极的作用。

3. 客观看待城市节能战略与城市经济发展问题

国家实施节能减排战略之初，社会各界曾担心节能减排战略实施可能会引起中国经济增长速度下滑。然而事实上，中国经济数十年高速增长已经积累了诸多隐患。投资比重过高、流动性过剩导致通胀压力加大；能源资源粗放式投入导致环境问题日益严重。因此，中国经济面临的主要矛盾并不是经济增长速度问题，而是亟须提升增长质量、向集约型增长方式转型的问题。实施节能减排战略能够有效抑制重复投资、过度投资，引导经济结构调整，同时能够有效缓解中国资源环境面临的巨大压力。

从国家“十一五”期间节能战略实施情况来看，20%的节能目标并没有对中国经济发展速度产生负面影响。“十一五”期间 GDP 平均增速 11.18%，不仅超过规划目标，而且远高于2008 年提出的“保八”目标。“十一五”期间节能战略实施对抑制过度投资、调整产业结构、推动增长方式转变起到了积极的作用。“十一五”期间，中国电力和各个高能耗行业的产品单耗都有明显下降，和国际先进水平的差距明显缩小。不少新设备和工艺已经采用了国际最先进的技术，达到国际先进的能源效率指标。据不完全统计，“十一五”期间，累计淘汰了落后小火电 7200 千瓦、落后炼铁产能 1.2 亿吨、炼钢产能 6969 万吨、落后水泥产能 3.3 亿吨，还有大量落后化工，有色金属、炼焦、造纸以及工业锅炉窑炉等。这些淘汰措施有效地提高了相关行业的能效水平和技术水平。

四　推进城市节能战略的对策措施

（一）完善政策体系，推进城市节能工作

完善节能法律法规和节能政策，根据国家节能法修订并完善适合城市的实施办法；强化节能监督，研究制定城市节能强制标准和建立能效标识制度；建立节能监察队伍，依法对城市重点用能单位实行用能定额管理和监测；加快建筑供热计量和收费制度改革；完善能源统计体系，确保基层统计数据的质量，定期发布能源利用状况报告，尽快推行对规模以下工业企业、农业、建筑业和第三产业的能源消费普查，提高能源消费统计数据的准确度；制定包括优惠信贷、减免税收、加速折旧等鼓励政策，支持节能效果好、社会效益高、还款能力强的节能项目；制定优惠政策鼓励节能中介发展，例如，推行合同能源管理等节能新机制，在条件许可的情况下，进行金融创新，为节能技术服务公司提供融资便利，制定扶持节能技术服务公司的政策。

（二）调整产业结构，构建低碳产业体系

积极调整产业结构，加强高科技产业及第三产业在国民经济中的比重。目前，中国城市经济增长主要依靠工业拉动，服务业比重偏低，经济增长过度依赖能源和资源的消耗。因此，在实施城市节能战略中，必须加快产业结构调整，促进城市经济向集约式增长方式的转变。

加快节能减排技术研发与推广，鼓励企业加大节能减排技术改造和技术创新投入，增强自主创新能力。强制在煤炭、石化、冶金等城市高耗能行业中推行低碳技术，大力发展循环经济，促进城市生产方式低碳化。推广使用节能设备和淘汰落后高耗能设备，如改造工业锅炉系统、提高锅炉效率，提升水泥化工、发电等行业的余热回收利用水平。

（三）优化能源结构，增加优质能源供给

首先，开发利用可再生能源，提高可再生能源在城市能源结构中的比重。目前，可以在有条件的城市大力推广和利用可再生能源，尽快建立多种能源互补利

用的能源供应体系。在风能资源丰富的东北地区、西北地区、西部地区大力发展风力发电、光伏发电、水力发电。其次，在城市中加强能源基础设施建设，增加燃气、电力的生产和供应，减少煤炭在终端能源消费中的比重。加强城市集中供热设施建设，大力发展集中供热，建设以热电联产核大型区域锅炉房为主、以集中供热锅炉房为辅的供热体系，逐步淘汰并彻底取缔各类小型锅炉；加强城市网管建设，提高城市燃气普及率；积极推进太阳能分布式发电在城市家庭和小型电站中的利用；提高发电用煤在煤炭消费中的比重，同时加快研发传统能源的清洁化利用技术。

（四）制定能耗标准，提高重要领域能源利用效率

政府要制定并逐步强制推行相关能效标准，以提高城市工业、建筑、交通、生活等重要领域的能源效率。一是制定和完善主要用能产品能源效率标准。包括工业锅炉、电动机、风机、水泵、变压器等主要工业耗能设备和家用电器、照明器具、建筑、汽车的能源效率标准，通过强制性能效标准逐步淘汰高能耗、低效率用能产品，提高高能效产品的比例。二是启动城市交通节能标准编制。针对迅速增长的城市交通用能，各级政府尽快启动城市交通领域（例如公交车辆、出租车辆、轨道交通、货运车辆、公务用车、私家用车等等）节能标准编制工作，并且适时强制执行。三是尽快制定科学的建筑节能标准。建筑领域中国建筑能耗标准严重落后，95%以上的建筑都是高耗能建筑。建筑能耗大约是发达国家的3倍，许多欧洲国家住宅的实际年采暖能耗已普遍达到每平方米8.57千克标准煤。在中国即使达到节能50%的建筑，每平方米的采暖耗能也达到12.5千克标煤，是欧洲国家的1.5倍左右。目前中国在节能建筑上虽然实行了一些强制性规范，但是节能50%标准的制定基数，已经严重落后于快速城镇化对建筑领域节能的要求。目前在国家层面还缺少统一且具体的建筑能耗强制性标准。住房和城乡建设部近年出台的一些有关建筑节能的规定，也仅仅针对绿色建筑。而全国各地制定的地方节能建筑标准，相互之间也有较大差距。因此，国家层面应当尽快制定科学的建筑节能标准，并强制推行。同时各级财政要加大对建筑节能的支持力度。

（五）加强节能宣传，提高居民节能意识

加大城市节能宣传力度，在城市居民中树立低碳的生活观，使节能渗透到人

们日常生活中，成为一种生活方式。引导公众改变粗放式用能方式，选择科学合理的消费模式，尽量使用能耗少的产品。可以通过政府补贴的方式，在家庭和办公机构大力推广使用节能灯和节能电器；大力发展公共交通系统和轨道交通系统（例如轻轨和地铁），在大城市和一些超大城市大力发展以自行车为主的慢速交通系统（例如城市自行车租借系统），鼓励城市居民减少私人轿车的使用率，选择公共交通出行。

参考文献

清华大学建筑节能研究中心：《中国建筑节能年度发展研究报告 2009》，建筑工业出版社，2009。

盛广耀：《城市化模式及其转变研究》，中国社会科学出版社，2008。

武涌、梁境：《中国能源发展战略与建筑节能》，《重庆建筑》2006 年第 3 期。

张馨、牛叔文、赵春升、胡莉莉：《中国城市化进程中的居民家庭能源消费及碳排放研究》，《中国软科学》2011 年第 9 期。

周大地：《节能优先能源战略的经济学讨论》，《中国工程科学》2011 年第 13 卷第 6 期。

周宏春、鲍云樵、渠时远：《我国城市能源与环境》，《经济研究参考》2008 年第 25 期。

The Contermeasures of the Urban Energy Consumption and Energy-saving

Wang Lei

Abstract: A stable and clean supply of energy is an important guarantee for the urbanization in China. Currently, there are many problems in the field of urban energy consumption, for example, continuous increasing energy consumption, unreasonable structure, extensive usage and low energy efficiency. China will soon enter into the urban era and the implementation of urban energy-saving strategy is an important way to deal with the urban energy use problems. At the same time, the two major national

energy strategy goals, energy saving and environmental protection, must be achieved on the level of urban development. Therefore, to promote the implementation of the urban energy-saving strategy, the governments should take some measures to optimize the urban energy use, such as improving the policy system, adjusting the industrial structure, improving the clean energy supply, making standards for energy consumption and publicizing firmly the energy-saving conservation in cities.

Key Words: Urban energy; Energy Saving Strategy; Suggestions

绿色经济篇

Green Economy

B.8 发展城市绿色经济的战略选择

李　萌*

摘　要： 绿色经济是以改善生态环境、节约自然资源为必要内容，以维护人类生存环境，合理保护资源、能源以及促进经济合理成长为目标的一种全面、协调和可持续的发展模式及经济形态。中国城市发展的绿色转型，不仅是为应对全球气候变化，更重要的是中国践行科学发展观和可持续发展的需要。总体来说，中国城市绿色经济发展还处于初级和探索阶段，近几年各地各级政府在城市绿色经济方面采取了众多具体行动，并取得了积极的进展和效果，但是仍面临着众多的障碍与挑战。文章提出，应该在转变经济发展方式和消费模式、积极培育绿色增长源、加强市场建设和绿色技术创新能力、完善激励机制与政策支持体系、开展其他配套建设等方面加快推进城市绿色经济的发展。

关键词： 城市发展　绿色经济　战略选择

---

* 李萌，经济学博士，中国社会科学院城市发展与环境研究所副研究员。主要研究方向为城市经济与环境经济。

引　言

“绿色经济”一词最早由经济学家皮尔斯1989年在《绿色经济的蓝图》一书中提出，他认为经济发展必须是自然环境和人类自身可以承受的，不会因盲目追求生产增长而造成社会分裂和生态危机，不会因为自然资源耗竭而使经济无法持续发展，主张从社会及其生产条件出发，建立一种“可承受的经济”。

然而，当前经济理论界和产业界对“绿色经济”尚未形成统一的界定。比较有代表性的，一种是从学术理论层面自上而下地对“绿色经济”进行定义，主要关注的是生态效率、资源效率、生态足迹、碳足迹等，认为绿色经济是资源消耗、环境污染、生态足迹、碳足迹等在允许范围约束条件下，扣除资源和环境消耗成本后经济净产出最大化的经济体，是以市场为导向，以传统产业经济为基础，以经济与环境和谐为目的而发展起来的一种新的经济形式。[①] 另一种对“绿色经济”的定义是服务于实践操作层面，自下而上直接定义绿色经济的产业部门和领域，如UNEP给出的绿色经济主要包括环境和生态系统的基础设施建设、清洁技术、可再生能源、废物管理、生物多样性、绿色建筑和可持续交通等8个领域。根据UNEP的定义推理，这些部门的经济产出越大，说明经济体中绿色的成分也越高。[②]

在本文中，从宏观战略层面，我们赋予“绿色经济”一个更广义的概念。即，绿色经济作为在可持续发展理论影响下兴起的一种新兴经济，是以改善生态环境、节约自然资源为必要内容，以维护人类生存环境，合理保护资源、能源以及促进经济合理成长为目标的一种全面、协调和可持续的发展模式及经济形态。其内涵可以理解为在生产、流通、消费、分配、投资、贸易等经济链条上，通过经济结构调整、增长方式转型、消费模式改变、科学技术创新等途径，把保护环境、优化生态与提高效率、发展经济统一起来，达到速度、质量、公平的有机结合，实现资源节约、环境友好、人类社会福利不断提高的一种平衡式发展。

---

① 百科名片：词条——绿色经济，http：//baike. baidu. com/view/139606. htm。

② 王金南、李晓亮：《中国绿色经济的基本评价和发展展望》，中国生态网，2011年3月23日。

当前，世界正处在发展的十字路口，面对日趋强化的资源环境约束和危机困境，“绿色经济”作为全球发展的新的增长引擎之一，日益受到各国政府和企业的重视。中国发展绿色经济，既是适应世界潮流的需要，也是促进国内经济结构调整和优化经济增长、应对气候变化挑战及提高国际“绿色竞争”的战略举措，它代表了我国践行科学发展观、实现可持续发展的一种现实形式。

一　中国城市绿色经济取得的成效

总体来说，中国城市绿色经济发展还处于初级和探索阶段，近几年各地各级政府在城市绿色经济方面采取了众多具体行动，如节能减排、发展循环经济、推动低碳经济、经济刺激方案中的环境保护投资、建立环境经济政策体系等。应该说，这些行动和实践等都蕴涵着绿色经济的基本内容，取得了积极的进展和效果，主要体现在以下几个方面①。

（一）传统部门的绿色改造与新兴环保产业的成长

在我国工业化和城市化的进程中，传统产业尤其是制造业一直占据着一个重要的地位与作用，当前，在我国城市化进程加速和城市发展向绿色转型的新形势下，一些城市通过挖掘传统产业的潜在优势，把绿色化改造传统产业作为城市转型升级的重要内容。

例如，南京是一个重工业城市，石化、钢铁、建材、电力等是南京的支柱产业，南京市经济发展迅速，不仅面临着自然资源的枯竭，更重要的是对环境带来的污染②。2010 年，南京发布《南京市传统产业升级计划》，要求冶金行业大力推进技术改造和技术升级项目，通过“两化融合”项目推动原始创新、集成创新和引进消化吸收再创新，促进关键工艺水平的大幅提升，围绕汽车、高铁、高

① 由于目前对绿色经济的内涵和外延均没形成统一的界定，绿色经济所包含的具体领域和行业还存在很大的争论，以及某些行业的基础数据难于获得、经济与环保产业之间的关系有待理清等问题的存在，导致计算绿色经济发展规模的困难，因此我们在本研究中，主要是从产业转型、节能减排、环境治理等绿色发展上来反映城市绿色经济发展的现况和趋势。

② 根据相关部门的估算数据显示，就整个江苏省来说，苏州碳排放总量最多，南京位居碳排放总量第二位，大力发展低碳经济已迫在眉睫。紧随其后的是无锡和徐州。而处于中间位置的是常州、南通和泰州。扬州、镇江、盐城、淮安、连云港、宿迁 6 市碳排放总量偏低。

层建筑、风电、船舶、家电、石化、机械、海洋工程等行业用钢，突出发展专用宽厚板、热（冷）轧薄板、镀锌板及超薄热带钢，打造船用板、管线板、汽车用棒线材等拳头产品。纺织行业重在提高工艺、技术和装备水平，提升高附加值产品比重。重点发展粘胶短纤、品牌服装、高档家纺产品以及汽车、造纸、环保等产业用纺织品。建材行业进一步优化资源配置，淘汰落后产能，着力引导重点企业向大型化、集团化、现代化方向发展。重点发展节能、环保、附加值高的新型建材产品。食品工业通过提升技术装备水平，加快产品升级换代进程，由一般食品加工向高端知名品牌发展，重点发展深加工、精加工和“名、优、特、新”产品。到2012年，冶金、纺织、建材、食品四大传统产业通过升级累计主营收入达2400亿元，年均增长15%以上，比2009年净增925亿元。四大传统产业新增规模以上企业300家，规模以上企业数达1200家。①

同时，近年来，城市新兴环保产业不断增长，对促进城市绿色部门增长扮演着重要的角色。以脱硫产业为例，“十一五”（2005～2010）期间，中国政府要求全国二氧化硫排放比2005年平均降低10%。对重工业，国家发改委和环保部则设立了更为严格的标准。结果，2006年之后，中国的脱硫产业得到快速发展。尽管各地对新标准的执行宽严不一，但煤电厂安装的脱硫装置年均增长34%。到2009年，脱硫产业和其他环保产业，包括水处理和固体废物处理，产值已高达4800亿人民币。② 随着“十二五”更严格环保标准的实施，政府希望环保产业增长到2万亿元人民币（约2950亿美元）。

（二）产业结构和空间布局不断优化

“十一五”期间和“十二五”规划中，一些城市不断加大绿色经济建设力度，通过产业结构调整和空间布局的优化，引领城市绿色发展，绿色经济初见规模。北京市“十一五”期间，基础产业进行了一系列重大结构调整，产品结构不断优化，节能降耗成果显著，2010年全市基础产业实现工业总产值5152亿元，占全市规模以上工业总产值的37.6%，实现工业增加值963.4亿元，占全市规模以上工业增加值的35%，基础产业总能耗2037万吨标准煤，其中冶金、石

① 参见宁政办发〔2010〕143号《南京市传统产业升级计划》，南京政务公开网。

② 参见《中国绿色科技报告》（*China Greentech Initiative*，2011）。

化、建材三大产业能耗1103万吨标准煤，较2005年下降40.3%。[①] 同时，北京市新材料产业渐成规模，重点领域科技创新不断涌现，产品种类繁多，拥有上市企业15家。2010年全市新材料产业产值约为600亿元，产业布局集聚形态初显，初步形成了以北京石化新材料科技产业基地和北京永丰国家新材料高新技术产业化基地为核心的两大新材料产业发展集群。[②]

上海市"十一五"期间，累计实施产业结构调整项目2873项，节约标煤480万吨，实现铁合金、平板玻璃全行业退出，基本关停小化肥、小水泥、小冶炼企业，四大工艺企业（点）从1400多家减至1100家以内，危险化学品生产和存储企业自2009年以来减少150家左右。同时，加快发展现代服务业和推进高新技术产业化，聚焦重点领域和重点项目，加强产业化基地建设，促进产业链对接，推动新能源汽车、TD－LTE、LED新型显示、太阳能光伏、物联网、智能电网在上海世博会的示范应用，促进新能源、先进重大装备、新材料等领域快速增长并形成高端引领态势。2010年，上海高新技术产业化重点领域实现工业总产值6327亿元，同比增长23.4%，占全市工业总产值的21.1%。上海发展低碳经济的布局也全面展开。上海市近日提出，将打造崇山岛、临港新城和虹桥枢纽三个低碳实验区。[③]

近几年来，广州、天津、青岛等地也纷纷出台各种规划与举措，加大产业结构调整力度，推动绿色经济发展。广州提出"创新广东：打造亚太地区高新技术研发、孵化和产业化基地"，新兴产业崛起成为广东产业转型升级的主要方向，具体包括新能源、电子信息等四大领域11项新兴产业。天津积极推进产业绿色化，大力发展循环经济、绿色经济和低碳经济。在发展战略型新兴产业方面，天津也具有得天独厚的优势，尤其是已经建立了从技术研发、技术转移、企业孵化到产业集群的一整套创业创新和产业培育体系的天津滨海高新区，将在新一轮产业发展中积极抢占制高点。青岛市"十一五"期间，坚持海陆统筹、产业高端、一体发展，着力构筑三湾、两区、一岛的蓝色经济发展新格局，并提出

① "十一五"期间，北京市重点推进了首钢石景山地区涉钢流程冶炼、热轧高耗能生产工艺退出，燕化废水、废气回收再利用，金隅集团北水、琉璃河、太行前景三个水泥厂纯低温余热发电技改等项目，为北京工业节能降耗作出了重要贡献。

② 参见北京市政务门户网站，《北京市"十二五"时期基础和新材料产业调整发展规划》，http：//zhengwu.beijing.gov.cn/ghxx/sewgh/t1207593.htm。

③ 参见《上海市工业发展"十二五"规划》，http：//www.shanghai.gov.cn/shanghai/node2314/node25307/node25455/node25459/u21ai588004.html。

到2015年基本建成蓝色经济发达、产业优势突出、人与海洋和谐发展的山东半岛蓝色经济科学发展示范区。①

（三）城市能源需求的快速增加趋势得到初步遏制

在各级政府、企事业单位和全体公民的共同努力下，中国城市经济增长高度依赖能源消费增加的局面初步有所缓解。根据中国能源平衡表和中国城市统计年鉴的相关数据，2008年全国电力消耗总量3.24万亿千瓦时，其中城市市辖区电力消耗总量为1.78万亿千瓦时，占全社会电力的54.9%。2009年，按照发电煤耗计算法核算的全国终端能源消费量为29.2亿吨标准煤，其中城镇能耗总量约为26.0亿吨标准煤，占全国能源消费总量的89.0%。“十一五”期间，我国以能源消费年均6.6%的增速支持了国民经济年均11.2%的增速，能源消费弹性系数由“十五”时期的1.04下降到0.59②，完成了“十一五”规划《纲要》确定的约束性目标，初步扭转了我国工业化、城镇化加速发展阶段能源消耗强度大幅上升的势头。

据国家统计局的统计数据表明，除对新疆另行考核外，全国其他地区均完成了“十一五”国家下达的节能目标任务，其中有28个地区超额完成了任务。超额完成较多的10个地区为：北京、天津、山西、内蒙古、黑龙江、福建、湖北、广东、重庆、云南。其中，北京市单位GDP能耗降幅最大，达到26.59%，超额完成节能目标的幅度也最大。③ 城市能源需求快速增加趋势的遏制，为保持经济平稳较快发展提供了有力支撑，促进了城市的绿色发展，而且为应对全球气候变化作出了重要贡献。

（四）城市资源利用效率有所提高

通过转变城市发展方式，加强政府引导和市场推进作用，利用先进技术开发资源节约型产品，大力节约能源、水、原材料，改进生产工艺减少产品生产和使

---

① 参见2010年1月青岛开发区发布的文件《关于努力打造山东半岛蓝色经济科学发展示范区的意见》。

② 参见国家发展和改革委员会、国家统计局2011年6月10日对外发布的公告《“十一五”期间我国扭转能耗强度大幅上升势头》。

③ 参见国家发改委、国家统计局《关于“十一五”各地区节能目标完成情况的公告》，国家统计局网站，http：//www. stats. gov. cn。

用过程中的环境污染，运用现代技术加强对废旧物资的回收利用，以绿色消费推动循环经济的发展等，是近些年城市政府花大力气去做的工作。①

“十一五”以来，各地不断加强节能减排工作，国务院发布了加强节能工作的决定，制定了促进节能减排的一系列政策措施，一些城市也相继作出了节能减排工作部署，加强了重点行业、重点企业和重点工程的节能工作，积极推进循环经济试点，加大重点流域和区域水污染防治力度，节能减排工作取得了积极进展。例如，昆明市根据水资源紧缺情况，加大节水管理力度，切实提高水资源利用率，仅 2011 年，昆明全年节水量就达到 2725 万立方米。其中，再生水利用量 1069 万立方米，计划用水管理节水量 1656 万立方米。② 大连市通过新建节能建筑和对已有建筑的节能改造，截至 2009 年，全市累计建成节能建筑 4200 余万平方米，年节约标准煤近 48 万吨，减排二氧化碳 18 万吨、二氧化硫 5.5 万吨、粉尘 5.5 万吨、灰渣 11 万吨，建筑平均节能率从 23% 上升到 28%。③ 苏州市走地上、地下空间综合开发之路，成为扩大城市容量、增强城市功能、改善城市环境、提高城市资源利用率、实现可持续发展的必由之路。④

提高城市各种资源的利用效率，不仅节约了有限的资源，提高了经济效益，而且保护了环境，据中国节能协会节能服务产业委员会（EMCA）发布的数据显示，截至 2010 年底，中国节能服务产业总产值超过 800 亿元（约合 120 亿美元），年节能能力达到 1064 万吨标准煤，年减排 2662 万吨二氧化碳。

（五）环境治理取得成效

环境治理取得明显成效。根据环境保护部发布的《环境保护部关于 2010 年度全国城市环境综合整治定量考核结果的通报》，2010 年全国城市环境质量基本

① 改革开放 30 多年来，我国的城镇化走的是一条以农民工大量进城、城市规模快速扩张和资源大量消耗为主要特征的城镇化道路，是一种典型的增长导向型城镇化模式，追求的是增长、扩张和城镇面貌的尽快变化，这种模式推动了生产要素在城镇的快速集聚，但也带来了一系列的经济和社会问题。能源和资源利用效率低，供应紧张，成为制约我国城市可持续发展的“瓶颈”。转变城镇化模式，走可持续发展的城镇化之路，是经济结构转型改革的一个重要缩影，也是城市绿色发展的一个关键。

② 参见《昆明市全面开展城市节水，切实提高水资源利用率》，云南网，2012 年 2 月 12 日。

③ 参见《大连“十一五”城市节能建设成就辉煌》，人民网大连视窗，2010 年 11 月 3 日。

④ 参见《开发利用好城市地下空间》，2011 年 11 月 24 日《苏州日报》。

保持稳定，全年空气优良天数比率平均为70.85%，较2009年提升4.15个百分点；全国城市地表水环境功能区（城区）水质达标率平均为86.81%，比2009年下降3.03个百分点；全国城市区域声环境质量和城市道路交通声环境质量较2009年均有所好转。截至2010年底，全国设市城市、县累计建成城镇污水处理厂2832座，污水处理能力达到1.25亿立方米/日，设市城市污水处理率为75.25%，全国城市生活污水集中处理率为65.12%，城市生活垃圾无害化处理率为72.91%，城市环境基础设施建设水平得到提高。根据环境保护部发布的《中国机动车污染防治年报》，1980～2009年全国汽油和柴油消费量年增长率分别达6.7%和7.8%，交通能耗超过化石能源消耗总量的1/3，而90%以上的汽油消费用于城市交通，个体机动方式作为城市交通行业能源消耗的主体，已成为城市主要的碳排放源。①

同时，2010年，中国化学需氧量排放总量1238.1万吨，比上年下降3.09%；二氧化硫排放总量2185.1万吨，比上年下降1.32%。与2005年相比，化学需氧量和二氧化硫排放总量分别下降12.45%和14.29%，均超额完成10%的减排任务②。

综述以上情况不难看出，中国城市已经开启绿色经济发展之门。但是不同地域不同城市的发展态势不一样，根据《中国城市绿色发展报告》统计，目前，直辖市和副省级市的绿色发展状况明显比中国平均水平高，大部分沿海城市的发展状况比内陆城市的发展状况好，地级市的绿色发展状况不如省级市，但是整体状况比中国平均水平要好。县级市则均匀分布于全国平均线上下。③

中国的“十二五”规划中，进一步加大了促进城市走向绿色的举措。比如，通过民营部门的发展和要素市场改革，彻底实现向市场经济的转型；提高消费占GDP的份额；转向更少排放的服务部门；加快创新步伐、开发人力资本。此外，到2015年，中国研发支出占GDP的比重将提高到2.5%。该比重属于世界最高行列。“十二五”规划还确立了七大引领未来增长的战略性新兴产业，即节能环

---

① 参见中华人民共和国环境保护部共和国环境保护部《中国机动车污染防治年报》（2010～2011）。

② 参见国际气象局《2010年全国大气环境状况》，2011。

③ 参见北京外国语大学国际商学院全球低碳经济研究中心《中国绿色经济发展报告（2011）》，www.cusdn.org.cn。

保产业、新能源、新能源汽车、新材料、新一代互联网、生物技术、高端装备制造等。这些产业大部分是具有高附加值和出口潜力的“绿色技术”。这些领域的成长，将使中国城市经济结构更具竞争力。可以预见，中国的城市发展将逐渐而稳定地从“褐色”经济转变成为“绿色”经济，这个转型比以往任何一次技术变革来得更全面和深刻，将深入制造、服务、建筑、交通、城市发展和管理以及能源生产和消费等众多领域。

二　城市绿色经济发展面临的障碍

中国绿色经济发展还处于初级阶段，一是人们对绿色经济的理解和认识还是初步的，尚未形成统一的界定和完整成熟的理论体系；二是已有的和绿色经济相关的实践是零散的，未形成系统，在各城市地方层面上的相关实践也是初步的、尝试性的。虽然中国在发展绿色经济方面有强烈的政治意愿、战略方向，也具备一定的社会实践基础，但是未来中国绿色经济尤其是快速城市化进程中的绿色转型仍将面临众多的障碍与挑战。

（一）粗放型经济发展成惯性

长期以来，中国实行的是“高投入、高增长”的粗放型经济增长方式，许多城市在发展中片面地追求 GDP 高速增长，使城市扩张屈从于经济利益的需要，而忽视了城市居民对宜居环境和幸福生活的真正诉求，资源与环境压力不断加大。近几年，各级各地政府在转变发展方式上做过不少努力，取得一些成就，然而长达 20 多年的发展惯性，不是短时间内便能成功扭转的，传统的粗放型的发展方式惯性依然很大，尤其是当前我国正处于工业化和城镇化加快发展的时期，城镇住房、基础设施、经济建设用地的刚性需求依然存在并保持旺盛势头，对资源能源等需求也不断增长。2011 年，我国能源消耗总量大幅增加，而节能减排目标任务完成情况不容乐观，能源消耗强度、单位 GDP 二氧化碳排放强度及氮氧化物排放等指标没有完成，个别指标甚至出现了反弹①，究其背后的原因首先

① 参见中国新闻网《中国去年节能减排指标任务“三成三败”》，http：//finance. chinanews. com/ny/2012/03 -05/3719982. shtml。

是中国没有实现经济发展方式的转变，经济增长的方式还是比较粗放，结构调整还是滞后，特别是重化工业的比重还比较大，同时，相关技术水平还有待进一步提高。

追求经济增长仍然是中国城市未来很长一段时期的发展目标和任务。因此，在当前产业结构调整和经济增长方式尚不能完全转变的情况下，传统粗放增长方式的惯性将使城市绿色经济发展和绿色转型过程经历较长时间。

（二）消费欲望和消费模式没有改变

低碳消费是城市绿色经济发展的根本。如果消费者选择低碳产品，技术创新、企业生产、储藏运输，均会向低碳努力，以提高竞争力。消费者行为的改变可以减少碳排放需求，例如，消费者采用可持续交通，低碳出行，显然可以减少能源消费和碳排放。从这个意义上说，低碳消费对绿色经济生产有一种引导和推动，但由于发展中国家消费水平提高的速度通常高于低碳技术进步的速度，因而绿色经济的发展必然受制于不断增长的消费欲望和传统的消费模式。

随着城市化推进和收入水平提高，能源消费特征也会发生转变，导致能源消费结构转变。最为显著的是城市交通发展会导致更多化石燃料及电力消费。农村人口迁移到城市后，更倾向于消费清洁、方便的电力替代煤炭、木材等传统能源。劳动力从农村流向城市后，收入增加，购买能力提高刺激家用电器需求增加，由此带来着更高的人均能源消费，以及间接带动制造业的能源消耗增加。

当前和未来的一段时期内，中国仍处于经济快速增长和城市化加速发展的进程之中，尽管“十二五”规划对经济增长速度的预期目标降低到7%，但各地区经济增长目标仍普遍保持相对高位。城市化的快速发展将推动中国走向消费大国，城市化增长将拉动中国居民消费，使现在的最终消费率由不到50%提高到60%，居民消费率从35%提高到50%左右①。未来五年，虽然工业能耗增速可能放缓，但是交通、建筑物、民用能源的需求将迅速增长，能源消费需求总量仍有可能保持较快增长速度。从能源构成来看，煤炭占我国能源消费总量的70%。而我国二氧化硫排放量的90%、氮氧化物排放量的67%、烟尘排放量的70%、

① 参见匡贤明、梅东海、祝雅辉《第68次中国改革国际论坛综述：推进城市化进程面临历史性机遇》，2009年12月17日《经济参考报》。

人为源大气汞排放量的40%，以及二氧化碳排放量的70%都来自于燃煤。全国煤炭消费总量早在2009年就已经突破30亿吨，远超过“十一五”25亿吨的规划目标①。能源消费总量的持续增长对污染减排带来了巨大的压力，但“十二五”规划纲要并没有把能源消费总量控制列入约束性指标。工业内部结构中高耗能行业所占比重过高，因此，产业结构调整的难度大，且将是一个长期的过程。

（三）相关市场机制的不完善及技术创新能力的不足

发展绿色经济需要相关市场机制的培育与促进，但是当前一些市场机制还不完善，突出表现在：一是环保缺乏市场激励机制，尤其是在污染监管与执行以及自然资源管理上，由于缺乏环保激励产生的问题比较明显。例如，在水资源的管理上，水权体制改革滞后，未能有效利用市场机制进行水的准确估价，导致水资源配置效率低下，城市工业用水的循环使用率只有40%，而发达国家为75%～85%。另外，促进居民和业主保护环境也缺乏相关的激励，中国在一些地方曾经尝试建立起类似美国的二氧化硫排放权交易体系，但由于市场机制不完善，排污权分配问题、交易机制设计不周、排污检测难等复杂原因，中国的排污权交易市场未能有效建立。② 二是减排市场化机制不完善，减排资源难以得到优化配置。目前能源强度下降目标在各省的分配主要依靠行政手段，各地进行一刀切式的平均分配③，而不是根据实际情况进行统筹安排，更没有发挥市场交易机制的作用，导致减排更多的是一种政治任务，减排和经济发展与转型不能有效地结合。三是一些新兴绿色产业的发展缺乏公平竞争性的市场环境。以风电和光伏发电为例，民营企业更多地集中在设备制造环节，而国有企业则主要集中在垄断性的发电领域。在页岩气开发领域，由于国有企业对资源的垄断，无法形成有效的竞争。④ 相关市场机制的不完善，必将影响城市绿色经济的成长与发展。

---

① 参见岳跃国《能源消费总量能控制住吗?》，2011年9月21日《中国环境报》。

② 参见世界银行/国务院发展研究中心联合课题组“Seizing the Opportunity of Green Development in China”，2012年1月。

③ “十一五”期间，各省单位GDP能耗下降目标，均大致围绕全国20%的下降目标设定。

④ State Electricity Regulatory Commission（SERC），“Report on the Regulation of Wind Power and PV Generation”，the official website of SERC，2011.

发展绿色经济的另一个需要是技术。技术是解决大幅能源需求增长的一种途径，包括新能源和可再生能源的开发利用、节能改造、碳捕获及封存技术等。这些低碳技术可以减少在能源消耗中的碳源排放，但也会引发诸如环境风险、社会的接受程度、技术和经济成本等问题。所以说，技术不是万能的，技术开发需要成本，技术应用需要时间。当然，社会接受程度会随着观念改变而提高，社会技术和经济成本也会随技术发展而降低，但现阶段低碳技术仍有曲高和寡之嫌。据地方和企业的调研情况统计，目前技术引进较多，自主研发创新普遍不足，大部分中小企业没有能力进行基础研究和绿色科技成果转化，此外，企业很少将绿色管理理念渗透到企业的生产、经营中，企业的绿色技术网络服务、信息平台、服务中心普遍尚未建立，绿色技术创新缺乏预见性和控制力。

（四）社会制度与条件的不成熟

绿色经济作为一个较新的概念，目前政府部门还没有直观的完整认识，多是停留在理念的层面，被动地执行中央关于经济结构和发展模式转型的战略，没有主动、深入地思考和系统地构建绿色经济，以及促进绿色经济发展的制度安排，城市公众对绿色经济的认识也比较肤浅，缺乏深入的了解。有关推进绿色经济发展的法规、政策以及城市治理举措都还不够成熟完善，大部分城市还处于初期探索阶段，摸着石头过河，需要时间和经验的积累。

从城市治理结构上看，社会条件也不够成熟。一方面，对地方官员的考核仍然沿用以前的以经济总量和经济增长速度指标为核心的考核体系，未建立起绿色增长绩效指标与地方官员政绩考核的挂钩，因此大项目、大投入和大增长仍是城市政府官员和决策者考虑的中心问题。另一方面，尚未形成政府、企业和社会公众良性互动的城市环境保护公共治理结构，社会公众参与环境保护与经济综合决策的范围和程度非常有限，“自下而上”的公众参与环境保护的渠道和体系还未真正建立起来，公众的参与意识、环境监管以及绿色经济的推动力量等未能充分调动。

（五）各种关系亟待理顺

中国的城市化在加速推进经济社会快速进步的同时，也引发城市居住生活成本快速上升、生活门槛明显提高、片面追求城市规模和发展速度、人与城市设施建设关系失调等问题。当前，我国城市在道路、公共服务设施、地下管网设施、垃圾处理设施、污水处理设施和城市管理设施方面投入较大，但总体上还赶不上城市人口快速增长的步伐。同时，由于体制问题，中国城市化进程中也存在资源性要素价格扭曲和僵化，客观上鼓励了资源密集、土地密集、污染密集的发展方式。发展绿色经济，实现低碳转型，提高能源、水、自然资源及污染的价格，会更直接地对那些使用这些资源的行业产生影响，也将对城市居民的生活成本和用能需求产生影响。以北京为例，据估算，电价提高 0.02 元/千瓦时，则居民用电消费平均年增速就会从 35.6% 降低到 23.9%。取消对资源性产品和化石能源的补贴，则太阳能、风能的竞争力会大大提高。如果进一步将化石能源的污染成本和健康损害成本考虑在内，则传统化石能源的成本会进一步提高，从民生的角度，必须要紧密地关注生活成本，帮助城市居民在较好的生活方式与生活成本之间达到一种平衡。

同时，经济活动向城市内部过度集中以及不合理的产业结构，会带来资源环境的过度消耗。为实现绿色发展，就需要调整产业结构，一些企业将被淘汰，如电力、煤气、冶金、非金属矿物制品、运输、采煤、石油加工等将受到直接冲击，另一些则会得到升级和发展。因此，必须协调好环境保护和基础设施投资与公共投资的关系。尽管可以引入新的市场激励，如碳排放权拍卖和交易、加强财产税等，会提高政府收入，使政府有更多的资金用于社会服务，但很多工作尚在酝酿中。

另外，中国东西部城市化水平存在较大差异。东部城市化起步早，已经达到较高的城市化水平，尤其是以长三角城市群、珠三角城市群、京津唐城市群为代表的各大城市群和大中城市，容易把握绿色发展的机遇。而中西部地区除了重庆以外，其余省（自治区）的城市化水平均低于同期全国平均水平，很难与东部同步实现绿色经济的转型。

从以上分析我们可以看出，由于受到多方位主客观条件的制约与挑战，中国城市绿色经济的发展将是一个系统的复杂工程，也将是一个较长的渐进过程。

三　加快推进城市绿色经济发展的战略思路及对策

为了加快推进中国城市绿色经济的发展，促进绿色转型，我们需要从根源性

问题着手，系统思考促进绿色经济发展的基本思路与方向，进行经济发展方式转变、绿色消费模式建立、绿色创新能力加强、相关制度完善以及相关配套的建设。

（一）转变经济发展方式

加快经济结构战略性调整与经济发展方式转变，以科学发展为主题，注重以人为本和生态文明的建设，注重保障、改善民生以及全面可协调发展，坚持把资源节约型和环境友好型社会的建设作为加快经济发展方式转变的重要着力点，促进城市发展向绿色经济转型。一是要由投资消费带动经济发展转到进行大规模的环境和生态重建，以提供环保和生态服务为经济增长的发动机的经济形态上来；二是改造和“绿化”传统制造业，包括钢铁、化工、冶炼、造纸、纺织等传统的污染和能耗密集型企业，推动这些产业的技术和工艺升级，逐步合理地降低高污染高耗能产业在经济和产业结构中的比重，促进节能减排；三是大力发展以新能源、新材料、可再生能源、环保产业为代表的新兴绿色产业，尽快形成门类齐全、装备先进、富有活力的绿色产业体系，积极培育绿色增长源。各城市可结合自身的实际情况，发挥区域和资源禀赋优势，确立城市绿色经济发展的重点，将其优势的绿色产业培育成创新和竞争的典范。①

（二）建立绿色消费模式

低碳、绿色经济的发展不仅是企业、行业的生产行为，也是民众的生活方式。一方面，要在生产环节降低对碳能源的消耗，在流通环节降低碳资源的污染，在消费环节降低对碳的依赖。国有企业和垄断产业要带头履行环保生态责任，建立低碳、绿色经济的新体制和新机制。另一方面，从科学发展观的战略高度弘扬低碳、绿色经济的民众生活新风尚，是对传统生活方式的挑战，即要在社会生活层面宣传保护共同家园，倡导绿色生活方式，鼓励绿色消费，把节

① 政府可通过对绿色发展关键性基础设施的投资，以及对绿色技术的研发提供支持等，促进绿色产业的发展。比如，对处于幼稚期的重点绿色行业，在一定期限内实施有限度的减免税、企业债和优惠信贷等政策。一旦这些部门成熟且不再需要公共支持，这些补贴政策就要退出。同时，放开民营部门的竞争，清除民间资本的准入障碍，刺激民间投资，促进绿色增长源的培育和快速成长。

约文化、环境道德纳入城市社会运行的公序良俗，加强绿色消费的政策宣传，把资源承载能力、生态环境容量作为经济活动的重要条件，引导公众自觉选择节约环保、低碳排放的消费模式，发展绿色生活方式，扩大绿色产品的市场需求，可以通过完善相关制度建设和激励措施，引导绿色投资，促进绿色产品的生产和营销，还可以充分发挥非政府组织、媒体和其他组织在推动绿色发展中的作用等。

（三）加强市场和绿色技术创新能力建设

促进绿色发展，相关市场建设和绿色技术是支撑。各地政府要加强相关市场建设和对绿色技术发展给予一定的资金和政策扶持，促进绿色生产技术开发示范，进一步加快环境友好型技术的产业化进程。促进市场建设和绿色技术创新能力建设，一是，尽快建立全面反映社会成本、环境成本的价格体系，扭转长期以来资源价格扭曲低估的局面，使各种资源比价合理化，同时开征环境税、建立生态环境补偿机制，这些举措可以使企业绿色技术创新和扩散效应在经济上更有吸引力；二是，政府要在经济、财政、税收、融资、信贷等方面，对企业绿色技术创新实行优惠，出台扶持政策，推动企业绿色技术创新；三是，完善排污收费制度，提高排污收费标准，使环境污染破坏成本内部化，促使企业保护环境和革新技术；四是，加强国际合作交流，创新合作方式，加强科学研究，促进产学研结合，增强企业自主创新能力，促进有助于绿色增长的环保技术转让，共同研发新的绿色技术。

（四）完善激励机制和政策支持体系

政策支持和激励机制是发展绿色经济的重要推动力。完善城市绿色发展的激励机制和政策支持体系，首先，推动资源、能源价格的市场化，煤炭、电力、天然气和水等资源性产品价格应充分反映其市场的稀缺程度和在开采使用等过程中对环境的外部影响。其次，加快建立市场化的减排机制，探讨碳排放贸易和“限额与交易”的市场机制，对碳进行定价，促进减排目标的实现和使环保资源得到优化配置。最后，在环保领域引入市场化的激励机制。例如，加强对水权、土地和森林等自然资源产权的界定，并在水权、生态和土地等领域不断引入市场机制，不仅可以更好地保护资源，而且可以提高资源的利用效率和合理配置。此

外，加强生态补偿机制的建设，可以保护当地环境，创造新的就业机会和增加财政收入，提高居民和企业保护当地环境的积极性。

（五）推进相关配套建设

一是，尽快统一绿色经济各领域的内涵和外延，并在此基础上，建立一套统计、跟踪和评价机制，对绿色经济各部门以及整个国民经济中其他部门中的绿色经济成分和元素的发展现状进行科学认识，对发展趋势进行预测，指导各项规划和相关政策制定，科学推动绿色经济发展。

二是，加强城市相关管理部门之间的协调，促进整体优势的发挥和管理效率的提高。例如，改变部门之间的分割和职能重叠现象，整合现有能源开发、节能、应对气候变化与低碳发展等相关政府职能，使能源和应对气候变化领域的规划、政策、监管工作统一起来；将涉及资源、环境要素的相关政府职能合并，特别是协调水利、林业、环保等部门的相关工作，以利于解决区域、流域资源开发问题和环境保护工作的有效开展；建立对外沟通协调部门，促进绿色经济发展的对外交流与合作。

三是，进行公开信息平台建设，提高环境和能耗信息公开程度，引导公众参与到绿色经济发展过程中。通过信息公开，建立一种政府、企业、公众协同保护环境、节约资源的城市治理结构和机制。通过保障公众的环境知情权、监督权、参与权与决策权等权益，提高公众对绿色经济的认识、理解和意识，促进公众有序文明地参与到绿色经济发展过程中，推动城市绿色经济的发展。

The Strategic Choice for Developing the Urban Green Economy

Li Meng

Abstract: The green economy is a comprehensive, coordinated and sustainable development model and economic pattern. Improving the ecological environment and conserving the natural resources are its essential content, and maintaining the mankind's living environment, protecting reasonably resources, energy and promoting the economy grow reasonably are its goals. Green transformation of China's urban development is not only a response to the global climate change, but more important thing is to practice the scientific development concept and sustainable development. Overall, the urban green economic development is still in the primary and exploratory stage in China. In recent years, the governments in all levels have taken a number of specific actions in the urban green economy, and have achieved positive progress and effectiveness. However, it still faces many obstacles and challenges. In order to accelerate the urban green economy development, China should transform the economic growth and consumption pattern, actively cultivate a green source of growth, strengthen the green technological innovation, improve the system of incentives and policy and carry out other supplementary construction.

Key Words: Urban Development; Green Economy; Strategic Choice

B.9

中国城市产业绿色转型的态势与对策

刘治彦　岳晓燕　赵 睿*

摘　要： 面对全球金融危机、经济衰退、环境恶化和气候变化等诸多问题，中国城市产业粗放发展的劣势愈加凸显，城市产业迫切需要通过信息化、知识化、集群化、生态化进行系统改造和提升，实现绿色转型。本文在分析当前我国城市产业转型的背景、内涵、类型基础上，厘清了城市产业的发展现状、转型思路与模式，并从观念转变、政策保障、技术进步和经验推广等方面提出了有关对策建议。

关键词： 城市产业　绿色转型　态势　对策

1989 年经济学家皮尔斯等首次提出绿色经济（green economy）一词，并认为经济发展必须在自然资源和生态环境的可承载范围之内，盲目追求经济增长不仅导致自然资源耗竭，还会造成生态危机，经济无法持续。面对全球经济危机，世界各国一致认为，发展绿色经济是应对金融危机、经济衰退、环境恶化和气候变化等诸多问题的良策。我国政府也提出要大力发展绿色经济，将战略性新兴产业和现代服务业等低碳产业作为新经济增长点。我们认为，绿色经济是围绕人的全面发展，以现代科技与管理手段为支撑，以生态环境容量、资源承载能力为前提，以实现自然资源持续利用、生态环境持续改善、生活质量持续提高和经济持续发展为目标的新型经济发展形态，推动绿色经济发展的重点是城市产业的绿色转型。

---

* 刘治彦，经济学博士，中国社会科学院城市发展与环境研究所研究员，主要研究方向为城市经济学；岳晓燕，理学博士，中国社会科学院城市发展与环境研究所博士后研究人员，主要研究方向为区域规划；赵睿，中国社会科学院城市发展与环境研究所硕士研究生，主要研究方向为城市经济学。

一 城市产业绿色转型的背景、内涵与类型

改革开放三十多年来，在外向型经济发展模式下，我国经济一直保持了年均10%左右的快速增长，但近年来，特别是2008年全球金融危机后，外贸出口受阻，资源短缺和环境污染对传统产业发展的约束日益凸显，已成为我国城市经济增长的瓶颈。相比其他国家，我国城市产业绿色转型显得更为迫切。

（一）背景

2010年，中国经济总量首次超过日本，跃居世界第二位，在国际经济中的影响日益扩大。但是，中国作为发展中国家的地位和身份尚无改变，尤其在应对全球气候变化和国际金融危机两大世界难题的情况下，资源环境和产业结构的瓶颈制约突出。目前，我国已成为世界第一温室气体排放大国，减排国际压力较大。城市消耗全球70%以上的能源，排放75%的温室气体，转变经济发展方式特别是城市产业转型的任务十分艰巨，追赶发达国家先进水平任重道远。

从国内形势看，经过30多年的快速发展，我国已经进入了多元化的大众消费阶段。东部追求生活质量提升，需要大力发展现代服务业和高端产业。中西部地区追赶东部发展进程，正在加速推进工业化与城市化。但目前我国也面临着诸多问题，主要是耕地减少过多过快、资源开发强度过大、环境问题日益凸显、生态系统功能急剧退化、城市建设质量较差、城市功能布局不够合理、空间利用效率低下、城乡和区域发展不协调等。这些无不与多年来产业粗放发展有关。为此，国家将产业绿色转型列为经济发展方式转变和经济结构调整的主要抓手，而城市产业绿色转型更是产业绿色转型的核心。可见，城市产业绿色转型是解决我国今后发展各种问题的关键之举。

（二）内涵

城市产业主要是指以城市的非农产业为主、城郊都市农业为辅的产业体系。第二产业包括工业和建筑业，制造业是工业的主要组成部分，包括扣除采掘业、公用业后的所有工业。它是指按照市场要求，通过制造过程，将资源转化为可供人们利用和使用的中间产品与生活消费品的行业。第三产业主要是指除一二产业

以外的其他行业，一般称为服务业，按照服务对象，又分成生产服务业和生活服务业。由于传统制造业大多属于资源消耗型、环境污染型产业，因此，本文主要探讨制造业和服务业如何实现绿色转型。

城市产业绿色转型的内涵目前学术界尚无明确界定，已有研究大多围绕生态、低碳与循环经济等内容展开。我们认为，城市产业绿色转型主要是指这样一个过程，即在评估城市自身要素禀赋和充分发挥比较优势的基础上，通过观念转变、管理创新和技术进步，改造传统产业，扶持新兴产业，延伸产业链和发展替代产业，不断减少资源消耗和环境破坏，逐步建立结构优化、技术先进、清洁安全、附加值高、吸纳就业能力强、能够实现可持续发展的现代产业体系。

观念转变主要是指宏观层面，国家转变发展方向和思路，将资源环境要素纳入经济发展的考核体系。通过制度变革和政策导向，使得各地区从传统工业化道路和传统产业体系向新型工业化道路和现代产业体系转变，表现为劳动力、资本、技术、自然资源等生产要素投入强度和比例的变化，如从劳动力、资源密集型向资本、技术密集型产业转变。

管理创新主要是指中观层面，地方政府在明确发展方向的基础上，调整管理思路，通过主导产业的变更和支柱产业的调整，以达到产业比例合理，实现产业结构优化。如通过投资增量和资产存量布局结构调整以推动产业结构的高度化、合理化。

技术进步主要是指微观层面，企业通过技术升级和工艺创新，改造原有的旧产业或转移到全新产业，提高全要素生产率，实现产业升级，表现为原有产品附加值增加或新产品替代旧产品。

现代产业体系的主要特征就是“三高两低”，即科技含量高、经济效益高、吸纳就业高；资源消耗低、环境污染低。

城市产业绿色转型有两种路径：一是在特定产业能耗、物耗强度不变的情况下，通过改变现有的产业结构，更多地发展低消耗、低污染的现代服务业等新兴产业，从而使地区能耗和物耗总量下降；二是在现有产业结构不变的条件下，依靠技术水平提高和工艺创新，降低产业的能耗和物耗强度。这两种路径可以概括为：一是结构优化，大力发展现代服务业与高新技术产业；二是技术升级，大力发展先进制造业。事实上，在城市产业转型过程中，这两种路径是并行不悖的。

（三）类型

城市产业绿色转型类型可概括为下述几种类型。

（1）从区域结构方面，可分为优化开发区、重点开发区、限制开发区。优化开发区主要发展外向型的，与国际接轨的高端产业、战略新兴产业；重点开发区要注重加快城市化、工业化，大力承接产业转移，同时要降低污染，改进工艺，走新型工业化道路；限制开发区，主要发挥生态服务功能，适当发展生态旅游、特色制造业和都市农业等。

（2）从城镇体系方面，可分为大都市产业绿色转型和中小城市产业绿色转型。前者主要是发展现代服务业和高新技术产业，后者主要是发展先进制造业和特色制造业。

（3）从产业体系方面，可分为制造业转型和服务业转型。制造业转型方向为先进制造业和高新技术产业；服务业转型方向为现代服务业，分现代生产服务业和现代生活服务业。现代生产服务业，与现代化工业、农业配套，如信息产业、金融、会展、物流；现代生活服务业，指以新技术、新业态改造传统生活服务业，如网购、康体医疗、文化创意等。

二　我国城市产业绿色转型的基本态势

截至2010年底，我国共有城市657座，其中地级及以上城市为287个，县级市为370个。地级及以上城市（市辖区）的经济总量占全国的61.3%，固定资产投资占51.2%，其中房地产投资占74.4%，进出口总额占99%，工业总产值占56.5%；社会消费品零售额占61.7%，学校数占88.1%，在校学生数占95.4%，医师数占50.7%，医院及卫生机构的床位数占51.8%。可见，我国地级及以上城市在国民经济社会发展中发挥着核心作用，地级及以上城市产业绿色转型是我国城市产业绿色转型的关键。下面对“十一五”时期，我国地级及以上城市产业绿色发展现状与转型趋势进行分析。

（一）发展现状

1. 产业结构趋于优化，但调整较为缓慢

“十一五”期间，我国地级及以上城市的地区生产总值呈逐年递增趋势，

2010 年同比增长了 18.4%。与 2006 年相比，2010 年工业生产总值翻了一番，人均 GDP 也上涨了 75.9%。第一产业占 GDP 的比重逐年递减，第二产业占比略有下降，第三产业占比呈上升趋势（见表 1）。

表 1 “十一五”期间我国地级及以上城市产业变化

年份	地区生产总值(亿元)	工业总产值(亿元)	人均 GDP(元)	第一产业占GDP 比重(%)	第二产业占GDP 比重(%)	第三产业占GDP 比重(%)
2006	132271.9	200035.2	35978.84	3.46	50.72	45.82
2007	157284.5	247419.8	42224.48	3.28	50.52	46.20
2008	186279.5	298482.0	49517.00	3.18	50.65	46.17
2009	207744.0	313561.6	53549.72	2.98	48.32	48.70
2010	245978.4	394973.9	63288.84	2.85	49.32	47.83

资料来源：《中国城市经济统计年鉴（2011）》。

从东、中、西部区域发展来看，西部 12 省（区、市），包括内蒙古、广西、重庆、四川、贵州、云南、西藏、陕西、甘肃、青海、宁夏和新疆，土地面积占全国的 71.5%，而人口占 27%，地区生产总值仅占 18.6%，工业生产总值占 17.06%；东部 13 省（市）包括北京、天津、河北、上海、江苏、浙江、福建、山东、广东、海南、辽宁、吉林和黑龙江，土地面积占全国的 17.7%，人口占 46.2%，地区生产总值占 61.7%，工业总产值高达 69.05%。从表 2 可以看出，西部地区的经济发展相对滞后，还有较大的开发潜力。中部 6 省包括山西、安徽、江西、河南、湖北和湖南，其第二产业产值略高。中西部的第一产业产值是东部的一倍，而东部的第三产业占 GDP 产值比中西部高出 8 个百分点左右。按常住人口统计，东部与中西部人口总量基本相同，但东部与中西部工业总产值比

表 2 2010 年我国东中西部区域产值比较

地区	地区生产总值占全国比重(%)	工业总产值占全国比重(%)	人均 GDP(元)	第一产业占GDP 比重(%)	第二产业占GDP 比重(%)	第三产业占GDP 比重(%)
东部	61.7	69.05	43470.72	6.90	49.81	43.29
中部	19.7	13.88	24122.58	13.03	52.41	34.56
西部	18.6	17.06	22570.02	13.15	49.99	36.87

资料来源：《中国区域经济统计年鉴（2011）》。

例近于7∶3。可见，人均工业总产值前者为后者的两倍以上，东部与中西部之间的人均GDP差距主要体现在工业产值方面。因此，中西部工业化仍处于快速推进阶段，必须大力承接东部地区工业转移，以快速完成工业化。

2. 研发投入略有增加，但产业科技含量仍然较低

“十一五”期间，尽管我国城市产业R&D经费支出占GDP比重呈缓慢上升趋势，但占GDP比重仍不足2%，且高技术产业产值在总产值中的占比，未能突破20%，并呈下降趋势。

表3 “十一五”期间我国城市产业的科技含量变化

单位：%

年份	R&D经费支出占GDP比重	高技术产业产值占总产值的比重
2006	1.39	19.41
2007	1.40	18.98
2008	1.47	18.18
2009	1.70	17.73
2010	1.76	18.62

资料来源：《中国科技统计年鉴（2011）》。

从区域来看，东部城市产业质量远好于中西部，但高技术产业产值在总产值中的占比仅为23%，而中西部尚不足8%。这说明我国城市产业的科技含量整体水平很低，与发达国家相比还有很大差距。

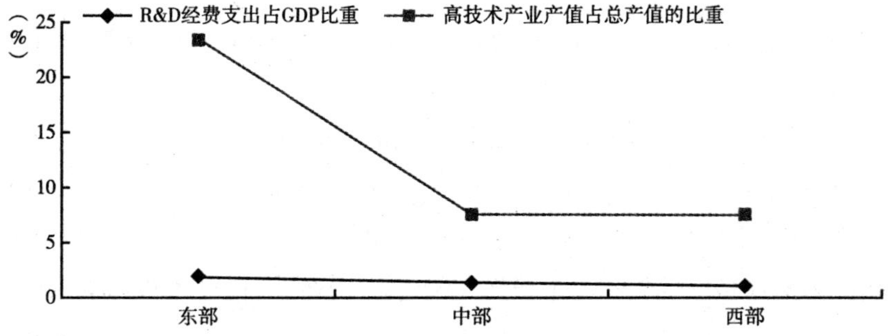

图1 2010年东中西部产业科技含量比较

资料来源：《中国科技统计年鉴（2011）》。

3. 利润总额逐年增长，但利润率较低

“十一五”期间，我国城市规模以上工业企业利润逐年增长，但利润总额占主营业务收入的比重仍然很低，2010 年该比重仅为 7.6%。这说明我国城市产业的经济效益不高，有待进一步改善。不过，东部地区规模以上工业企业利润远高于中西部，两者相差近 4 倍。

表 4　“十一五”期间我国城市规模以上工业企业利润变化

单位：亿元

年份	主营业务收入	利润总额	应交增值税额
2006	313592.45	19504.44	10707.16
2007	399717.06	27155.18	13650.34
2008	500020.07	30562.37	17690.72
2009	542522.43	34542.22	17490.20
2010	697744.00	53049.66	22472.72

资料来源：《中国工业经济统计年鉴（2011）》。

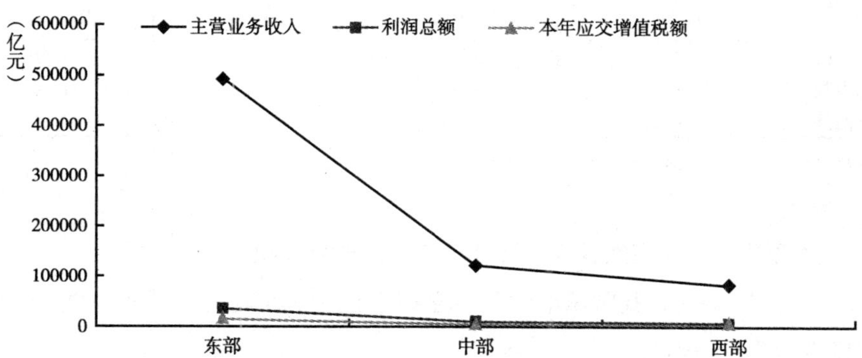

图 2　2010 年东中西部产业利润比较

资料来源：《中国工业经济统计年鉴（2011）》。

4. 吸纳就业能力趋弱，中西部尚有待提升

2010 年，我国城市二、三产业产值占比已高达 97.15%，但吸纳就业人数占比仅为 63.3%，“十一五”期间年均增加仅 1.2 个百分点。其中，第二产业就业人数占比上升 3.5 个百分点，但产值占比下降了 1.4 个百分点，吸纳就业能力减弱。

表5 “十一五”期间我国城市产业吸纳就业人数

年份	总就业人数（万人）	第一产业就业人数占比(%)	第二产业就业人数占比(%)	第三产业就业人数占比(%)
2006	74978	42.6	25.2	32.2
2007	75321	40.8	26.8	32.4
2008	75564	39.6	27.2	33.2
2009	75828	38.1	27.8	34.1
2010	76105	36.7	28.7	34.6

资料来源：《中国城市经济统计年鉴（2011）》。

从区域来看，东部非农产业就业人口超过70%，并进入三、二、一次产业就业人口比例降序排列阶段。就业人口增加主要依赖第三产业拉动。而中西部地区非农产业就业人口占比刚过50%，中部略高，亦不足60%。这说明中西部地区非农产业吸纳就业能力较弱，仍需大规模推进工业化进程。

表6 2010年东中西部产业吸纳就业人数比较

地区	总就业人数（万人）	第一产业就业人数占比(%)	第二产业就业人数占比(%)	第三产业就业人数占比(%)
东部	34563	27.52	34.92	37.56
中部	20984	40.74	27.54	31.72
西部	21288	47.68	19.72	32.60

资料来源：《中国区域经济统计年鉴（2011）》。

5. 资源消耗总量仍然较高，环境污染问题依然突出

“十一五”期间，我国城市产业单位GDP能耗和水耗均呈下降趋势，资源消耗强度有所降低，但总量依然较高。

表7 “十一五”期间产业能耗变化

年份	单位GDP能耗（吨标准煤/万元）	单位GDP水耗（立方米/万元）	能源消耗总量（万吨标准煤）
2006	1.20	267.9	258676
2007	1.16	218.9	280508
2008	1.12	188.2	291448
2009	1.08	175.0	306647
2010	1.03	150.1	324939

资料来源：《中国能源统计年鉴（2011）》。

由于发展阶段的原因，中西部能源消耗总量较小，但单位 GDP 能耗和水耗均高于东部。

表 8　2010 年东中西部产业能耗比较

年份	单位 GDP 能耗（吨标准煤/万元）	单位 GDP 水耗（立方米/万元）	能源消耗总量（万吨标准煤）
东部	0.77	98.7	208503.5
中部	0.98	166.6	84324.9
西部	1.19	232.5	96681.0

资料来源：《中国能源统计年鉴（2011）》。

“十一五”期间，我国城市产业单位 GDP 的 COD 排放量和 SO_2 排放量呈下降趋势，环境污染情况得到一定的控制。

表 9　“十一五”期间的工业污染排放量

年份	单位 GDP 的 COD 排放量(吨/亿元)	单位 GDP 的 SO_2 排放量(吨/亿元)
2006	66.02	119.68
2007	51.98	92.85
2008	42.05	73.91
2009	37.47	64.96
2010	30.86	54.46

资料来源：《中国环境统计年鉴（2011）》。

中西部尚处于工业化中期阶段，总产值较低，能源消耗总量较小，但单位 GDP 的 COD 排放量和 SO_2 排放量均高于东部。如果不提高技术水平、转变产业发展模式，这种势头将难于有效遏制。随着东部工业向中西部转移，将导致污染向中西部扩散，并且由于中西部地处大江大河上游，污染将向东部蔓延，最终覆盖全国，其后果不堪设想。

表 10　东中西部工业排污情况比较

年份	COD 排放量(吨/亿元)	SO2 排放量(吨/亿元)
东部	20.58	31.78
中部	36.76	59.35
西部	45.06	100.42

资料来源：《中国环境统计年鉴（2011）》。

综上所述，当前我国城市产业绿色转型形势严峻，任务艰巨。转型的整体趋势是东部地区必须实现产业结构优化升级，发展高端产业；中西部工业化必须走新型工业化道路。

（二）发展思路

城市产业绿色转型的关键是从传统发展模式向科学发展模式转变，这必然要求城市主体、产业和企业进行观念创新、体制创新和科技创新，实现城市绿色监管、产业绿色重构、企业绿色运营。

1. 城市层面

城市作为企业和产业生存发展的根基，在产业绿色转型过程中至关重要。首先，由于企业生产具有自发性和营利性的特点，在城市这一层次，政府可以通过宏观调控、政策引导、环境监管等措施，在城市系统内构建包含产业绿色发展、企业绿色运营等在内的综合性的绿色经济系统，进而实现产业和企业发展的绿色化；其次，城市规模的不断扩大导致自身的资源环境已难以承载当前的产业发展，城市产业的生产方式必须由资源消耗型向环境友好型转变，减少对资源环境的过度依赖，才能解决经济发展的困境，实现城市的可持续发展；最后，城市产业的绿色转型，需要通过规划引导产业结构优化调整，完善城市基础设施与公共环境，提高城市综合服务功能，实现传统城市向现代绿色城市的转变。

2. 产业层面

城市产业绿色转型的核心是实现产业结构绿色重构，建立绿色产业体系和循环经济模式。首先，在产业层次发展循环经济和绿色生产，加快淘汰“三高”企业，提升传统科技水平，引进高新技术、先进适用技术和清洁生产技术进行改造，对主导产业开展环保整治专项行动，加大环境执法监管力度；其次，在产业间构建循环机制，实现资源在不同领域间的循环利用，以生态工业园区为载体，推行工业生产的绿色制造和生态化，形成生态产业集群的基础，产生生态经济、循环经济的规模效应；再次，发展下游产业和接续产业，实现产业链的绿色延伸，从整个产业链上提高资源利用效率，加强节能减排，降低能耗；最后，培育新兴产业，以信息化与工业化融合为推手，转变经济增长方式，以资源型传统工业为基础，发展科技含量高、附加值高的新兴产业，最终通过从“制造”向

“智造”、从“新型”向“新兴”的转变，逐渐夯实绿色产业支撑点，实现产业绿色转型。充分发挥行业协会与产业技术联盟在城市产业绿色转型中的自组织作用。

3. 企业层面

从多国企业的实践来看，城市产业绿色转型要求以企业间绿色供应链的延伸为依托，以绿色产业园区的建设为载体，以循环科技的研发使用为支撑来建立现代化的绿色企业运营制度，培育绿色技术创新体系，即需要企业通过技术改造、管理创新和公益参与三大途径来实现。在技术改造方面，企业吸收国内外高新技术成果，综合应用于产品的研发、设计、制造、检测、销售、服务、回收等全过程，全方位考虑生态、环境和健康问题，主动回收和利用废旧物品，通过清洁生产和循环利用，从而实现绿色运营；在管理创新方面，最高管理层建立环境安全部门，挑选主要决策者专人负责，建立企业绿色创新体系以及运营标准，从而保证可持续发展战略的实施；在公益参与方面，大型企业在承担社会责任时应不仅仅局限于自身的产品领域或经营活动，而且要积极参与大型公益活动，在绿色产业的转型中起到领军作用。

（三）主要模式

虽然城市产业绿色转型尚处于起步阶段，但各地根据区域条件已经探索出循环经济、清洁生产、低碳经济、可再生能源开发，以及发展生态产业、文化创意产业和战略新兴产业等各种发展模式（见表11）。

表11 城市产业绿色转型的主要模式

主要模式	核心理念	主要优势
循环经济	在生产、流通和消费过程中进行减量化、再利用和资源化，使物尽其用、变废为宝，提高资源效率和效益	从生产环节节约资源成本
低碳经济	在可持续发展理念指导下，通过技术创新、制度创新、产业转型、新能源开发等多种手段，尽可能地减少煤炭石油等高碳能源消耗，减少温室气体排放，达到经济社会发展与生态环境保护的双赢	调整产业结构，推进产业和产品向利润曲线两端延伸：向前端延伸，形成自主知识产权；向后端延伸，提高市场竞争力
开发可再生能源	利用水能、风能、太阳能、生物质能和海洋能等可以永续利用的能源，对环境无害或危害极小，而且资源分布广泛，适宜就地开发利用	在自然界中可以循环再生

续表

主要模式	核心理念	主要优势
清洁生产	对生产过程与产品采取整体预防的环境策略,减少或者消除它们对人类及环境的可能危害,同时充分满足人类需要,使社会、经济和环境效益最大化	对产品和产品的生产过程、服务过程采取预防污染的策略来减少污染物的产生
生态产业	通过两个或两个以上的生产体系或环节之间的系统耦合,使物质、能量能多次利用、高效产出,资源环境能系统开发、持续利用	着眼于生态系统,特别是社会—经济—自然复合生态系统的可持续发展能力
先进制造业	制造业不断吸收电子信息、计算机、机械、材料以及现代管理技术等方面的高新技术成果,并将这些先进制造技术综合应用于制造业产品的研发设计、生产制造、在线检测、营销服务和管理的全过程	实现信息化、自动化、智能化、柔性化、生态化生产
战略性新兴产业	以重大技术突破和重大发展需求为基础,对经济社会全局和长远发展具有重大引领带动作用,知识技术密集、物质资源消耗少、成长潜力大、综合效益好的产业	建立在重大前沿科技突破基础上,代表未来科技和产业发展新方向
文化创意产业	强调一种主体文化或文化因素依靠个人(团队)通过技术、创意和产业化的方式开发、营销知识产权的行业	核心竞争力就是人自身的创造力

总体来看，一、二线城市产业绿色转型主要是大力发展战略性新兴产业、文化创意产业和现代服务业，通过城市空间结构与布局调整，促进城市功能分化，推动城市产业绿色转型，如广州、天津等。三线及以下城市主要发展先进制造业、生态旅游和生态农业等生态产业，如承德、丽水等。而循环经济、清洁生产、低碳经济和开发可再生能源是各级各类城市产业绿色转型的共同措施。

三 城市产业绿色转型的对策建议

“十二五”是推进我国工业转型升级的关键时期，要加快构建资源节约型、环境友好型工业体系，积极推进产业结构调整优化，努力推进形成节约、清洁、循环、低碳的生产方式，大力培育战略性新兴产业。树立绿色发展理念，确定绿色发展目标，发展绿色产业，实现城市健康可持续发展。为此，提出以下对策建议。

（一）倡导绿色发展理念，建立绿色考核体系

强化绿色发展理念，明确绿色发展方向，坚定绿色发展决心，增强发展绿色产业的主动性和责任感，充分发挥政府在绿色发展中的主导作用，在领导层面形成“抓绿色”共识，并强化绿色政绩观。适时改变以GDP为中心的考核体系，建立以经济增长、社会发展和环境保护为内涵的绿色国民经济核算体系，将包括单位国内生产总值用水量降低、利用清洁煤炭比例、自然灾害直接经济损失、环境污染治理总投资占GDP比重等在内的“绿色指标”作为重要考核内容，实行层级目标管理和绩效评估，提高生态绿色指标在综合考核绩效评估中的权重。同时要从生态环保、可持续发展出发，把绿色发展作为促进科学发展的重点来抓，摒弃短期行为，谋求可持续发展。

（二）制定科学发展规划，促进规划协调统一

在未来的城市发展中，要逐步形成“以绿色经济理论为依据、绿色转型战略为引导、政府绿色管理为保障、制定实施绿色标准为抓手”的发展模式，必须将绿色转型的发展理念纳入城市发展规划中。一是将绿色转型纳入国民经济和社会发展规划，进行总体部署和安排；二是将智能化、新兴化等高技术研发纳入国家科技规划和相关科技计划；三是制定专项规划，提出绿色转型的概念、目标、发展重点和政策措施，提出统计和考核指标，并作为国民经济规划中的引导指标；四是制定重点行业和部门的绿色规划，推进绿色转型。在国家层面制定绿色转型的总体规划时，要重视规划的超前性、宏观性、可操作性，特别重视规划的层次和衔接，做好中央和地方规划之间、各级政府规划之间、部门或专业规划之间的衔接，完善相关国家层面的法律、政策和标准体系，明确阶段性任务，落实相关责任，避免规划执行中的分工含糊，增强规划的权威性。

（三）运用宏观调控手段，构建转型调控体系

城市的传统产业经过多年发展，在产业规模、空间布局、市场开拓和投融资服务方面都已具备一定的基础，正是这种产业惯性使当前政府和企业在未明绿色产业发展前景的基础上进行转型非常困难。因此，国家和城市政府可以运用金融、税收、土地等宏观政策调控手段，制定相关的法律法规，保障产业绿色转型

的顺利进行。例如，在金融方面，完善企业的融资管理和服务，创新融资申请渠道，为转型中的企业，尤其是小微企业提供资金保障。创建转型产业发展基金，鼓励建立产业转型风险投资机构；在税收方面，对某些特殊城市和企业转型成本较大的纳税人给予鼓励和照顾，如免除其应缴的全部或部分税款，或者按照其缴纳税款的一定比例给予返还等，减轻其税收负担，从而促进产业的绿色转型；在土地方面，提供用地优惠政策以发展绿色产业，将重点转型产业的项目用地纳入土地利用总体规划，支持城市政府和企业单位利用现有产业用地，鼓励利用荒地、荒坡、荒滩和可利用开发的石漠化土地发展绿色产业，从而弥补绿色产业发展用地不足。

（四）完善市场体制机制，发挥市场基础作用

从当前城市产业绿色转型的动力来看，由于目前城市自身发展的市场体系还不健全，体制机制还没有理顺，产业发展方式转型面临着比较大的冲突。因此，各种主体在还没有完全统一认识的条件下，有必要通过行政力量扶持和推动，发挥政府的主导性作用。但要认识到，行政力量推动绿色转型有负面作用和阶段性，即在转型发展到一定阶段，必须发挥市场对资源的基础性配置作用，将转型纳入以市场为中心的法治化轨道上，否则会面临难以为继的转型风险。因此，从中央到地方在发展绿色经济、推动产业绿色转型过程中要健全市场制度、完善市场机制，促使城市产业绿色转型的动力及早由“政府推动”转变为“市场拉动”。

（五）强化现代科技创新，推进高新科技应用

现代高新技术是城市产业绿色转型的重要支撑条件，通过加强信息化技术、环境保护技术的研发、引进和消化吸收，可以改造提升传统产业，成功推动传统产业的绿色转型。首先，积极进行绿色技术研发，逐步形成绿色技术体系，这包括积极研究开发推广替代技术、减量化技术、循环再利用技术、资源化技术、能源利用技术、生物技术、新材料技术、绿色消费技术和生态恢复技术等，通过有效发挥这些先进技术在产业中的节能作用，促进清洁生产和清洁循环利用，提高能源附加值和使用效率，保障能源供应安全和控制温室气体排放。其次，通过现代制造技术促使制造业及其产品向技术链高端延伸，降低技术链低端产品的比重，提高技术链高端产品的比重，推动工业转型升级。最后，依托高新技术开发区创建绿色产业园，

选择科技创新强的企业作为示范，强调高新技术的渗透、产品的生态设计、资源的循环利用和生产过程的节能减排在推动绿色产业转型中的重要意义。

（六）积极开展试验示范，总结推广典型经验

发展城市绿色产业是我国经济结构战略性调整的主攻方向，但由于绿色产业的理论和实践研究尚处于起步阶段，在具体实施上还没有现成的理论指导和实践借鉴。因此，国家可以通过制定相关优惠政策以及绿色产业的准入机制，在不同类型城市设立产业绿色转型试验区和示范区，积极探索、系统研究各类城市产业绿色转型方向、思路、方法和对策，总结转型过程中的经验和教训，进而通过先行先试，将典型经验在全国推广，为其他城市发展绿色经济、推动产业绿色转型起到示范带动作用。

参考文献

蓝庆新、韩晶：《中国工业绿色转型战略研究》，《经济体制改革》2012 年第 1 期。

周宏春：《发展绿色产业，加速经济转型》，《特别关注》2012 年第 1 期。

张晨光、李健、闫彦明：《纽约城市产业转型及对北京建设世界城市的启示》，《投资北京》2011 年第 9 期。

叶裕民、唐杰：《深圳城市产业发展转型研究》，《城市与区域规划研究》2012 年第 1 期。

张正清、刘松荣、石雯静：《“绿色发展”理念下推动传统产业向绿色产业转型升级探析——基于对邵阳市绿色产业发展现状的调查》，《文史博览（理论）》2010 年第 12 期。

牛凤瑞、潘家华、刘治彦：《中国城市发展 30 年》，社会科学文献出版社，2009。

The Situation and Countermeasures of Urban Industries' Green Transformation in China

Liu Zhiyan　Yue Xiaoyan　Zhao Rui

Abstract: Facing the global financial crisis, economic recession, environmental degradation, climate change and so on, the weaknesses of the extensive management of the urban industrial are more and more prominent in China. It is urgent for systematical upgrade and green transformation with informatization, intellectualization, clustering and ecologization. Analyzing the background, connotation and types of urban industrial transformation, we sort out the current situation and relative transform patterns, and finally put forward countermeasures and suggestions from idea changing, policy guarantee, technology progress and experience promotion.

Key Words: Urban Industry; Green Transformation; Situation; Countermeasure

B.10 城市绿色房地产的发展战略

罗 勇*

摘　要： 我国绿色房地产正处于初级发展阶段，存在着绿色产业链不完善、发展不平衡、新开发项目的绿色比重不高、既有房产绿色改造挑战大、绿色质量难控制和推进政策不够优化等问题。必须进一步树立房地产发展的绿色理念，设定协同的行动领域，首先在经济、社会、建设、资源环境和绿色发展能力等方面取得重点突破。同时，要以体制变革促进发展，实现发展系统的整体优化。加快整合绿色产业链，加大推进绿色建筑，并与创建生态城市、环保城市相辅相成。减资源型的房地产经济体系是房地产绿色发展的基本保证。当前，房地产调控应该明确地把绿色发展的理念融入其中。

关键词： 绿色　房地产发展　城市

一　绿色房地产发展的现状与问题

当前，我国绿色房地产主要以绿色建筑来带动，并取得了较快发展。城市新建建筑的节能比率不断提高，设计阶段节能建筑从2005年的53%提高到2010年的99%，施工阶段从21%提高到95%（仇保兴，2011）。建筑屋顶太阳能光热装置的安装使用日益普及，使用量已经占世界的70%，全社会的建筑节能意识正在形成。全国各省区已基本建立了绿色建筑研发设计中心，并相继设立了绿色建筑委员会。有超过20%的城市已经开始生态城市的规划建设，许多城市还开展了低碳城市示范实践，用力地促进了绿色房地产的发展。

尽管如此，我国绿色房地产仍然处于初级发展阶段，存在许多问题。

---

* 罗勇，博士，中国社会科学院城市发展与环境研究所研究员，研究方向为城市可持续发展。

1. 绿色产业链有待完善

绿色房地产应该包括设计、建设施工、建材、装修、营销、居住和物业管理等的绿色全过程。当前以绿色建筑为主要内容的绿色房地产发展已经启动并进展良好，下一步应该推进到整个产业链，实现绿色房地产的全面发展。

2. 发展不平衡

在北京上海以及主要的省会城市，符合 LEED 或者中国国内的标准的绿色认证蔚然成风，中国排名前二三十位的房企在这个领域都走在前面。但在一些中小城市，许多其他开发商仍然主要关注利润回报。

3. 新开发项目的绿色比重不高

绿色建筑标识采用自愿申报方式，每年只发放 100 余个，与房地产项目庞大的开发量相比，差距和潜力很大。

4. 既有房产绿色改造挑战大

我国既有房产建筑超过 400 亿平方米，这些房产建筑的绿色节能水平参差不齐，大多数远低于绿色节能标准，是耗能大户。既有房产的绿色改造与挖潜，是未来一段时间绿色房地产发展的重要任务。

5. 绿色质量难控制

绿色质量控制方面的一个突出问题是，如何保证绿色设计特征在房地产开发的全过程切实得到贯彻，这个问题始终没有妥善的解决方案。另外，房地产全过程的绿色评估标准与计量仍有大量的完善工作需要做。

6. 推进政策不够优化

目前，绿色房地产发展相关的政策手段比较简单和单一。政府的政策方向已经明确，就是要把产业性和区域性的强制与经济性的自愿相结合；但对于行政强制措施和经济激励手段组合、降低政策成本并提高政策效果方面，还显得力不从心。

二　树立房地产发展的绿色理念

1. 理性增长

中国的房地产发展是与快速的城市化紧密联系在一起的，需要只争朝夕的紧迫感，要保持超出常规的增长速度；但其增长必须讲求节奏，讲究理性，讲求自

律和适度，讲求实事求是。布伦特兰委员会（Brundtland Commission）关于可持续发展的二项基本原则是：第一是需求性原则，即为满足人类生存需要特别是穷人生存的需求，追求发展是毋庸置疑的；第二是限制性原则，即由于经济、社会和环境等发展系统和技术、体制及观念等能力的限制，发展必须讲求理性和适度①。

从1999年至2010年，我国住宅投资占GDP的比重从8%提升到11.3%，上下游的相关产业在其强劲拉动下快速发展。即使在调控背景下，2011年我国房地产业开发投资仍然达到6.2万亿元，占全社会投资的比重超过20%，同比增长了27.9%。2011年，新开工房屋面积为19亿平方米，同比增长16.2%；商品房竣工面积为8.9亿平方米，同比增长13.3%。2011年全部金融机构房地产贷款余额为10.73万亿元，占全国同期贷款的19.6%，同比增长13.9%②。房地产依然是国民经济的重要支柱产业。

在当今形势下，房地产必须快速发展，但不能盲目发展。中国未来的住宅投资，将只占房地产的70%左右；而城市化率才刚刚突破50%。我们的振兴和赶超还有很长的路要走；但必须把发展保持在社会条件可以承受的范围之内。要尽最大努力争取以可承受的社会代价，达到我们所预期的有质量的房地产增长。

2. 3D发展

经济增长、社会进步、生态和谐等三个方面的内容构成了房地产的绿色发展理念。经济、社会和生态三个维度的发展，也可称之为房地产的3D发展，体现了从传统向现代化的一种跨越。

绿色发展是经济、社会和生态三个系统的共同协调发展。房地产实施绿色发展战略，是要在继续推进增长的同时兼顾社会进步和生态和谐，把传统上相互矛盾的三个发展过程融合为一个相互统一协调的发展过程，促进经济效益、社会效益和生态效益得到有机统一。

我们在确定房地产的绿色发展战略时，需要注重从经济、社会和生态综合平衡的角度来提出问题和解决问题，最后从对绿色发展至关重要的方案中优选出付

---

① United Nations. 1987. Report of the World Commission on Environment and Development, General Assembly Resolution 42/187, 11 December 1987.

② 魏后凯等：《2012房地产蓝皮书》总报告，北京，社会科学文献出版社，2012。

诸行动的方案。绿色发展战略不是各个专项领域的绿色规划的简单堆砌，而是要有机地反映绿色发展战略对于综合平衡的本质要求。

"重点不在于一般的如何增加资源、如何提高收入、如何更好地将资源转换成收入；而在于提高整个社会将资源和收入转换成福祉的效率"①。这种理念对于房地产实现真正意义上的持续、快速和绿色发展有着非常重要的意义。

3. 公平为上

中国房地产绿色发展面临的一个紧迫的任务是解决公平性问题。必须建立与绿色相对应的公平的发展伦理，从而使新的发展理念能够内在化为社会成员的基本意识，指导人们的选择和行动。

（1）人与人之间的公平。当每一个局部主体在发展中都追求各自的利益最大化时，这样发展的结果很可能是整体和长远的发展利益遭到破坏；当每个局部主体都从整体和长远的利益来考虑，适当地节制各自对利益最大化的欲求，则发展的结果反而是每个局部主体都获得了较好的发展回报。这个关于发展的社会悖论，值得我们去深刻领会。当前，一个重要问题是要限制开发商的自然垄断地位，提升消费者的谈判能力，使两者成为平等的市场主体；另外，房地产业长期的超高额利润现象也不利于自身的绿色发展。我们应该破除发展资源问题上的个人主义和自由主义。2011 年，全国开工建设了超过 1000 万套的保障性住房，这是公平发展方面的一个良好尝试。

（2）实行公平的扩展。西方传统工业文明衍生的人类中心主义，只强调人的道德主体地位，信守人类利己主义原则，把人与人的关系只归结为物质利益关系，不考虑资源价值和成本，竭泽而渔式地满足人们的短期需求，忽视了资源的可持续利用和人类的长期福祉，比如在老城区拆迁问题上对于历史文化保护的无视，就是违背公平公正的原则和理念的。

（3）当代与后代之间的公平。我们今天的发展对于未来后代的生存负有不可推卸的责任。在处理城市房地产发展与保护耕地及农业资源等问题上，我们能否接受对未来负责的伦理，并准备为未来的发展而适度地牺牲一部分眼前的利益，是房地产绿色发展所面临的一个重要考验。

---

① 杰拉尔德·迈耶等：《发展经济学前沿》，中国财政经济出版社，2003，第 67 页。

三 绿色房地产发展的推进思路

从国情和区情出发，发展绿色房地产是实现绿色城市化的硬道理和根本前提。在实施绿色发展战略中，既要摒弃“先发展，后治理”的传统思维，又要防止理想主义的冲动，期望一步到位。

绿色繁荣是经济、社会和自然的复合系统，需要实现经济、社会、人口、资源和环境的全方位的协调发展，要求进行完整的目标建设；但是实现完整目标应该有一个渐进、分段和重点领域推进的过程。城市的绿色繁荣应该确定房地产在绿色发展体系中的合理比重，并据此科学地确定房地产绿色发展的阶段性目标。

在当前时期，房地产绿色发展应定位在努力建立一个以振兴和赶超为基础，同时促进生态和谐与社会进步，提高人民生活质量的发展体系上。即首先取得重点突破，实现有限意义的绿色发展，或称为“浅的”绿色发展；然后逐步整体推进到具有完全意义上的绿色发展，即“深的”绿色发展①。

1. 提升房地产经济的绿色性

要确定具有房地产业特点的节约资源、节能和高效高附加值的开发生产体系，提高房地产经济的绿色性。

这个开发生产体系至少应该包括：①完善的产品结构。大力发展物耗低、节能、效益好的房地产产品，减少和淘汰物耗高、资源浪费和效益差的房地产产品。比如，在增强节地效应方面，应该多发展中小户型住房，坚持高层住宅建设方向等。目前在新竣工的建筑中，节能建筑面积尚不足竣工建筑的5%，应该提高其比重。②优化的产品布局。各不同城市的产品体系应尝试按照生态学的原理和规律，进行空间和地域的合理布局。比如城市生态建设、生态小区建设等。③改善微观的经济结构。大力推广节能房地产和“减资源”房地产，从生产源头上减轻房地产业绿色发展的压力。

2. 建设适应绿色房地产发展的社会体系

努力建设房地产绿色发展的社会体系，减少城市人口增长和高消耗的生活方式对绿色房地产的压力影响。①科学地规划经济社会发展的人口规模、人口结构

---

① 罗勇：《城市可持续发展》，化学工业出版社，2007，第83页。

和人口素质的提高，减少人口超量、人口结构不合理和人口素质不高造成的房地产绿色发展压力和损害。②提倡适度消费和绿色消费，引导建立具有城市特色的房地产绿色发展的消费方式。我国当前城市商品房总空置面积达数亿平方米，空置率最高达40%，占用资金数千亿，产生了大量的资源浪费，这是一个值得重视的问题。③在促进社会消费多层次和多样化的同时，减少消费领域的严重不均衡，缩小对房地产资源使用的贫富悬殊差距。

3. 推进有利于绿色房地产发展的城市建设

以促进房地产绿色发展为目标，进行城市规划、建设和管理，推动有利于房地产绿色发展的城市形态建设和功能建设。①按照3D协调发展的思想，从城市整体绿色发展的角度安排房地产业布局、能源布局、交通设施和水利建设。②按照城乡一体化协调发展的原则，逐步建立多心、敞开式的城市发展形态，发展由中心城—新城（城乡边缘区）—集镇—农村中心村组成的城镇体系，使人口呈现出疏密有序的空间分布。

4. 房地产与资源环境建设相结合

注重土地资源的保护与高效利用。当前亟待解决的是房地产土地非正常闲置问题，应该探讨建立土地闲置超过一定规模和期限的房地产开发企业的退出机制，保持以土地为重要资源基础的房地产业增长的适度性。生态环境建设要与房地产建设相结合。在房地产业发展中提倡对自然资源和环境的可持续利用与保护，为房地产绿色发展提供可持续的资源环境保障。

5. 促进绿色房地产发展的能力建设

在体制能力建设方面，强调体制在实现房地产绿色发展中的制度保证作用，强化体制在实现房地产绿色发展中的规范性和强制性的功能。综合运用计划、法制、行政和经济等政策措施来推进房地产的绿色发展，尤其要注重在绿色发展战略指导下进行城市的房地产规划的编制、实施和验收。

在科技能力建设方面，强调科技在实现房地产绿色发展中的技术保证作用，强化技术在房地产绿色发展中的创造性和物质性的基础功能。要加强房地产绿色发展关键技术的研制和开发，同时应该在社会科学领域加强房地产绿色发展的理论与应用研究，探讨形成对房地产绿色发展有指导意义的理论分析系统，建立操作性较强的发展指标体系。加强绿色发展科技成果在房地产行业的经济运用和产业化进程，将房地产绿色发展的科技优势转化为经济优势和产业优势。

在公众参与和教育能力建设方面，应该倡导社会个人或团体在节能、节约资源和保护环境等方面的自我约束行动。要使公众能够基于更充分的信息作出选择，推进绿色发展的实践。在涉及房地产资源环境的重大决策时，要进行公众听证，这不仅能加强更合理的决策，而且能借此有效地促进公众绿色发展意识的提高。应该尝试以公众参与的方式进行房地产绿色发展的管理。强调教育在房地产绿色发展中的人力保障作用，强化教育在房地产绿色发展中的思想性和知识性的功能。利用多种手段和方式进行绿色发展的社会教育，形成房地产绿色发展的良好舆论和社会氛围。

四　促进绿色房地产发展的具体措施

1. 整体优化绿色产业链

绿色房地产的产业链包括设计、建设施工、建材、装修、营销、居住和物业管理等，是一个绿色的整体全过程，要从规划、法规、技术、标准和设计等方面朝绿色全面推进。不同气候区和建筑种类需要编制不同的绿色标准和实施规范。应该开发绿色房地产设计与检测软件，并迅速广泛推广应用。要推行住宅的装配化和全装修，新建住宅的全装修比例应该从目前的20%提高到50%以上。构建产学研一体化平台，进行关键技术研发。在不同城市地区建立产业化基地，强化绿色房地产的示范推广。

房地产的绿色发展不能唱高调，不能脱离现实客观实际，具体问题具体分析。从总体上来说，房地产整体的绿色发展并不等同于房地产各子系统绿色发展的简单相加。至少在现阶段，房地产的经济、社会和资源三个子系统同时达到绿色的要求就难以实现，或者说如果理想化地追求房地产的所有领域同时达到绿色发展，将会抑制房地产赶超型的快速增长，这从系统总体上考量并不是富有效率的。

经济、社会和资源的矛盾是复杂的和无处不在的，我们追求的是在一定条件下，抓住房地产绿色发展的主要矛盾和矛盾的主要方面，抓住主要矛盾与次要矛盾之间和矛盾的主要方面与次要方面之间的关系实质，不脱离房地产发展的客观环境，优化配置发展的条件和资源，达到现有条件下讲求实事求是的经济、社会和资源的优化合理匹配，进而趋于系统的整体优化。这才是绿色房地产发展的智慧和策略。

2. 建立减资源型的房地产经济体系

房地产开发建设领域是资源与能源消耗的大户。一般预计，建造和使用建筑直接、间接消耗的能源约占全社会总能耗的46.7%，用水占城市用水总量的47%，使用的钢材和水泥分别占到总使用量的30%和25%。我国单位建筑面积的能耗高出发达国家2~3倍、建筑钢材的消耗高出10%~25%、每立方米混凝土的水泥消耗高出约80公斤、卫生洁具的耗水量高出30%，而污水回用率仅为发达国家的25%。房地产及其所拉动的相关产业如水泥、建材、钢铁等大部分技术含量比较低，能耗和污染比较高，在某种程度上透支了未来的资源与环境。

在土地利用方面，发达国家每平方公里用地的工业产值普遍达到几十亿甚至上百亿美元，我国最高不过几十亿人民币。我国大城市的建筑容积率平均为1~2，日本和韩国等城市的容积率高达3以上。我国大中城市居民人均用地约为100平方米，东亚国家大中城市的人均用地为60~70平方米，东京只有50多平方米。而2011年，全国土地购置面积已经达到4.1亿平方米。

因此，必须尽快建立减资源型的房地产经济体系，从经济机制上贯彻节约和高效使用资源的原则，形成与高度消耗资源之传统经济系统不同的资源组合与配置方式，向集约的高水平房地产经济发展。这是房地产绿色发展的一个核心内容。

（1）在开发和建设领域，要加快建立节约和高效使用资源的房地产生产和技术体系，包括以节地、节能、节材和高效率为中心的房地产生产体系，以节能、节材、节时和高效为中心的房地产服务体系，等等。

（2）在消费领域，建立面向绿色发展的消费和生活方式，其主要原则是：适度消费，替代消费，从单纯的物质满足转向社会和精神的满足，等等。主要内容包括：推行集约化的城市发展战略，倡导城镇居民节能式住宅和公寓式住宅，大力发展城市便捷的公共交通系统和公园、公共体育休闲娱乐设施，等等。

（3）在市场和政策领域，要建立起促进减资源型房地产经济体系发展的市场机制和政策激励机制，包括绿色税收政策、绿色价格政策和绿色GDP体系等。

3. 加大推进绿色建筑

绿色建筑行动是绿色房地产发展的重要抓手。绿色建筑行动包括新建城市与绿色建筑结合，既有城市改造与绿色建筑结合，以及小区改造与绿色建筑结合。

建设部的数据表明，“十二五”期间，即使每年新增100个绿色建筑项目，也可以节能8.5亿千瓦时，约30万吨标准煤，二氧化碳减排76.5万吨，节水0.3亿吨，可循环材料1.1亿吨。因此，绿色建筑发展潜力巨大，意义深远。

4. 与创建生态城市、环保城市相辅相成

绿色房地产是生态城市、环保城市或者低碳城市最重要的一个基本元素。建设部规定，新建生态城的绿色建筑比重必须在80%以上，最好是100%。旧城升级改造为生态城市，绿色建筑的比重应该达到50%以上。对于环保城市和低碳城市，标准的侧重点虽然有所不同，但绿色房地产肯定要占到相当的权重。

在绿色小城镇推进绿色房地产发展也非常有意义。我国有2万多个小城镇，根据各自的乡土绿色特点发展古今结合的绿色房地产，是中国特色绿色房地产发展的重要内容。

国家和地方各种节能减排和低碳优惠政策，都可以被绿色房地产发展所借力。目前应该重点关注国家的可再生能源建筑应用优惠补贴政策和对绿色建筑强制性推广的相关政策。

5. 建立绿色行为机制

（1）法律规范机制。即通过法律规范约束政府行为。市场经济是法治经济，一切绿色发展活动都应该有法可依，政府行为也理所当然受到法律的约束。政府应该管什么，不应该管什么，如何来管，以及机构设置、职责范围、办事程序和行为准则，对企业和对公民承担的责任、义务等等，都应该以相应的法律为依据。

（2）评价导向机制。在绿色发展中政府应当扮演什么角色，如何评价政府的政绩，以什么作为评价政府绩效的主要尺度，会对政府行为产生重要的导向作用。需要根据市场经济下城市绿色发展工作中政府的新功能，根据政府为企业服务、为选民服务的新要求，建立健全新的政绩评价尺度和相应的制度，引导各级政府去做应该做的事情。要明确与高度重视企业和人民对政府绿色发展绩效的评价，而不仅仅依靠上级的评价，这样，会更有利于政府提高管理绿色发展的艺术水平。

（3）责任约束机制。必须建立健全一整套科学的工作制度，主要包括：①任期目标责任制。各级政府官员都应该有明确的绿色发展任期目标和任务，对任期目标承担责任，并建立相应的考核制度、奖惩制度和升降制度，按其实际业绩、

贡献和完成任务的情况，决定是否提拔或留用。②决策责任制。绿色发展决策正确与否关系重大，要用良好的机制来增强决策者的责任感，促进绿色发展政策措施的合理化，提高房地产绿色双赢经济运行的质量和效率。③公开制度。对绿色发展方面的政务，应力求公开化，增加透明度，包括工作程序、制度、办法和规定等，都应该对社会公开。这样不仅有利于提高政府工作的科学性，而且有利于公众参与的实现。

（4）社会监督机制。要建立绿色发展工作的内部监督与外部监督、事先监督与事后监督、上级监督与下级监督、党和国家监督与人民群众监督紧密结合的科学的监督系统。当前，充分发挥人民群众监督和舆论监督的作用，尤其具有重要意义。

6. 在房地产调控中融入绿色发展

以绿色繁荣的观点来观察，一直以来的房地产发展存在着重经济建设、轻社会发展，重发展状态、轻能力建设等方面的问题。房地产调控应该明确地把绿色发展的理念融入其中，树立通过绿色发展战略进一步促进房地产健康发展的观点。强调追求社会资源环境可以承受的房地产发展，要求以最小的社会资源损失取得最大的经济社会成果。既不能牺牲资源环境去追求发展，又不能牺牲发展去追求资源环境。

在发展的内容上，要求把经济增长、社会进步和资源环境建设作为三大目标，实现社会资源环境可以承受的增长和房地产业发展可以承受的绿色化的统一，并在此基础上实现经济效益、社会效益和环境效益的统一。在发展的方式上，应该通过思想创新、体制创新和技术创新，将传统的资源社会难以承受的增长方式转变为资源社会可持续的绿色方式。通过改变发展方式从内在机制上和源头上预防资源和社会问题的发生，使我们得以在发展中解决面临的问题，实现房地产的绿色繁荣与发展。

融入绿色发展观点的房地产调控应强调调控领域的全面性和交叉性，强调经济、社会、资源环境三个领域方面的协调发展。根据各个不同区域的实际情况，调控领域的全面性和协调发展又可以具体细分为经济、人口、社会、资源和环境的协调发展。房地产调控领域的确定和安排应该充分关注这些有意义的变化，使房地产发展的框架体现绿色繁荣的要求。

房地产绿色发展应该充分重视管理模式、法制体系、科学技术和教育等方面的内容，并将其作为调控的重要组成部分和必要内容。同时应该培育和发挥这些方面内容在保障和推进经济、社会和资源环境协调发展上的独特作用。

房地产调控应该涵盖绿色发展的各个重点方面，对这些方面应单独列章，赋予包括目标和项目在内的实质性绿色要求，要明确所要达到的可以量化的目标，并从政策措施、法制保障、经济手段和技术可能性等方面提出系统的实施方案。

The Development Strategy for Urban Green Real Estate

Luo Yong

Abstract: The development of green real estate is still at an early stage in China. The imperfections of green industry chain, uneven development, and lower green proportion of new projects are obvious in China. Therefore, it is difficult for the green transformation of existing real estate and green quality control. The promotion policy is still not optimal. So, we must further establish the green concept for real estate development, set collaborative actions, especially to obtain great breakthrough for the ability of green development in some key areas such as the economy, society, construction, resources, and environment. At the same time, institution improvement and the overall optimization of the development system are both important. Obviously, it is need to accelerate the integration of green industrial chain, to increasingly promote green building, and create eco-city or green city at the same time. Less resource-based real estate economy is the basic guarantee fot the green real estate development. At present, the green development concept should be made clear in the regulation of real estate.

Key Words: Green; Real Estate; City

绿色社会篇

Green Society

B.11 城市生态文明建设理念与实践

盛广耀*

摘　要： 城市生态文明建设是实现城市可持续发展的重要途径。近年来，中国许多城市通过多种形式，提出和开展了生态文明建设工作，并取得了一定成效。但总体而言，城市生态文明建设尚处于初级阶段。同时，在建设过程还存在一些问题。为进一步推进城市生态文明建设工作，应重点加强生态意识、生态环境、生态经济、生态制度等方面的建设。

关键词： 城市　生态文明　理念　进展　思路

一　城市生态文明建设理念

（一）城市生态文明的历史传承

生态文明是人类遵循人、自然、社会和谐发展的客观规律，在改造客观世界

* 盛广耀，中国社会科学院城市发展与环境研究所副研究员，主要从事城市问题研究。

和主观世界的过程中取得的物质和精神文化成果的结晶，是以人与人、人与自然、人与社会和谐共生、良性循环、全面发展、持续繁荣为基本宗旨的文化伦理形态①。它是在人类社会长期的发展过程中逐渐萌发形成的，是对朴素的生态思想、文化的传承和对人类文明成果的丰富。作为一种文明形态，生态文明同样应该包含精神层面、制度层面和物质层面的成果。随着人类社会的发展，生态文明的内涵不断丰富和完善。从历史的发展进程看，生态文明理念、精神层面已累积了相当丰富的成果，并开始逐渐深入制度和技术、物质层面。我们正处在由精神到制度、由理念到行动、由战略到技术的转折阶段。

作为人类文明的伟大成就，城市的发展史自始都受到生态文明理念的影响。中国传统文化“天人合一”的自然哲学思想、西方“理想城市”的规划理念为城市生态文明提供了丰富的思想基础。在不同时代、不同国家，从城市的建设和发展中都能看到人们对城市生态文明的追求。

在古代中国城市规划建设中，以《管子》、风水学为代表的顺势自然的规划思想，讲究“因天材，就地利”，因地制宜，顺势自然，将城市的形态和空间布局与自然山水有机结合在一起，与所处的特定环境相适宜。它所考虑的不仅是城市的外部形制，而且更加注重与自然地理条件的融合，追求山水文化，更多体现了“天人合一”中人与自然和谐统一的理念。“天人合一”思想是中国传统文化的最高境界，也是古代城市规划建设企望达到的理想意境。中国古代所营造的充满山水特色、与自然环境相和谐的“山水城市”，就生动地体现了这一规划思想。在西方，从古希腊哲学家柏拉图的“理想国”、古罗马建筑师维特鲁威的“理想城”，到 16 世纪托马斯·摩尔的“乌托邦”、康帕内拉的“太阳城”，以及 18 世纪中叶改良主义者和激进的理论家所提出的“公社新村”、“基督徒之城”，再到 1898 年英国社会学家霍华德所提出的“田园城市”理论，无论是哪一种理想的城市模式，都离不开自然生态与社会经济系统的有机结合。

在现代，世界城市因工业化的发展而不断膨胀，但也随之产生了一系列生态环境问题，诸如垃圾的大量产生和不当处置，大气、水、土壤的污染等。随着城市发展过程中与自然环境的矛盾日益激化，一场由环境污染、资源枯竭、生态破

① 环境保护部：《关于推进生态文明建设的指导意见》（环发〔2008〕126 号），2008 年 12 月 18 日。

坏而引发的城市生态革命孕育形成。1971 年 10 月联合国教科文组织在其第 16 届会议上制定了“人与生物圈计划（MAB）”，提出“关于人类聚居地的生态综合研究”（MAB 第 11 计划），倡导从生态学的角度用综合生态方法来研究城市问题和城市生态系统。随之，生态城市的理论与实践在全球范围内推广。建立人类美好家园，建设“生态城市”、“花园城市”、“山水城市”、“绿色城市”、“低碳城市”等已经成为当今世界城市发展的普遍追求。1999 年 10 月，研究人类居住环境并获得显著成绩的美国世界观察研究所，在其调查报告《为人类和地球彻底改造城市》中指出：无论是工业化国家还是发展中国家，均必须将规划本国城市放在长期发展战略的地位，而其大方向只能选择走生态化的道路。城市生态文明逐渐由思想、理念进入到技术、物质层面，一个更高的生态文明建设高潮正在全球兴起。

2007 年中共十七大报告首次明确提出“将建设生态文明作为实现全面建设小康社会奋斗目标的新要求”。至此，生态文明与物质文明、精神文明、政治文明共同作为社会文明发展的目标。而在生态文明建设中，城市作为经济、社会、生态环境发展变化最剧烈的地区，其生态文明建设问题也自然成为人们关注的焦点。一方面，城市是人类聚居的主要载体，是人类生存和发展的重要场所，人类社会的发展离不开城市的发展。另一方面，城市又是人口、资源、环境与经济、社会发展的矛盾最突出的地域。城市聚集了各种社会经济要素，在人们不断创造各种物质财富和精神财富、享受城市文明所带来的舒适和便利的同时，也集中了各种矛盾。当今世界，城市发展越来越受到各种资源、环境、经济和社会问题的困扰，推进城市生态文明建设显得尤为迫切。

（二）城市生态文明的内涵特征

城市生态文明建设坚持人与自然和谐的理念和要求，从文明的高度处理城市发展过程中人与自然的关系，指导城市的建设和发展。基于对生态文明内涵的认识，城市生态文明建设的内涵特征应包括以下几点。

（1）城市生态文明倡导人与自然、人与社会以及自然与社会和谐的生态理念。建设城市生态文明，就是要深化人类社会对城市发展规律的认识，追求和谐的城市发展理念。作为社会文明的重要单元，城市生态文明是生态文明时代的产物，它以自觉的生态价值和生态意识为基础，倡导建设与人口、经济、社会、环

境相协调的城市。城市生态文明强调在城市发展过程，努力改善人与自然的关系，实现人口、经济、社会、自然环境相互之间的和谐共生。

（2）城市生态文明要求走绿色、可持续的城市发展模式。生态文明是人类发展观的革命性发展。城市生态文明以自然生态为社会发展、经济发展的基础，强调人作为城市主体对自然生态的依存关系，同时强调人对经济与生态的能动作用，既承认经济发展离不开良好的生态环境，又承认经济发展是改善生态质量、提高环境质量的动力。城市生态文明建设要求在城市发展过程中，高度重视城市发展与自然生态系统之间的相互协调，建立可持续发展的良性机制，建立一种在城市生态系统综合平衡下的、可持续的城市发展模式，使城市各领域符合可持续发展的要求。

（3）城市生态文明追求经济、社会、环境协调发展的目标，致力于建设社会和谐、经济高效、生态良好的人类住区。城市生态文明不是单纯地追求自然环境的优美，不是一味地强调减少人对自然环境的影响；相反，它强调人类自身的发展。建设城市生态文明，不仅需要良好的自然生态环境，而且要求创造适宜居住的人工环境，更要追求城市中人与自然、人与人、人与社会的和谐共生。城市生态文明建设的最终目标是从以人为本的角度最终使人类的生存环境更加美好，创造人工环境与自然环境互惠共生、高效、和谐的人类住区，实现人与自然的和谐相处、人文环境与自然环境的协调发展。

（4）城市生态文明需要精神、制度、物质层面的成果内容。作为人类文明的一种形态，它的形成不仅需要理念、文化等精神层面的成果内容，而且要求政策、规范、法规等制度层面的成果内容，同时还必须有环保技术、绿色产品、生态建设、低碳产业、循环经济等物质技术层面的成果内容。它不应是空谈的口号，而应有实实在在的行动，需要城市发展的各个领域践行生态文明的先进理念。

（5）城市生态文明是城市生态化发展的结果。城市生态文明建设应通过环境、经济、社会等方面的生态化来实现。在自然环境方面，城市不仅要有良好的自然生态系统，较低的环境污染，良好的城市绿化，而且要有完善的资源循环利用系统。在经济方面，要建立资源消耗低、污染物排放少、产出效率高的生态经济体系，实现物质生产和社会生产的生态化。在社会方面，倡导生态价值观，要求公众（包括城市居民、企业以及政府机构）有自觉的生态意识，有文明、健康、节俭的生活方式，有适应城市生态化发展的法规体系。自然、经济、社会这三个方面之间不是独立的，而是相互联系、相互作用的。

建设城市生态文明，就是要基于生态文明的基本内涵来规划、建设和管理城市，走绿色、可持续的城市发展模式。针对城市生态系统的基础条件和具体问题，通过城市环境、经济、社会生态化的途径和手段，调节和改善城市内部的各种不合理的生态关系，达到自然、经济、社会三大目标系统的协调，实现城市的可持续发展。

二　我国城市生态文明建设进展

作为城市文明的重要组成部分，生态文明在不同时代的城市有着不同的表现。随着全球范围内生态革命的兴起，城市生态文明建设也引起社会广泛的重视。我国自20世纪80年代中期开始，各地陆续开展了“生态市”、“园林城市”、“生态城市”、“生态园林城市”等形式的城市生态文明建设实践。2007年国家明确提出建设生态文明社会的目标，进一步推动了城市生态文明建设向更全面系统、更高层面的实践。

在国家层面的重视和推动下，全国城市正通过各种形式，积极探索建设城市生态文明的模式和途径。其中，环境保护部开展了生态示范区、生态建设示范区（生态省、市、县、乡镇、村、生态工业园区）、生态文明建设试点3个相互联系、循序渐进、标准逐级提高的生态建设梯次。目前，全国超过1000个县（市、区）开展了生态县（市、区）的建设，并有38个县（市、区）建成了国家生态县（市、区）。2008年、2009年，环境保护部批准了两批18个生态文明建设试点，并明确以后凡是已达到生态市（县）建设标准的地区均可以直接转入生态文明建设的试点阶段①。国家其他有关部门也通过开展“生态园林城市”、“两型社会”及低碳经济示范区、生态保护综合实验区建设等，探索不同区域的生态文明建设模式②。这些形式的载体建设，有力地推动了我国城市生态文明建设的

① 张楠：《展示硕果呈现历程——首届全国生态文明建设成果展侧记》，2011年7月26日《中国环境报》。

② 文雯：《生态文明：从理念走向实践创新》，2011年12月1日《中国环境报》。

开展。特别是在建设标准较高的生态文明试点地区，城市生态文明建设取得了积极进展。这些进展包括：

（一）统筹制定生态文明建设相关规划

自2008年以来，全国已有深圳、宁波、杭州等3个副省级城市，珠海、贵阳等29个地级市作出了建设生态文明的决定，确定了生态文明建设的路线图、时间表和工作任务分解。截止到2011年，已有20多个市、县、区编制完成了生态文明建设规划，提出了生态文明建设的目标，明确了生态文明建设的重点领域和主要任务，确定了生态文明建设的重点项目，并初步构建了生态文明建设的保障体系。①

其中，2008年3月深圳市出台全国首个专题围绕生态文明建设的地方政府文件，制定颁布了《深圳生态文明建设行动纲领（2008～2010）》、9个配套文件（即《关于绿色政府的行动方案》、《关于提升城市规划品位与内涵的行动方案》、《关于打造最干净最优美城市的行动方案》、《关于推进节能减排的行动方案》、《关于打造绿色建筑之都的行动方案》、《关于水资源可持续利用的行动方案》、《关于推进住宅产业现代化的行动方案》、《关于建设绿色生态一体化综合交通体系的行动方案》、《关于打造安全深圳的行动方案》），以及80个生态文明建设工程项目。2008年9月，张家港市在全国首家编制完成的《生态文明建设规划大纲》，以促进人与自然和谐、推动可持续发展为核心，从生态意识文明、生态行为文明、生态环境文明、生态人居文明和生态制度文明等五大体系，统筹谋划了生态文明建设的蓝图。贵阳市则把生态文明理念落实到城市实体规划中，2009年编制完成《贵阳市生态文明城市总体规划》。

（二）初步建立生态文明指标与考核体系

为在实践中切实落实城市生态文明建设的理念、规划和行动，不少城市围绕生态文明建设，针对各自的城市特色，专门制定了生态文明指标体系。张家港在《生态文明建设规划大纲》中确定了由生态意识文明、生态行为文明、生态制度

① 齐健、王丽：《我国深圳贵阳等数十城市已确立生态文明建设“路线图”》，新华网，2011年7月16日。

文明、生态环境文明和生态人居文明五大系统和33个要素构成的目标评估体系。2008年10月，贵阳市委、市政府发布《贵阳市建设生态文明城市指标体系及监测方法》，从生态经济、生态环境、民生改善、基础设施、生态文化、廉洁高效等6个方面，选取了反映生态文明城市建设的33项指标。其中，生态经济方面的6个指标主要反映经济发展和可持续发展状况；生态环境方面的8个指标主要反映城市生态及环境保护状况；民生改善方面的9个指标主要反映市民生活质量、社会和谐及法制状况；基础设施方面的4个指标主要反映城乡建设状况；生态文化方面的3个指标主要反映市民生态文明素养、文化产业及公共文化服务状况；廉洁高效方面的3个指标主要反映政府行政状况。此外，厦门市、丽水市等城市也制定了生态文明建设指标体系。

为健全激励和约束机制，在制定生态文明建设指标体系的同时，这些城市也相应地出台了相配套的“绿色”评价考核办法。如贵阳市，改革对各区（市、县）的政绩考核办法，根据实际情况实行分类评价、分类考核；对禁止开发区域和限制开发区域，不以GDP、投资、工业、财政收入等为主要考核指标①。

这些城市制定的生态文明建设指标与考核体系，切实结合各自的发展实际，理论与实践相结合，与其他相关的指标体系相比，在内涵上更加符合生态文明建设的要求。同时，在确保指标体系和监测标准具有科学性和系统性的同时，强调数据采集的方便可行性，具有较强的可操作性。

（三）制定完善倡导生态文明的法规、规章

在制定生态文明建设规划和指标体系的同时，一些城市还十分重视生态文明的制度建设。通过相关政策法规体系的完善，把生态文明建设纳入法制化轨道。这些城市根据各地实际，制定和完善生态文明建设方面的地方性法规和规章。例如，贵阳市制定出台了《贵阳市促进生态文明建设条例》。作为一部促进生态文明建设的地方性法规，该条例通过发挥地方立法的促进、规范、保障和引导作用，用法规规范赋予生态文明建设应有的法律效力，实现生态文明建设的法定化，确保城市生态文明建设的发展目标得以长期坚持和有效实施。再如，珠海市

① 中央编译局贵州调研组：《贵阳市生态文明城市建设调查》，http：//www.cctb.net/llyj/xswtyj/zdjs/200810/t20081029_5189.htm，2008年10月29日。

运用特区立法权，相继出台了环境保护条例、饮用水保护条例、服务业环境管理条例等一系列环保法规①。此外，贵阳还在全国首创环境保护审判庭和法庭，专门受理涉及环境保护的民事和刑事案件，通过创新法律手段惩治破坏环境的违法行为。更有许多城市通过出台政府规范性文件，促进生态文明建设工作。通过一系列地方性法规、政府规章、规范性文件等的制定，一些城市初步建立了生态文明建设的体制机制，从制度上保障了生态文明建设。

（四）有效促进生态建设和环境治理工作

在开展城市生态文明的建设过程中，一些城市加大了生态环境保护和污染治理力度，并使生态环境保护工作更加系统、全面，提升了生态环境保护的水平和标准，增强了环境治理和生态建设的系统性和有效性，建立了良好的生态环境。从生态文明建设试点地区的情况看，这些地区通过创建生态文明城市，有力地促进了生态环境保护工作。一是环境保护投入的力度大，占 GDP 比例高于所在省份和全国其他城市。二是环境保护基础设施建设加快，污染物处理率（如城镇生活污水处理率、生活垃圾无害化处理率、工业固体废物综合利用率）居全国城市前列。三是对高污染型企业的容忍度降低，关闭和改造了大批高污染、高能耗的企业，开展工业废水和大气污染综合整治，节能减排成效显著，环境质量有效提高。四是十分重视保护自然生态系统，并开展了绿地系统等生态建设和河流、湖泊整治等生态修复工程，城市生态景观变得更加优美。全国各地城市生态文明建设工作的开展，加大了生态环境整治力度，增强了生态环境保护的约束力，对建设生态环境良好的宜居城市的促进作用是显而易见的。

（五）积极探索各具特色的绿色发展之路

生态文明为经济发展方式的转变提供了价值理念和目标方向。在生态文明建设的指引下，我国各地都在积极探索适合本地特点的经济、社会与生态环境协调发展的道路和模式。通过这些年来生态文明建设工作的积极推进，一些城市在探

---

① 颜永平：《建设生态文明　又好又快发展——赴全国生态文明建设试点地区考察调研报告》，http：//www.jshb.gov.cn/jshbw/qkxx/jshj/200904/200909/t20090901_66064.html，2009 年 9 月 1 日。

索符合生态文明理念的经济发展方面取得一定成效，初步形成了一批各具特色的绿色发展模式。比如，有些城市通过积极调整产业结构，加大节能减排工作力度，加快发展低消耗、低污染、高效益的绿色产业，促进环境质量明显改善；有些城市通过优化城市和产业布局，明确各生态区功能定位，促进城市人工环境与自然环境的和谐共生；还有更多的城市则通过大力发展节能环保产业和循环经济，形成新的经济增长动力，促进环境保护与经济发展的共赢。从近年来积极开展生态文明建设的城市来看，生态文明建设不仅没有限制经济发展，而且拓展了新兴产业的发展空间，推动了经济转型。最近几年，这些城市在应对金融危机中抢占了先机，借助国家对节能环保产业、新能源、低碳经济等生态型经济的投资和政策扶持，优化了产业结构，提高了经济发展质量，增强了城市可持续发展能力。生态型经济的快速发展，是城市生态文明建设的重要成果。实践表明，建设城市生态文明有助于促进生态环境、经济发展、社会进步良性互动的城市发展模式的形成。

三　推进我国城市生态文明建设思路

近年来，我国城市生态文明建设取得了一定进展，但总体而言，尚处于初级阶段。同时，在建设过程还存在一些问题。一是城市之间的差异较大。部分城市生态文明建设的进展较明显，形成了系统全面的建设思路，但多数城市生态环境仍处于较恶劣状态，远达不到建设生态文明的层次。二是存在重宣传轻行动的现象。尽管在国家战略的号召下，很多城市都提出了建设生态文明城市、生态城市、低碳城市、绿色城市等之类的口号或目标，但生态文明的理念尚未落实到城市发展的各方面，粗放的城市发展模式还没有发生根本转变。在面对经济利益与生态效益的权衡抉择时，生态效益多数还要让位于经济利益。三是尚未形成实现生态文明所必需的系统的制度规范和严格的法制环境。

城市生态文明建设需要一个长期的过程，为进一步推进和加强城市生态文明建设，应重点加强生态意识、生态环境、生态经济、生态制度等方面的建设。

（一）增强全社会生态意识

公众参与是生态城市建设的必要条件。城市生态文明建设，必须要有市民的

广泛参与和形成良好的社会氛围。首先，应大力加强宣传教育，普及生态环境知识，倡导生态文明理念，树立可持续发展的生态价值观，提高市民保护生态环境的自觉性。要充分发挥网络、电视、报刊、广播等新闻媒体的舆论导向作用，赞扬保护生态环境的行为和个人，揭露和批评破坏生态环境的行为和个人，逐步形成保护生态环境、崇尚生态文明的社会风尚。其次，要提高公众的参与程度。建立保护生态环境的公众参与机制，通过非政府组织及环保义务志愿者行动、设立公众举报电话、奖励举报人员、建立环保问题公众听证会制度等途径，鼓励和维护公众参与环保活动的积极性。最后，全面提高市民的生态素质，使生态道德成为市民的行为规范，生态文明建设成为全民自觉的行动，并融入每个社会成员的日常生活之中，成为长久地支配居民行为的准则，养成保护生态环境的良好习惯，在全社会形成环保、节约、适度的生活方式和消费行为。

（二）切实保护和改善生态环境

生态环境是生态文明建设的基础。没有良好的生态环境，就不可能有真正的生态文明。城市生态文明建设，必须把保护和改善生态环境、治理环境污染、提高环境质量放在首位。应重点做好以下几个方面的工作：一是中国城市正处于快速成长的发展阶段，要科学制定城市发展规划，合理确定城市分区的生态功能定位，根据资源、环境承载能力限定发展方向，从规划上预防生态破坏和环境污染，减少对自然环境的影响，促进人工与自然和谐、保护与发展并重。二是提高城市环境基础设施建设和运营的水平，增加环保资金投入，加快污水、垃圾、大气污染处理设施的建设，提高污水、垃圾处理率，有效控制城市大气污染。三是综合运用法律、经济和必要的行政手段，抓好污染综合整治工作，深化污染减排工作，花大力气解决损害居民身体健康的生态环境问题，特别是要重点解决城市水、大气和土壤污染等突出环境问题。四是坚持自然恢复和人工治理、建设相结合，加大城市河流、湖泊、绿带等自然生态的保护和修复工作。

（三）大力发展生态经济

经济转型是城市生态文明建设的关键。生态文明要求改变高污染、高消耗的生产方式，提高经济增长质量，实现经济发展与生态环境的良性互动。一方面，要淘汰落后技术、工艺和装备，禁止新建不符合环保要求的建设项目，用生态环保技术改造传统产业，推行循环经济模式，提高资源利用效率，最大限度地减少污染物排放和对自然环境的损害，推动产业优化升级。另一方面，要大力发展节能环保产业和生态经济，开发和推广节约、环保与循环利用的先进适用技术，培育壮大符合经济生态化要求的新兴产业，使生态型经济在产业结构中居主导地位，成为经济增长的重要源泉。通过经济的生态化、信息化和知识化，调整现有的经济运行方式，减轻城市经济活动对资源环境的压力，最终形成生态经济体系。

（四）建立健全生态制度

制度建设是生态文明建设的保障。通过建立健全有利于生态文明建设的政策和法规体系，保障城市按照生态化的方向发展。第一，要加强法制建设，将生态文明建设纳入法制化轨道，做到有法可依。首先应完善国家层面有关生态环境保护的法规。各地在认真执行国家有关法规的基础上，还应结合当地实际，研究制定配套的地方性法规与实施办法，把涉及生态文明建设的有关事项纳入法制范围。同时，还应制定规范性文件，通过政府规章的形式，统筹生态文明建设各个方面，整体推进城市生态化建设。第二，制定和完善加强生态文明建设的各项具体政策。将生态文明的思想理念贯穿于城市建设和发展的各项政策中，并积极运用财政、税收、价格和投资等各种政策手段，加强对城市生态文明建设的政策引导和调控，加快城市生态化步伐。第三，建立健全监督机制，完善环境考核体系。加大监督执法力度，杜绝有法不依、执法不严、执法效率不高的现象。完善政绩考核制度，建立和实施严格的环保责任追究制度，激发和强化各级领导干部、环境执法人员生态文明建设的责任意识。

参考文献

盛广耀：《生态城市规划的理论、方法与实例》，研究报告，2008。

曲格平：《生态文明理念和发展方略》，《人民论坛》2010 年第 2 期。

周生贤：《积极建设生态文明》，《求是》2009 年第 22 期。

束洪福：《建设生态文明　实现科学发展》，2009 年 10 月 21 日《中国环境报》。

The Thoughts and Practices of the Urban Ecological Civilization Construction

Sheng Guangyao

Abstract: Urban ecological civilization construction is an important way for urban sustainable development. Many cities in China have put forward and developed a lot of work on urban ecological civilization construction in recent years. And they have made some progress. But in general, urban ecological civilization construction is still in the preliminary stage in China, so there are many problems in its development process. In order to further promoting urban ecological civilization construction, we need focus on the construction of ecological consciousness, ecological environment, ecological economy and ecological institution.

Key Words: Urban; Ecological Civilization; Idea; Progress; Thinking

B.12
城市绿色社区建设与居民参与

李国庆*

摘　要： 绿色社区建设是推进城市绿色繁荣的重要力量，居民参与是城市绿色社区建设的主体形态。社区环境的独特性表现在环境问题的生产者和受害者为同一主体，受益者与受害者的利益具有一致性。2004 年中国开展绿色社区建设活动以来，环保逐渐走进社区，但总体上仍处于行政主导的起步阶段。北京市东四街道在环保 NGO 组织“北京地球村”的协作下开展了绿色社区建设，进而扩展到乐和社区建设。实践表明，以社区为基础，把环境保护与居民日常生活紧密结合起来，建立居民参与环保激励机制，培养居民的共有意识，是推进绿色社区建设的必要条件。

关键词： 绿色社区　居民参与　乐和社区　生活共同

城市绿色社区建设是推进城市绿色转型、绿色发展、绿色繁荣的重要力量，居民参与是实现国家“十二五”规划提出的倡导文明、节约、绿色、低碳消费理念的主体力量之一。居民参与环保的动力机制与激励机制的建立需要精神文化和物质手段的共同推动，如何有效地管理公共环境资源既是一个经济学问题，也是一个社会学问题。绿色社区建设的深层意义在于培养居民基于共同生活的认同意识，把环保从行政工作转化为居民生活的组成部分，在社区建设过程中搭建居民参与的环保平台。

一　绿色社区建设的重要性

1. 环境保护体系中的政府失灵与市场失灵

随着中国经济发展方式的转变、人民消费生活水平不断提高以及国民社会意

---

* 李国庆，社会学博士，中国社会科学院城市发展与环境研究所研究员，城市政策与城市文化研究中心主任，研究领域为城市社会学、城市社会发展与公共服务规划、环境社会学。

识层次的提高，人居环境治理与保护已经成为全社会最为关注的社会问题之一。已有研究从环境经济学、城市管理学视角对其加以研究，积累了一定的学术性、政策性成果。这些研究首先关注的是政府的主体作用，试图通过政策法规来明确环境保护的公益事业性质，确立城市政府的环境保护主体职责。其次，已有研究关注企业角色，探讨如何建立企业社会责任意识、强化制度规则与管理措施，推进清洁能源，节能减排，同时强化行政管理机制中的经济杠杆来约束企业行为，以解决中国不断恶化的城市人居环境问题。

在上述多元主体中，处于核心位置的是政府环保部门。以垃圾管理为例，作为一项政府主导的公益事业，建设部城市建设司负责全国的城市生活垃圾管理，制定规划及相关政策、法规、条例与行业技术标准；研究开发并推广新技术、新产品；实施专业教育与技术培训等。地方政府的环境卫生局负责生活垃圾的清扫、收集、贮存、运输与处置。除城市政府职能机构之外，另一个重要主体就是从事资源回收的职业群体。显而易见，上述两大主体的运作机制完全不同：政府环卫职能部门遵循维护社会公益的原理，履行城市生活环境保护职能，建设和维护市民文明、健康的生活环境。而以拾荒大军为代表的群体则不同，再生资源回收是一种谋生手段，一种经济理性行为。笼统地说，政府环保部门和民间拾荒大军面对的都是“废弃物”，但是“废弃物”概念之下又可以分出“资源”和“垃圾”两个子概念。进入拾荒者视线的是有回收价值的“再生资源”，分类回收之后可以获得经济收入，成为生计来源；“垃圾渣土”的清运则是政府职责。

不容否认的是，任何一个主体对于生活垃圾分类都是不充分的，任何一种机制都会出现失灵现象。比如，政府环卫部门首先面临着人力、物力、财力有限的问题，面对超过千万人口的特大城市，政府环卫职能部门的处理能力不足。再看城市中的拾荒大军，他们的再生资源回收行为是作为一种经营活动，其行为意识中社会责任感、环境保护或许对于他们是价值合理的，却不是目的合理性行为，价值产出成为他们的行为选择的首要标准。

由此看来，在充分发挥上述两大主体、两种机制作用的同时，还需要另一种以调动广大社区居民的参与积极性和社会责任感为目的的新机制，以弥补上述两大机制的不足。随着经济发展与消费生活水平的提高，居民生活中衣、食、住、行、用、服务方面的能源消费总量和垃圾排放量的比例在不断上升，因而需要从居民参与的视角展开对城市居住社区生活环境保护的研究。与企业公害治理不同，城市社区环境保护具有其社会特殊性。

2. 社区生活环境保护特性与绿色社区建设

城市生活环境保护具有其独特性，主要表现为城市环境问题的生产者和受害者是同一主体。这一特点与工业环境污染具有显著不同。由工业产业造成的公害污染事件中，企业是加害者，居民是受害者，加害与受害是单向的，主体互不重合。但是在城市生活环境污染中，社区居民既是环境的加害者，同时又是生活环境污染的受害者，加害与受害具有自反省性，两者相互重合。当我们把环境保护活动限定在例如“社区”这一特定空间之内时，受益者和受害者的边界非常明确，主体之间具有共同利益。因此，以社区为单位建立环境治理的规章制度和行为准则，使之内化于居民的日常行为之中，将对社区居民的社会行为发挥有效的约束作用。社区居民是最接近环境问题的，解决城市生活环境问题最终需要社区居民这一生活主体的积极参与。可以说，居民参与是绿色低碳社会体系建设的主体形态，是实现文明、节约、绿色、低碳消费理念不可缺少的主体力量之一。

3. 公众参与是绿色社区建设的主体形态

2009 年诺贝尔经济学奖获得者埃莉诺·奥斯特罗姆①的“公共事务治理”理论，将居民提升为与政府、企业同样有效的公共环境资源治理主体。埃莉诺·奥斯特罗姆在对分布于世界各地的大量案例进行深入研究的基础上，提出了用户有效管理公共资源的理论，论证了自治组织治理公共经济资源的有效性，在国家理论和企业理论的基础上进一步发展了集体行动的合理选择理论。

当我们寻找和建立解决城市环境治理的非政府非企业主体时不难发现，在包括中国、日本和韩国在内的东亚国家中，存在着历史悠久、居民社会交往频度高、认同感强烈的地缘组织。社区这一组织常常被用做行政末端机构，政府借助地缘组织实施对地方事务的治理。同时，社区组织具有显著的居民自治和生活相互扶助的社会性格。由于其悠久的交往历史，同一社区的居民之间形成了深厚的归属感，建立起生活共同体，对人的社会行为发挥着重要制约作用。激活这一传统，就可以把社区建设成为居民参与环境治理的有效主体。在中国城市中的老城

---

① 埃莉诺·奥斯特罗姆，美国印第安纳大学政治理论与政策分析中心主任，政治学教授。美国著名政治学家、政治经济学家，公共选择学派创始人之一。2009 年获得诺贝尔经济学奖，代表作为《公共事务的治理之道》。

区，邻里关系之间传承着深厚的认同感，形成了相对稳定的生活秩序。在新的住宅小区，业主大会制度正在加速建立，业主公约作为居民共同遵守的道德规范正在得以建立并渗透到业主日常生活之中，社区和居住小区的共有文化与制度将不断得到加强并发挥作用。

二　我国推进绿色社区建设的现状和问题

我国全国性的绿色社区创建活动始于“十五”期间（2001～2005年），是落实科学发展观、构建和谐社会的一项子工程。2002年党的十六大提出了科学发展观，科学发展观是统领宏观经济体系与社会体系协调发展全局的基本原则，强调发展是第一要务，发展必须以人为本，全面协调可持续发展。2003年党的十六届三中全会在科学发展观的基础上提出了“统筹城乡发展、统筹区域发展、统筹经济社会发展、统筹人与自然和谐发展、统筹国内发展和对外开放”的新要求，是科学发展的根本途径。在五个统筹发展过程中，人与自然和谐发展是实现全面发展的重要内容，同时也意味着人与自然和谐发展难度极大，道路漫长而曲折，需要付出艰辛的努力探索解决途径。2004年9月，党的十六届四中全会在深化科学发展观的基础上提出了“构建社会主义和谐社会”的新观念，人与自然的和谐与民主法治、公平正义、诚信友爱、充满活力、安定有序一道，成为和谐社会价值体系的重要内容。

正是在全面建设和谐社会的背景下，绿色社区创建活动于2004年全面启动，为公众参与环境保护活动提供了重要平台。2005年11月，中华人民共和国环境保护总局发布了《全国“绿色社区”创建指南（试行）》，强调开展“绿色社区”创建活动，目的在于将环境管理和环境保护的公众参与机制引入社区的全面发展，让环保贴近百姓，走进每个人的生活，增强公众的环境意识和文明素养，促进社区的环境建设和环境质量的改善，实现推动整个城市的环境建设，提高文明进步水平的最终目的。

《指南》比照国际标准化组织制定的ISO 14000环境管理系列标准，把绿色社区建设分为组织领导、制订“绿色社区”创建计划、实施“绿色社区”创建计划、自我检查与评估四个部分。第一，绿色社区创建的组织领导。“绿色社区”创建活动在各级政府的领导和支持下，环保部门进行指导和帮助，与有关部门合作共同推进，由社区管理部门结合社区建设的总体目标组织实施。活动由街道牵头组织，成立“绿色社区创建委员会”或“绿色社区创建联席会”、“绿色社区创建领导小组”等领导机构，领导职务由街道办事处负责人担任，成员来自街道办事处的社区办、文明办、城建科、宣传部、妇联等职能部门，对应部门包括社区居（家）委会、社区物业公司，以及当地环保部门、环卫部门、区内和周边学校、环保民间组织和驻社区单位等。

第二，“绿色社区创建委员会”的主要职责是制订“绿色社区”创建方案。根据社区的现实情况和今后的发展规划，结合国家和地方对社会发展与环保法律法规的要求，制订短期（半年至一年）和中长期（三年至五年）“绿色社区”创建计划。不同条件的社区制订计划的侧重点有所不同。基本条件较差、环境问题突出的社区，优先考虑加强环境建设，分阶段、有步骤地推进社区污染治理、节水节能、水资源利用和污水处理、大气污染防治、噪声污染防治、固体废物的处理和处置的基建工程、设备改造、宣传设施等建设项目。新建社区基础设施较好，“绿色社区”创建工作重点则放在环境文化建设和引导居民选择绿色生活方式上。居民环境意识、绿色生活方式、自觉保护环境、与自然和谐相处风尚的形成是环境文化的体现，也是“绿色社区”创建活动的重要内容，具体包括倡导社区居民的绿色行为，崇尚绿色生活方式，选择绿色消费行为；关心环境质量，监督环境执法，参与政策制定；抵制破坏环境的行为；从身边的事做起，在家庭、社区、单位、学校等场所，以绿色的行为准则自律；运用法律手段维护自身合法的环境权益。

第三，实施“绿色社区”创建计划，建立鼓励居民参与环保的激励机制，推进公众共同参与。

第四，自我检查与评价。对照创建计划进行自我检查，定期进行评估。采取多种听取社区成员特别是居民意见的方式，通过居民对社区环境的满意度调查，建立完善的监督机制，确保“绿色社区”创建活动得以有效开展。

各级政府环保部门对“绿色社区”创建实施了定期评价，国家环保总局先后于2005年和2007年两次表彰全国绿色社区创建活动先进社区、优秀组织单位和先进个人，全国已有国家表彰绿色社区236个。此外，全国还评选出省级绿色社区2168个，地市级绿色社区3266个，全国各级绿色社区共计9367个，绿色社区创建活动受到社会各界普遍关注，呈现出平稳发展态势。

同时也应该看到，公众参与程度不足仍然是绿色社区建设面临的主要问题。社区中的环境因素可以分为“绿色社区”基本建设、“绿色社区”环境文化建设和居民绿色行为三个部分。在由政府主导的绿色社区建设活动中，社区中与环境保护相关的基础设施建设得以加强，成绩显著。但是，“绿色社区”环境文化建设则是一项长久的活动，只有建立了“绿色社区”文化，才能使居民自觉接受绿色行动。其中，主要问题表现在三个方面，第一，必须把环境保护与居民日常生活紧密结合起来，吸引社区居民自愿参与社区家园的环境建设，把政府主导的公益事业逐步转变为社区生活中的一项日常活动。第二，需要建立居民参与环保激励机制，使居民感受到参与环保不仅是一件具有社会效益的善事，而且能够促进资源循环利用，有一定的经济效益产出，从而使社区环保活动得以持续开展。第三，吸引居民参与社区环保活动需要培养居民的共有意识，培育居民的社区共同体观念，使居民认识到相互间具有共同利益和发展目标，从而自觉地建立起绿色行为规范。

在绿色社区的文化建设和居民绿色行为引导方面，北京市东四街道的绿色社区建设与乐和社区建设活动取得了富有积极意义的成效。

三　北京东四街道绿色社区建设实践

东城区东四街道位于北京市朝阳门内地区、东城区中部，辖区面积 1.65 平方千米，2009 年末常住人口 44253 人，17297 户，截至 2011 年 7 月的流动人口数为 12577 人。辖区主要包括大街 4 条，胡同 30 条，社区居委会 8 个。长期以来，东四街道工委积极推进街道工作由政府主导向公众主导的转化，并取得了显著成效。

1. 绿色奥运与绿色社区建设

东四街道所在区域是北京“四城九门”的四城之一，是老北京城区基本空间布局的重要组成部分，地域极具中国传统文化底蕴。[①] 21 世纪初，东四街道凭

① 东四街道历史上因为有清文渊阁大学士崇礼住宅、孚王府及明、清两代贮粮仓库南门仓等珍贵文化遗产而闻名，具有重要历史、文物和学术价值，展示着北京厚重的传统文化，是东四地区可持续发展宝贵的文化资源。

借“奥林匹克社区”称号再次享誉京城。由于其重要的地理位置，在奥运建设中被指定为危改工程重点区域，街道东片的总院社区、南门仓社区、豆瓣社区由过去的平房住区变身为现代的花园式楼房生活小区。

在奥运社区建设中，东四街道提出了“绿色社区”、“人文社区”建设理念。2002年9月，以奥林匹克运动会组委会入驻东四街道为契机，街道创造性地提出了建设东四奥林匹克社区的构想，即以体育文化活动为渠道，吸引群众参与社区建设，将奥林匹克理念融入社区生活，以人为本，倡导科学、文明、健康的生活方式，促进人与自然、人与社会协调发展的理念，最终实现人的全面发展和社会的全面进步。东四街道的奥林匹克社区建设成为探索以奥林匹克运动促进社会发展、将奥林匹克运动与社区建设相结合的新型城市社区建设模式。

东四奥林匹克社区建设中有大量与环境保护相关的活动，包括实施四合院改造工程、胡同整治工程、煤改电工程、街头花卉展、垃圾分类等一系列环境治理与美化活动。其中，“煤改电”工程是东城区按照北京市政府关于控制大气污染的工作要求，2003年在东四街道三条至八条率先实施的燃煤改蓄热式电采暖示范工程，项目投入1.1亿元，推进清洁能源的使用，有效缓解了平房四合院社区冬季烧煤取暖造成的大气污染。胡同整治工程项目改造具有文化价值的四合院，在改善街道景观的同时，创造出新的人文旅游资源，成为绿色奥运、人文奥运的代表地区，迎来了大量国内外游客嘉宾，展示了古都的新风貌。中国著名的环保组织“北京地球村”在东四街道开设社区环保项目办公室，专职人员指导社区的环保活动，地球村创始人廖晓义女士被聘为社区形象大使。

东四绿色社区在环保的基础之上提出了将健康与社区活动紧密结合起来的新理念，通过建设社区体育文化平台，吸引、带动社区群众参与社区文化活动。社区形成了“人人有组织、组织有活动、活动有特色”的组织方式。特别值得注意的是，在“奥林匹克社区”建设过程中，建立起了“楼门院”居民动员组织体系。东四街道社区东部已经改造为商品楼住宅小区，住宅楼和单元是街道发放各种事务通知、组织居民参与活动的基本单位。而朝阳门北小街以西地区依然保留着北京的传统建筑样式平房和胡同，四合院和胡同是社区居民参与社会活动的组织单位。东四街道以楼门院为组织体系，以兴趣为纽带，组成了200多个活跃在大街小巷、胡同院落的团体，社区体育人口比例达到近70%。2005年投入使用的奥林匹克社区体育中心是全国第一家以奥运为主题的体育馆，成为社区居民

休闲、健身、社会交往的好去处，吸引了社区居民的晨练、晚练活动，居民走出家门，走进社区文化生活，社区凝聚力和向上心提高，形成了热爱社区、建设社区的公共意识。可以说，绿色社区建设的深层意义是促进了新型社区文化的形成，这一社区文化与后来的乐和社区建设项目的开展有着密切的内在联系。

2. 从绿色社区建设到乐和社区建设

奥运会之后，北京市不断深化和发展三大奥运理念，从“绿色奥运、科技奥运、人文奥运”转变为“人文北京、科技北京、绿色北京”，并作为后奥运时代北京城市发展的新方向、新思路。作为文化创意型街区，在奥运会结束之后，东四街道再次站在了社区建设的新起点上。运用奥运社区建设的成功经验和日趋成熟的社区文化，东四街道把可持续发展选定为社会工作的新抓手。2010 年 9 月，东四街道和北京地球村、万通公益基金会签署协议，成立了“乐和城市社区合作社”①，在东四街道辖区内八个社区开展为期两年的“乐和城市社区行动”项目，为奥运社区注入新的内容，标志着东四街道的社会工作进入后奥运时代。

“乐和城市社区行动”的主旨，是形成一整套参与式的社区治理机制，提高社区弱势群体生计能力，普及绿色低碳的城市社区生活方式，倡导传统社区伦理和生态伦理，提升社区居民养生保健知识，打造建设现代生态文明的和谐城市社区。

中国社区生活环境保护面临的最重要的问题是如何依托文化理念，创建长效机制。在政府职能部门主导、经济组织配合的基础上，需要进一步发挥民间环保团体的作用，推进社区居民参与机制的形成。环保民间团体遵循传播绿色文化、寻求另类发展的价值观念的基本原理，这对于培育社区居民参与意识、提高环保活动能力、推动环保的长效机制建立至关重要。

在依托传统文化创建环境保护的长效机制方面，东四乐和社区建设项目创造

---

① “乐和城市社区合作社”由北京地球村环境教育中心主任、万通公益基金会秘书长、街道工委书记和街道办事处主任担任合作社社长。合作社办公室由街道奥建办、宣传部、社区建设办公室、城市综合管理办公室共同组成。在办公室下设立执行工作组，由街道秘书组、社区协调组共同组成。从以上机构组成可以看出，街道组织是乐和社区建设项目的组织者和实施者，北京地球村乐和社区项目专员提供理论指导与技术指导，万通基金会是资金支持者和项目监管者。

了宝贵经验。“乐和社区”活动的宗旨是借助《道德经》（五十五）中“知和曰常，知常曰明”的传统理念，将“乐道尚和”这一中华民族数千年文化传统的核心理念与现代社区生活相结合，以珍惜资源、俭约其行；修身养性、高尚其志；关爱生命、强健其身；乐在和中、身心境和的中国式乐和生活理念为主导。乐和意为“乐道尚和”，就是在吃穿住用行等日常生活中要考虑到自己和家人的健康以及对生态环境的责任心，力行资源可持续利用，建立相互关爱、和谐的新型邻里关系。

3. 乐和社区行动的实施路径

北京地球村是致力于地球生态保护的 NGO 组织，但是并没有把目标狭隘地局限于垃圾分类，而是制定了以下富有人文色彩的实施路径：第一，重视培养乐和族，以点带面推动社区居民参与热情，建立社区文体队伍的组织力量，倡导人们乐观、包容、有活力、身心健康，并在关注身体健康的同时关注心理健康。第二，重视社区民间社团管理机制的构建，完善组织机构，建立信息管理系统。建立互相关爱的和谐邻里关系，建立邻里之间的社会交往渠道，培养社区认同意识。搭建政府与民间团体双向沟通的管理方式，加强社团志愿者队伍的能力建设。第三，教育人们以更成熟的社会责任心和更文明的道德素质，注重行动，完善自己，惠及他人，善待环境，选择可持续的生活方式，以此构筑绿色社区。通过培养社区居民的乐和精神，让居住、工作在东四奥林匹克乐和社区的人们生活更健康、更和谐、更幸福。

（1）乐和治理的组织结构

乐和治理是开展乐和城市社区项目的组织与制度基础，目的是以“公”为基础，运用“共”的机制、“和”的力量，在社区中建立起家的感觉，化解社区社会矛盾，探索建构新时期、新形势下以自治为基础、共治为主题、法制为保障的社会治理格局。

乐和治理需要建立多方共治原则。共治主体包括政府、居民、公益组织等，由东四街道、包括北京地球村和万通基金会在内的公益机构以及社区居民三方共治。在社区层面成立基层自治小组，作为活动的参与主体。东四街道以社区为单位成立了八个自我运行的乐和城市社区志愿小组，又称为乐和协会，小组自主选择开展活动的切入点，从矛盾问题、群众兴趣和物质利益三个角度入手，选择本社区居民关注度比较集中的一个或多个话题作为活动主题。

（2）乐和伦理的基本目标与内容

乐和伦理的目标是传播健康向上的伦理道德，修复、重建社区精神家园，达到“净心”的境界。居民共同商议，建立行为规范。行为规范是乐和礼仪最重要的组成部分，目的是通过确立居民自我认同意识，形成社区道德规范，约束居民的社会行为。

宣传和弘扬居民善行是建立和传播乐和伦理的重要内容。东四乐和社区的经验是建立乐和榜，作为记录、宣传、弘扬社区居民善行的阵地和窗口。评选“文明户”、“乐和家庭”、“社区十大优秀居民”、“幸福和睦家庭”，在社区内树立乐和礼仪的典型，形成尊敬模范、学习模范的健康向上、充满正义感的社会气氛，带动社区的乐和礼仪建设，吸引居民参与社区公益活动。

（3）乐和生活的基本内容

乐和生活的第一项活动是普及适度消费、绿色消费理念。在社区内提倡简朴生活和适度消费方式；提倡使用生态包、菜篮子购物，减少白色污染，抵制过度包装产品。第二项活动是开展家庭节能竞赛。普及低碳节能理念，促进低碳家庭生活，节能活动包括节水、节电、26 摄氏度空调、绿色家电等，记录家庭节能数据，评选典型。第三项是社区绿色出行活动。提倡绿色出行，鼓励步行、自行车和公交出行，减少私家车的废气排放。第四项是开展社区内垃圾减量活动，资源回收重点是一般不回收的塑料外包装纸、利乐塑料软包装。为了激励居民的参与积极性，建立了“垃圾零废弃卡”模式，将居民回收的垃圾折算成为居民可能接受的回报，使居民的分类减量活动能够看到一定的经济收益①。东四社区的居民参与环保实践表明，一定的经济收益对于促进居民参与环保活动具有激励意义。

（4）开展乐和生计活动，建立居民参与激励机制

东四乐和社区建立了循环教育工厂，促进资源循环利用。首先，是活动项目设计和设施建设。项目设计以废品利用作为主线，依据居民的兴趣和能力，例如制作利乐包、扇子、凉帽等。其次，根据循环工厂的主题，聘请专业技术人员进

① 零废弃积分卡系统用于记录居民回收资源数量，社区建立了爱心超市，居民可以用零废弃积分卡换取所需米面油盐等日常生活用品。东四街道共有 756 户家庭办理了“零废弃卡”。参照李军玲《垃圾分类不是目的，循环再利用末端处理是根本方向》，收录于《第二届东亚环境合作模式建构国际研讨会论文集》，2011 年 7 月。

行培训，帮助居民掌握制作工艺。最后，联系订单，搭建销售渠道，建立常态化的循环工厂合作。此外，东四乐和社区还建立“乐和跳蚤市场”平台。居民将家中闲置且能继续使用的物品以物易物换取自己需要的物品，或用现金进行交换，使闲置物品“动”起来，循环利用资源、合理配置资源。

（5）开展节水行动，建立乐和生态

东四街道总院社区成立了节水行动组。首先为居民提供关于水的信息，邀请水源保护专家带领大家走访北海、什刹海等北京的主要水系，重温传统的水文化、水在人的生活中的作用，重新搭建人与水的情感和文化纽带。其次，帮助居民了解水源危机状况，传授在日常生活中爱水、珍惜水、保护水，掌握节水的知识和能力，这种具有感情和文化色彩的节水动机是仅仅依靠水价调控无法替代的。

（6）在更高层次上开展乐和养生，把绿色社区建设上升到健康理念高度

乐和养生的一项重要活动是开展食品安全监测。针对普遍关心的食品安全问题，东四街道开展了大量绿色生活教育活动，提倡健康消费理念，实施有机食品、绿色食品、无公害食品等绿色标识的宣传普及活动，使居民具备选择绿色健康食品的辨别能力。组织居民参观有机农场，逐步建立社区厨房与有机农场的对接机制，解除居民对食品安全的后顾之忧，加强社区居民的群体认同感。

相对于2002年以后东四街道在推进奥林匹克社区建设过程中提出的“绿色社区”的概念与目标，“乐和社区”超越了物质层面的环保，转而将环保扩展到内心及生活方式。这一转变的基础是建立交往平台，通过这一平台把社区居民联系起来，以社区环保建设为抓手，推进社区建设。乐和社区建设以乐和治理作为制度基础，以乐和生态、乐和养生作为活动的切入手段和居民参与渠道，以乐和伦理作为最重要的努力方向，以乐和生计作为激励机制和可持续发展的保障。

四　推进绿色社区建设的基本思路与做法

北京市东四街道的绿色社区建设实践形成了独具特色的思路与做法，这些经验对于各地开展与普及绿色社区建设具有重要参考意义。

第一，地方政府在推进环保活动时需要与居民的兴趣紧密结合，把行政工作

转换为生活活动。社区应该成为居民参与环保的基础平台，以“公”为基础，运用“共”的机制与“和”的力量，探索构建新时期、新形势下以共治为基础的社会治理格局。

社区活动必须满足人们从基本生活需求到自我价值实现的高层次需求。社区文化活动的兴起需要社会动员过程，街道和社区居委会是文化活动的组织者，但是由于中国的社区活动是政府主导的社会管理行为，活动计划主要是从宏观社会治理的角度制订的，因此常常会出现社区活动与居民需求脱节的现象。社区活动必须从居民生活的实际需求出发，采用即兴方式，基于生活共同原理。在现阶段，中国城市开展绿色社区建设特别需要考虑矛盾问题、居民兴趣、共同利益三个角度，把环境保护从一项行政工作转换成一件日常生活中的事情，使人们理解环境保护是一个大概念，最终目的是营造健康的生活环境，并且能够发挥居民交往的平台作用，激发居民参与的意愿和热情。把绿色社区建设活动与居民养生、健康结合起来，能够极大地调动居民的参与积极性，在相互交往过程中建立共同意识，为环保活动奠定坚实的动力基础。

第二，推进绿色社区建设需要建立激励机制，重视居民的利益得失，让居民看到应该得到的回报，并千方百计使之变为现实。居民把自己视为主体，在设计、实施、管理阶段主动参与，才能培养出活动积极、持之以恒的社团活动组织。环保 NGO 组织周到、细致的工作是促使居民参与的重要因素，NGO 辅导员与居民建立起相互信任关系，用对环保事业的激情感染居民，提升居民的参与欲望。

第三，培育居民的共同性，激活居民的共有意识。绿色社区建设活动尤其强调伦理建设，引导社区居民制定公共规范，自我约束。公共规范包括社区居民之间语言谦恭，树立社区礼仪氛围，邻里和睦，充满邻居友情，从而强化居民属于同一社区的归属感。在共有社区的意识基础上，人们才可能找到环保活动与自己生活的紧密联系，认识到参与环保最终是为了改善自身的生活环境。

社区活动的特质在于综合性和互动性。环保并非一项孤立活动，健身养生、防灾、食品安全、垃圾处理、治安问题都应该包括在绿色社区生活中。它的深层意义，是建立一种社区内部的生活秩序，培育居民的公共意识，增强社区认同感。正如法国社会学家卡斯特所讲，人们在社区活动的过程中发现彼此共同的利益，以某种方式分享彼此的生活，逐渐产生归属感，最后变成文化的认同，形成社区。这种社区是无形的社区，人们心灵上的社区，人们在这里找到了意义与认同：我的邻居、我的社区、我的城市、我的心态、我的环境、我的生活。

参考文献

埃莉诺·奥斯特罗姆：《公共事务的治理之道：集体行动制度的演进》，上海三联书店，2000。

国家环境保护总局宣传教育中心编《全国绿色社区创建活动优秀案例汇编（一）》，中国环境科学出版社，2007。

李国庆：《透视日本环境社会学》，《环境保护》2011年第8期。

鸟越皓之：《环境社会学》，东京大学出版会，2004。

刘青松主编《让环保走进社区——江苏省绿色社区创建指南》，中国环境科学出版社，2005。

梁从诫：《2005年：中国的环境危局与突围》（环境绿皮书），社会科学文献出版社，2006。

约翰·汉尼根：《环境社会学》（第二版），中国人民大学出版社，2009。

万通公益基金会编《生态社区行动指南》，2010。

曼纽尔·卡斯特：《认同的力量》，社会科学文献出版社，2003。

Urban Green Community Construction and Resident's Participation

Li Guoqing

Abstract: The green community construction is an important force to promote urban green prosperity. Resident's participation is the main form of urban green community construction. The unique nature of community environment is that the producers and victims of environmental issues are same subjects and they have common interests. Since 2004, China starts to carry out a green community construction campaign, and the environmental protection gradually becomes important activities in communities, but it is still in the executive-leading stage. Beijing Dongsi Sub-Distract carried out the green community construction with the collaboration of the environmental NGO "Global Village of Beijing" and then spread to the harmonious community construction. The practice shows that, based on the community, the close integration of environmental protection and people's daily lives, the cultivation of incentive mechanisms of resident's participation and resident's common consciousness are necessary conditions to promote green community construction.

Key Words: Green Community; Resident's Participation; Harmonious Community; Common life

B.13

中国城市绿色就业现状及发展前景*

郑　艳**

摘　要： 绿色就业是指能够提供环境友好型产品和服务的就业部门及岗位，以及能够通过产业和技术创新实现现有经济部门绿色化的就业创造过程。中国城市在环境基础设施、公共交通、节能建筑、可再生能源、资源回收和再利用、生态旅游等领域，都具有较大的绿色就业潜力。据初步估算，目前中国城市传统绿色产业部门的就业约为2000万人。从长期来看，在绿色低碳发展理念和政策实践的推动下，将通过产业结构优化和技术创新，在城市传统产业部门创造更多的环境友好型绿色就业。对此，需要积极倡导城市绿色低碳发展理念，通过城市经济的绿色化促进中国的绿色就业。

关键词： 绿色就业　城市　绿色低碳发展　就业绿色化

一　绿色就业的内涵

国际劳工组织最早开始关注绿色就业，将绿色就业（Green Jobs）界定为：在经济部门和经济活动中创造的，能够减小企业和经济部门对环境造成的负面影响，最终实现环境、经济和社会可持续发展的体面就业领域①。中国劳动科学研究所在与国际劳工组织合作的一项中国绿色就业研究中，赋予“绿色就业”以下含义：①采用绿色技术、工艺和原材料进行生产的就业；②从事绿色产品生产

---

* 本文受到国家自然科学基金重点项目（编号：70933005）资助。

** 郑艳，博士，中国社会科学院城市发展与环境研究所助理研究员，主要研究领域为环境经济学、气候变化与可持续发展。

① 联合国环境署、国际劳工组织：《绿色就业：在低碳、可持续的世界中实现体面劳动》，2008。

和服务的就业；③直接从事环境和生态保护工作的就业。① 此外，能够促进低碳发展的一些部门和企业，其创造的就业也属于绿色就业。②

一般而言，就业既包括就业岗位，也包括就业岗位的创造过程。绿色就业可以有狭义和广义的区分。本文认为，狭义的绿色就业是指与促进生态保护、环境友好的产品和服务直接相关的就业岗位、产业部门，是一种静态的界定；广义的绿色就业不仅包括绿色就业岗位和绿色产业部门，还包括在传统就业岗位和产业部门中创造环境友好型就业的过程，是产业和经济绿色化的结果，是一种动态的界定。

“绿色就业”具有三个要素，一是有尊严的职业，国际劳工组织强调任何职业都必须首先确保劳动者的基本权益，包括人身安全、职业健康和人格尊严；二是环境友好功能，这是“绿色就业”之所以成为绿色的必要条件，即劳动者从事的经济活动能够直接或间接地促进生态环境的保护、恢复及改善；三是创新特性，绿色就业具有与时俱进的动态特征，既包括伴随绿色经济和可持续发展理念应运而生的许多新的生态环保行业，也包括现有传统行业和就业的“绿化”改造。

二　城市绿色就业的发展趋势及意义

全球有一半以上的人口生活在城市，许多发达国家的城市化率超过 70% 以上，未来全球城市人口和就业的增长将主要集中在发展中国家。城市集聚效应不但创造了巨大的经济价值，也创造了大量的就业岗位。城市发展绿色就业具有以下意义。

1. 绿色就业有助于实现绿色低碳发展、就业和收入增长的双重目标

2008 年底，针对蔓延全球的金融危机，联合国环境署提出了“全球绿色新政及绿色经济计划”③，倡导各国在经济刺激计划中支持和加强“绿色投资”，通

① 劳动科学研究所：《中国绿色就业的发展》，载《中国绿色就业研究总报告》，http://www.ilss.net.cn/n1196/n23277/n23391/6129402.html。

② 潘家华、郑艳、张莹、张安华、柯水发等：《中国低碳发展与绿色就业研究》，国际劳工组织研究报告，2010 年 3 月。

③ 联合国环境署：《实现全球绿色新政》，http://new.unep.org/Documents.Multilingual/Default.asp?DocumentID=562&ArticleID=6079&l=zh&t=long，2009 年 2 月。

过发展环保技术、清洁能源、绿色交通、废弃物管理、节能建筑、可持续农林业等绿色经济产业，在实现绿色发展的同时推动绿色就业。2009 年 3 月，欧盟宣布将在 2013 年之前投资 1050 亿欧元支持发展绿色经济，促进就业和经济增长。美国奥巴马政府提出了以发展新能源为核心的“绿色复兴计划（Green Recovery Programe）”，希望通过绿色基础设施投资建立低碳经济体系，据测算，在新能源领域每投资 10 亿美元，能够为美国创造约 2 万～3 万个就业岗位①。韩国提出了 380 亿美元的绿色新政计划，其中在流域治理、森林保护和能效建筑等主要领域的投资将带动约 50 多万人的就业。中国 2008～2010 年实施的 4 万亿经济刺激计划中有 15% 左右属于“绿色”投资，据估算能够带动直接和间接就业 450 多万个②。

2. 城市具有绿色就业的巨大潜力

发达国家的就业主要集中于城市。欧洲各国最早推动和关注了绿色投资与绿色就业，早在 1999 年，德国联合工会与环境组织和企业一同发起设立了“工作与环境联合计划（Alliances for Work and Environment）”，旨在通过建筑节能改造措施同时促进环境保护和绿色就业，该计划目前已经创造了每年 20 多万个工作机会③。对于处于快速城市化进程的中国而言，通过绿色就业带动城市化进程，既能有利于创造更多的就业岗位，也有利于绿色低碳发展目标的实现。2010 年，中国城市人口已接近农村人口的比重，城镇就业人口占总就业的比重达到 45.6%，在“十二五”规划《纲要》中，首次提出要实施就业优先战略，强调把促进就业放在经济社会发展的优先位置，建立规范有序、公正合理、互利共赢、和谐稳定的劳动关系。“十二五”规划期间，中国将处于城市化和工业化提升的重要阶段，绿色就业能够促进我国经济结构的顺利转型及农村人口的城市化。

3. 创造环境友好型、资源节约型的绿色就业有助于改变中国城市环境日益恶化的趋势

城市集聚具有规模经济效应，能产生更多的就业机会。改革开放 30 年

---

① PERI, Center for American Progress, “Green Recovery – A Programe to Create Good Jobs and Start Building a Low – Carbon Economy”, Sept. 2008, www. peri. umass. edu.

② 潘家华、郑艳、张莹、张安华、柯水发等：《中国低碳发展与绿色就业研究》，国际劳工组织研究报告，2010 年 3 月。

③ 沃纳·施耐德、德国联合工会：《德国的工作与环境联合计划》，中国绿色就业国际经验分享研讨会，北京，2009 年 3 月 30 日。

来，中国的城市化进程取得了世人瞩目的成就，城镇就业人口从1978年的9500万增长到3.5亿人，城镇就业比重增长了1倍。然而，伴随着城市化过程，城市也消耗了大量的资源，导致城市出现各种生态和环境问题。目前中国约有1/5的城市大气污染严重，100多个城市严重缺水，城市能源消耗总量占全部能源消耗的75%左右，全国城市年产生活垃圾1.5亿吨，未经处理的城市污水排放200亿吨，空气污染、垃圾围城、水污染、交通阻塞、生态恶化等环境问题成为中国城市的普遍现象。此外，由于城市环境基础设施建设长期滞后，近些年，在气候变化影响下，中国沿海和内陆城市又受到干旱、暴雨、冰冻雨雪等极端气候事件的侵袭，城市人居环境日益脆弱。因此，以绿色就业带动城市的绿色低碳发展，成为一个富有现实意义和迫切性的重要议题。

三　中国城市绿色就业的现状与特点

（一）中国城市绿色就业的主要领域

城市绿色就业与城市生态建设、环境保护、低碳发展等许多经济活动都息息相关。由于对绿色就业的界定既包括特定的就业岗位，也包括就业部门，而现有的行业就业划分并不能有针对性地体现出绿色就业的特点。因此，有必要对绿色就业从行业的角度进行粗略的划分和界定，以便社会公众和决策者更好地理解绿色就业的含义。

联合国环境署与国际劳工组织发布的《绿色就业：在低碳、可持续的世界中实现体面劳动》报告，提及了多个能够促进温室气体减排、资源节约和促进绿色就业的重点领域，包括：能源供应行业，交通运输部门，生产制造业，建筑行业，资源回收和利用业，零售行业，农业，林业等。2010年，中国城镇就业主要集中在以下部门（见图1）：制造业、教育和科技服务、公共管理和社会组织、建筑业。这四个主要行业的就业人数占到中国城镇总就业的60%以上。此外，交通运输、能源供应、资源回收和利用、零售物流等，也是中国城市近年来发展势头较快、能源需求较高、就业增长较大的主要行业。

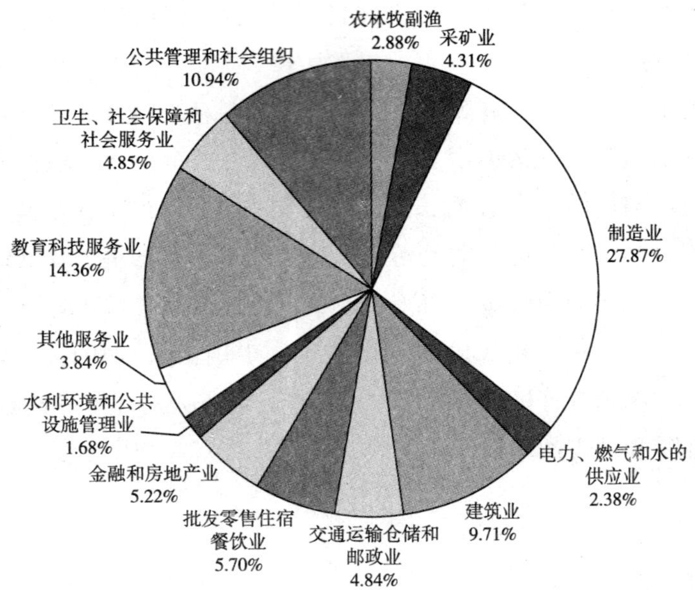

图1　2010 年中国城镇各行业就业人口比例

数据来源：《中国统计年鉴（2011）》。

根据我国城市发展中面临的主要生态环境问题，以及城市不同行业部门在绿色低碳发展中的职能和贡献，以下几个主要行业可归为传统的城市绿色就业领域。

（1）城市生态环境基础设施行业：包括城市造林、公园绿化、林业管理、污水处理、水利防洪、气象服务、环境监测与管理等；

（2）城市资源再生与循环利用行业：如城市废弃物回收、分拣和再利用，中水回用等；

（3）城市可再生能源行业：城市太阳能、风能、地热等可再生能源的产品研发、销售及服务；

（4）城市公共交通行业：城市公共交通、地铁、电车、免费自行车系统等相关就业；

（5）城市环保技术研发与服务行业：如环境技术研发、环境监测、气象服务、地质勘察等直接或间接有助于环境保护的技术服务行业。

（二）中国城市绿色就业的初步概算

参考上述绿色行业分类，根据相关数据和资料，对我国城镇部门与绿色就业

相关的传统绿色行业就业人数进行了粗略统计，可知，2010 年中国城市狭义的绿色就业总数已超过2000 万人（见表1）。

表1　中国传统绿色行业及其绿色就业估算

单位：万人

绿色行业分类	对应部门[a]	绿色就业人数
1. 生态基础设施产业	林业	89.40
	水利、环境与公共设施管理	205.66
2. 绿色交通产业	城市公共交通业	108.80
3. 绿色技术研发与服务产业	农业科学研究与实验、气象服务、环境监测、工程技术与规划管理、地质勘察业	130.54
4. 再生资源产业	废弃资源及废旧材料回收加工业[b]	3.67
5. 绿色能源产业	火电脱硫运行及维护[c]	1.82
	风力发电及风电设备制造[d]	25.20
	太阳能光伏制造业[e]	8.28
6. 绿色制造行业	环保产品及设备制造[f]	176.30
7. 绿色建筑行业	既有建筑节能改造[g]	1260.00
8. 绿色管理与社会服务行业	环境保护类社会团体[h]	22.40
总　计	2032.1	

数据来源：a.《2010 年中国人口和就业统计年鉴》；b. 此为年鉴统计数据，比实际可能低估许多。根据2004 年《全国环境保护相关产业状况公报》，以再生资源回收利用和固体废物综合利用为主的资源综合利用行业从业人数为96 万人，远高于此数据；c. 根据中国社科院《中国绿色就业与低碳发展研究报告》中火电脱硫行业的直接就业测算结果，数据为2003～2012 年每年预计新增岗位的总和；d. 根据中国社科院《中国绿色就业与低碳发展研究报告》中风电行业的直接就业数据估算，数据为2005～2010 年；e. Jiahua Pan, Haibing Ma, Ying Zhang, Changyi Liu, "China's green economy and green jobs: current status and potentials for 2020", in China's climate change policies, editored by Weiguang Wang, Guoguang Zheng. 见《气候变化绿皮书》英文版，数据为2007 年的行业统计；f. 根据2004 年《全国环境保护相关产业状况公报》相关数据计算；g. 莫争春《现有建筑的能源效率和绿色就业》，《中国绿色就业经验分享与政策研讨会》发言材料，2010 年3 月30 日；h. 引自中国环境保护协会资料，葛道顺《我国非政府组织从业群体研究报告》，http://www.sociology.cass.cn/shxw/xstl/xstl63/P020100227656758901978.pdf。

表1 对于绿色行业的分类基本上能够覆盖不同性质和类型的绿色就业，但是其下对应的具体行业还不够完备。由于许多行业的统计数据并未进行更细的区分，只能计算出较大类行业的绿色就业数，此外，也借鉴了国内部分研究成果的量化测算结果。总体来看，这一测算数据还是比较保守的。近几年来，随着国内绿色发展、节能减排、低碳城市建设不断深入推进，新的绿色就业岗位还将层出不穷。

（三）中国城市绿色就业的基本特点

从上述分析来看，中国城市目前的绿色就业还处于以传统环境管理、环境基础设施、环保产业为主的传统绿色产业发展阶段，绿色就业的创新性及其对发展绿色低碳经济体系的整体带动效应还远未发挥出来。具体而言，具有以下特点和不足。

首先，对城市绿色就业的界定及其理解还不统一。近年来，国内一些研究机构开始关注绿色就业问题，国内外对绿色就业也有了一些界定，但是这些界定具有不同的视角，学界、社会公众和企业对此并无统一的认识和理解，尤其对于城市的绿色就业还缺乏有针对性的讨论和研究。对此，我们认为有必要对城市绿色就业进行广义和狭义的界定，从绿色行业的就业岗位到传统经济部门的就业绿色化两个角度来理解绿色就业。

其次，对绿色就业的政策研究及量化评估还比较缺乏。绿色就业最初是国际劳工组织倡导下提出的就业理念，政策和实践最早可以追溯到欧洲的环保运动，在全球低碳发展和建立生态城市的理念引导下，绿色就业将成为新的关注点。然而，国内外对于城市绿色就业的政策研究还缺乏相应的经验借鉴，对于如何界定、度量绿色就业，以及如何开展政策试点示范，还需要深入的探讨与实践。

第三，促进绿色就业的市场环境和制度环境尚未建立。绿色就业应当具备体面就业、环境友好、创新性等基本特征，这些需要相应的市场环境和制度保障，包括从劳动者素质、就业服务、法律保障、企业环保技术标准、绿色企业认证、政策扶持、生产和消费理念的转变等等，需要一个有助于培育绿色就业的经济结构和社会环境。

四　中国城市发展绿色就业的前景分析

绿色就业与绿色低碳发展密切相关。国家“十二五”规划充分体现了绿色低碳发展的理念，不但要转变发展方式，调整经济结构、产业结构，推动可再生能源发展，而且在生活方式和消费模式上也要实现积极转变。[①] 绿色就业不仅是指狭义的绿色行业部门拥有的绿色就业数量，更重要的是整个经济体系的就业结构的绿色化。国家发改委指出，“十二五”期间，中国将投资两万亿元推进绿色

① 解振华：《中国“十二五”规划体现绿色低碳发展要求》，中国网，2011 年 11 月 22 日。

低碳发展。可以预见，随着绿色低碳发展在理念、实践和技术层面不断深入推进，未来我国城市还将出现和兴起更多新的绿色行业和绿色就业。

借鉴国际绿色经济和绿色就业的经验，我国要实现经济结构转型、走向绿色低碳发展的战略目标，可以从以下几个方面推动经济体系的“绿色化”：一是积极发展城市环境友好型产业，如城市生态农业、生态旅游、有机食品、可再生能源、清洁技术研发、城郊及周边地区的植树造林和生态恢复等；二是在城市规划中限制高能耗、高污染行业过度发展，实施黑色产业的低碳节能和绿色技术改造，如利用清洁技术、新产品、新工艺等改造、净化传统的化石能源、冶金、建材等重化工业；三是倡导绿色低碳的生产模式和消费方式，提高资源的利用效率和产出效率，提高原材料和产品的循环利用水平，减少污染物和废弃物的产生等；四是绿色公共基础设施的建设，弥补发展过程中的绿色投资赤字，包括城市生态绿化工程、污水处理、废弃物回收及处理、排水防洪、防灾预警等等环境设施的建设、维护与治理；五是积极发展为绿色经济服务的绿色保障产业，包括技术研发和相关服务业，如绿色信贷、绿色技术、绿色保险、绿色认证等。

随着城市居民收入水平的提升，人们对城市居住环境和生活质量的要求也越来越高，尤其是与人们生活息息相关的住宅、食品、交通、物流、休闲娱乐、社会服务等领域，需要有更人性化、绿色化的产品和服务。国家“十二五”规划明确指出要“鼓励消费者购买使用节能节水产品、节能环保型汽车和节能省地型住宅，减少使用一次性用品”，可以预见，城市生态建设、可再生能源发展及应用、绿色低碳公共交通、节能建筑、资源回收利用等行业将在政策的推动下，具有较大的绿色就业发展潜力。鉴于不同行业领域具有不同程度的绿色就业开发潜力，中国城市发展绿色就业可以从以下直接或间接相关的具体领域入手，实现投资驱动、就业增长和社会经济发展的连锁效应。

1. 城市绿色基础设施

城市绿色基础设施除了传统的城市生态环境基础设施行业，例如城市造林、公园绿化、林业管理、污水处理、水利、防灾减灾、气象服务、公共卫生、环境监测设施等；还包括一些新兴的城市绿色基础设施，如防灾预警信息平台建设、公众环境信息发布平台等。“十二五”规划提出要“提高城镇生活污水和垃圾处理能力”，“扩大城市绿化面积和公共活动空间”，“城市污水处理率和生活垃圾无害化处理率分别达到85%和80%”。根据《中国统计年鉴》数据，以北京、上海、

重庆三个直辖市为例，2006～2010年，农林、水利、气象、环保等领域的环境基础设施投资分别占到城市GDP的14.6%、8.6%、16.9%。此外，应对气候变化带来的城市防灾减灾需求，也带动了大量投资。例如，广州市为了应对城市暴雨导致的内涝，2012年拟投入3.79亿元，包括建设泵站、改造排水管网等基础设施。可见，未来中国城市的绿色基础设施将在政策和投资带动下，具有广阔的绿色就业潜力。

2. 城市绿色能源

可再生能源行业作为我国实施节能减排的重点领域，对于生态环境保护、减少二氧化碳和污染物排放都具有显著的贡献。可再生能源行业带动的绿色就业广泛涉及技术研发、生产、制造、销售及服务等多个领域。到2020年，我国可再生能源比重将占到全部能源供应的20%，可创造出更多的绿色就业机会，预计新能源行业的就业将达到220万人。城市绿色能源主要包括：①城市太阳能利用：太阳能资源分布广泛、应用便利，在城市公共设施、大型建筑领域都具有非常广泛的应用前景，同时也能够带动大量与太阳能产品制造、销售、服务相关的绿色就业；例如，被称为中国太阳能之城的保定市在城市道路、广场、机关、学校、公园、小区等场所积极普及太阳能发电、供暖、供热系统；上海崇明岛生态村的太阳能庭院灯、风光互补路灯等，也是小型城市设施与太阳能结合的实例。②城市风能利用：中国沿海地区风能资源丰富，传统能源匮乏，一些城市看到了风能应用及产业发展的巨大潜力，修建风电场，利用政策扶持风能技术研发和风机制造产业，带动就业和经济发展。③城市垃圾发电：通过利用城市垃圾、生物燃料从事能源开发和利用，可带动相关就业。④城市核电利用：在我国一些沿海地区城市，核能成为充足稳定的电力供应来源之一。⑤碳捕获和碳封存等新技术行业，目前在国内开展了一些探索性的试点，例如北京高碑店电厂的碳捕获项目能够带动一些相关的技术研发及管理岗位。此外，传统化石能源的开采、冶炼和火力发电行业的节能减排改造在我国也是一个很重要的绿色就业领域，如火电厂的脱硫改造及其相关脱硫设备的制造、安装、维护与检测等。

3. 城市绿色交通

未来中国城市绿色交通领域的绿色就业将受到两大发展趋势的推动，一是城市绿色公交系统的发展，二是绿色汽车的技术研发、生产和消费。据统计，城际交通、市内轨道交通和地面公交系统带动的绿色就业约占城市公共交通系统的60%以上。根据“十二五”规划，中国将投资2000亿元用于新建400公里的城

市轨道交通，25 个城市规划建设总长度为 5000 公里的城市地铁及轻轨，以北京市为例，2011～2020 年，北京城市轨道交通投资总计将创造 438 万个直接和间接就业机会。针对中国城市日益增长的家庭轿车需求对城市环境和交通带来的巨大压力，中国政府出台了一系列鼓励清洁燃料和新能源汽车的发展政策。据估算，2011～2020 年，替代能源汽车能够带动的绿色就业岗位约为 64 万～167 万个。① 此外，杭州、上海、北京等许多城市为了鼓励居民绿色出行，还推出了城市免费自行车，带动了一系列直接和间接的就业机会。可以想见，未来中国城市绿色交通领域的大规模投资将带动大量的城市绿色就业机会。

4. 城市绿色建筑及绿色住宅

城市绿色建筑包括公共建筑、商业建筑、民用建筑领域的新建绿色建筑，及既有建筑的低碳、节能改造。城市绿色建筑（包括绿色住宅）既是建立绿色低碳城市的重要内容，也是创造城市绿色就业的主要部门。根据建筑节能相关法规和政策要求，我国新建建筑的设计和建造必须采用节能型的建筑结构、材料、器具和产品，提高保温隔热性能，减少采暖、制冷、照明的能耗，对于既有民用和公共机构建筑要进行节能改造。我国自 2005 年起开展了建筑节能试点城市工程。我国既有建筑面积高达 420 多亿平方米，因此新建节能建筑和现有建筑节能改造将创造大量绿色就业机会。社科院一项研究指出，中国实施建筑节能改造可以新增大约 1260 万就业岗位②。近些年来，中国城市居民对于城市宜居性的关注越来越高，城市住宅是否绿色、健康和宜居，成为居民迁居、置业的主要选择因素。此外，许多大城市如上海、北京、广州等，将在“十二五”期间陆续进入城市人口老龄化阶段，城市居民对于生态型休闲养老住宅的需求也日益凸显。可以预见，与城市绿色建筑、绿色住宅相关的领域，如绿色生态住宅、社区绿色管理与服务，建筑物及住宅小区的屋顶和空间绿化，低碳住宅和建筑设计，建筑节能改造等，能够在未来创造大量的绿色就业岗位。

---

① Jiahua Pan, Haibing Ma, Ying Zhang, Changyi Liu, “China's green economy and green jobs: current status and potentials for 2020”, in China's climate change policies, editored by Weiguang Wang, Guoguang Zheng, pp. 160－186.

② Jiahua Pan, Haibing Ma, Ying Zhang, Changyi Liu, “China's green economy and green jobs: current status and potentials for 2020”, in China's climate change policies, editored by Weiguang Wang, Guoguang Zheng, pp. 160－186.

5. 城市资源回收与再利用

资源回收再利用是绿色循环经济的一个重要组成部分。中国城市每年产生垃圾上亿吨，发展资源回收与再利用产业在中国具有广阔的前景，不但能够在生产、流通和消费等过程中实现资源消耗的减量化、废弃物的再利用和资源化，也能够创造大量的直接和间接就业岗位。2005 年中国公布的第一批循环经济试点的重点领域中，包括了再生物资回收加工利用体系建设、废旧金属再生利用、废旧家电回收利用、再制造等。资源回收和再利用涉及服务业、制造业等多个部门，目前，中国从事这一行业的人员有 1000 多万人，其中有 600 多万都是农民工，许多从业者处于非正规就业的状态。一方面，以零散打工、小作坊式经营的从业者缺乏相应的劳动保护和就业保障；另一方面，不规范的工作方式和操作流程，常常导致资源利用效率低下，生态环境破坏严重。为了提升资源回收利用行业的整体水平，规范这一行业的发展，需要对这些非正规的从业者进行培训，加大政策扶持力度，以便逐步推动这一行业的专业化水平，同时实现体面就业的目标①。

6. 城市绿色旅游

绿色旅游是指城市居民前往城市郊区及周边地区的休闲、度假、娱乐和健身活动，包括：城市森林旅游、农家乐、绿色休闲旅游、都市采摘旅游等，及远足、爬山、钓鱼、高尔夫等各类活动。随着城市中心区人口密度增加、环境质量下降，以及城市居民拥有更多的休闲时间，城市近郊的绿色休闲旅游将成为未来国内城市旅游的一个重要组成内容。中国的绿色旅游方兴未艾，以森林旅游为例，旅游人数年均增长率达到 30% 以上。旅游业由于涉及交通、餐饮、住宿、零售等诸多部门，全过程的能源消耗往往较高。为了推动生态旅游，许多欧洲城市提供多种便利条件，将环保与旅游完美地结合起来，例如在德国、英国、法国，都有专门针对游客设计的各种旅游交通卡，方便游览景点和乘坐公共交通工具出游。我国城市的绿色旅游还可以在产业体系、就业引导、政策激励等方面深入挖掘。

---

① 百业网，《中国科技信息——再生资源回收利用是节能减排的最有效措施之一》。2006 年 6 月，中国再生资源回收利用协会在北京组织了“服务新农村、培训农民回收工”的活动，向考试合格的学员颁发“废旧物资回收挑选工国家职业资格证书”，目的是将农民回收工培养成有文化、懂技术、会经营，并且具有环保意识、安全生产意识和社会责任心的新型职业者。

7. 都市绿色农业

伴随着城市收入和消费水平的提升，城市居民对于绿色食品和健康食品具有更高的品质需求。在许多国内外发达城市，都市绿色农业的理念及实践已经深入人心，许多有识之士已经开始投入这一领域从事经营和就业。都市绿色农业包括：绿色农产品技术开发、园艺种植、绿色超市、社区供销服务组织等。在中国一些大城市，如上海、北京、广州、西安等地，由于城市居民对于环境和食品健康问题日益关注，涌现出一些农户—社区自助供销组织，如北京的“有机农夫市集”，上海的“农好农夫市集”等。这些组织借鉴了欧美发达国家农户与消费者对接的经验和做法，虽然还处于前期发展阶段，但是其影响力正在不断扩大，一些组织也朝向非营利的公司形式发展。我国政府有关部门也在积极推动农户—超市对接行动，例如2010年北京6家大型连锁超市与全国110多家农民合作组织建立了“农超对接”合作关系，“十二五”期间还将建立首批645个社区规范化建设试点①。这些新的需求和服务将带动更多的都市绿色就业。

8. 城市绿色金融

城市绿色金融包括碳市场、碳金融、电子商务、灾害保险、绿色信贷等领域的城市就业。2008年以来，国内一些城市如天津、上海、北京、广州等纷纷建立了环境交易所，成为国内绿色金融领域的先行者，并带动了一些从事相关工作的技术咨询服务岗位，例如为国内企业申请为清洁发展机制项目而服务的各种技术咨询公司。城市电子商务伴随着城市消费水平的增长呈现稳定而快速的发展态势，传统的实体销售、技术服务、金融产品等，在电子商务的支持下，体现出更多的低碳、绿色、便利的特征，因此深受城市消费者的欢迎。在韩国、英国等许多西方城市，电子商务已经无孔不入，深入人们的日常生活之中，包括超市购物都可以实现快速便捷的网上销售。这种节约仓储、物流和交通排放的低碳电子商务产品，能够带动大量新兴的金融服务领域的绿色就业，应该得到更广泛的推广和应用。

五　推进城市绿色就业的战略思路及对策

作为绿色发展与可持续发展理念的目标和内容之一，绿色就业有赖于从政府

① 《北京6大超市与110多家农民合作组织“农超对接”》，中国新闻网，2010年12月17日。

到公众、从消费到生产模式、从理念到实践的一系列改变，通过媒体宣传、科普教育、技术开发、市场培育等等手段，能够在城市发展过程中逐步推广绿色就业理念、实现绿色就业的目标。国家“十二五”期间，经济发展的重点是加快转型和调整优化产业结构，就业领域将“健全规范灵活的人力资源市场，完善城乡公共就业服务体系，推动就业信息全国联网”，这有利于拓展高素质劳动者的就业空间，确保就业服务的均等化和公益化。

经济结构和就业结构的绿色转型有赖于政策、投资、技术创新等方面的引导和推动。倡导绿色城市化理念，通过城市产业的绿色化推动绿色就业，需要从以下方面着力推进。

（一）积极倡导绿色城市、低碳城市的理念

绿色城市和低碳城市理念都要求城市发展从生产到消费，从投入到产出，实现环境友好、可持续的发展目标。只有使得绿色城市、低碳城市的发展理念深入人心，才能逐渐实现从意识到行动的转变。一方面，需要通过政策、规划和投资引导，积极推动城市生态建设、防灾减灾、环境保护、节能减排、产业结构优化等科学的城市发展进程，另一方面，需要在科学研究、科普宣传、媒体推广、社会公益等活动中吸引企业和社会公众的广泛参与，身体力行绿色低碳理念，从而为中国城市的绿色就业带来更大的发展潜力。

（二）配合城市化提升的进程，积极发展绿色服务产业

考虑到产业结构提升的客观规律，我国应该积极发展城市第三产业并带动相关就业，尤其是为制造业等工业部门提供技术和研发支持的生产型服务业，以及带动内需的消费型服务业。对于城市化水平较高的城市而言，可以顺应城市居民对于绿色、低碳理念及服务的需求，鼓励发展城市有机农业、生态旅游、节能住宅、绿色小区、绿色公交等新兴产业和消费市场，促进绿色就业和绿色城市发展。

（三）在城市发展规划中优先考虑绿色就业目标

就业关系到社会和谐、经济稳定及可持续发展，中国“十二五”规划设定了发展民生和促进消费型社会的目标，然而，要改变我国传统的经济发展模式、医治

城市发展中形成的各种城市环境病，还需要付出很大的努力。我国许多大城市即将进入老龄化阶段，许多中小城市还面临着吸纳上亿农业人口的城市化任务，对此，需要科学制定城市发展规划，在城市人口规划、产业布局中，优先考虑就业增长，协同考虑生态保护、防灾减灾、收入分配、社会发展等多重发展目标。

（四）推进城市绿色就业的政策配套和试点示范

推动绿色就业需要有许多相关的配套设施和政策设计，比如绿色技术研发、绿色就业的教育培训、绿色企业或绿色就业认证、绿色就业的扶植政策（如财税优惠）等等。考虑到中国自身的发展特点和制度特点，作为一种新型的就业发展模式，国内外可以借鉴和参考的经验不多，建议在相关研究的基础上，选择基础条件较好的典型城市开展试点，在总结经验的基础上制定城市绿色就业的促进政策。

China's Green Employment in Cities: Situation and Prospect

Zheng Yan

Abstract: Green employment can be identified as those jobs and industries contributing to ecological and environmental friendly products and services, as well as a process of greening traditional economy system by way of technological innovation on economic sectors. This paper indicates that there would have an increasing potential of green jobs creation in China's cities, including environmental infrastructures, energy-saving buildings, public transportation, renewable energy, ecological tourism, recycling and reusing resources, and so on. It's estimated that the number of traditional green jobs in China's urban sectors is about 20 million. From a broad view, promoting by Green & Low carbon Development, creating more green jobs would depend on economic structure transformation and technological innovation, so as to improve environmental-friendly employment in urban traditional sectors.

Key Words: Green Employment; City; Green Low Carbon Development; Greening Employment

B.14
统筹城乡绿色发展的进展

李红玉*

摘　要： 中国经济社会发展已经进入科学发展、转型发展、跨越发展的关键时期，统筹城乡绿色发展是新时期提高城乡统筹发展质量、践行科学发展观的重要手段，中央和各级政府通过政策引导不断推动城乡统筹绿色发展，各地也进行了各具特色的统筹城乡绿色发展的实践探索。未来，要进一步加强制度创新、机制创新和标准建设，加快推进统筹城乡绿色发展的进程。

关键词： 统筹城乡　绿色发展　经济社会发展转型

2003年党的十六届三中全会上，中共中央总书记胡锦涛提出科学发展观，即："要坚持以人为本，树立全面、协调、可持续的发展观，促进经济社会和人的全面发展"，按照"统筹城乡发展、统筹区域发展、统筹经济社会发展、统筹人与自然和谐发展、统筹国内发展和对外开放的要求推进各项事业的改革和发展"，党的十六大、十七大进一步把科学发展观作为指导中国经济社会可持续发展的重大战略思想。统筹城乡发展是科学发展观中五个统筹的首要任务，国家和地方政府在统筹城乡基本公共服务和基础设施建设等方面不断加大力度，出台了一系列创新政策，并设立了统筹城乡综合配套改革试验区，珠三角地区、长三角地区、京沪大都市等地分别创建了具有地方特色的统筹城乡发展的探索性模式。目前，中国经济社会发展已经进入科学发展、转型发展、跨越发展的关键时期，资源承载能力、生态环境容量已经成为中国经济社会发展的首要约束，随着统筹城乡发展的深入开展，城乡一体化的资源利用、环境保护、生态建设，以及绿色产业的发展，在统筹城乡发展中的重要性日益凸显，统筹城乡发展已经进入全面

---

* 李红玉，中国社会科学院城市发展与环境研究所副研究员。

提升城乡一体化发展水平、提高可持续发展能力的新阶段，即统筹城乡绿色发展的新阶段。

一 统筹城乡绿色发展的内涵与提出背景

（一）统筹城乡绿色发展的概念界定

党的十七届五中全会强调要坚持把建设资源节约型、环境友好型社会作为加快转变经济发展方式的重要着力点，加大生态和环境保护力度，提高生态文明水平，增强可持续发展能力。统筹城乡绿色发展，是相对于城乡分割的“二元生态体系”而言的，它要求把农村的资源利用、环境保护、生态建设和绿色产业的发展纳入城乡一体化的大格局中进行统筹，以城乡一体化绿色发展为最终目标，统筹解决城市和农村在绿色发展中出现的断层现象，优化资源配置，实现城乡绿色共荣。统筹城乡绿色发展的实质是给城乡居民平等的发展机会，通过城乡布局规划、政策创新、国民收入再分配等方式，促进城乡各种资源要素的合理充分流动和优化配置，促进城乡分割的传统“二元经济社会结构”向城乡统筹的“城乡一体化经济社会结构”转型。

因此，统筹城乡绿色发展可以界定为：通过构建一体化的资源开发利用通道、均等化的环境保护设施及标准体系、网络化的生态系统，以及要素自由流动的绿色产业集群，统筹城乡绿色发展，实现城乡绿色共荣。随着国际社会加快迈入绿色经济时代，统筹城乡绿色发展已经成为统筹城乡发展的重要支撑。

（二）统筹城乡绿色发展的核心内涵

统筹城乡绿色发展是在传统发展基础上的一种模式创新，是建立在生态环境容量和资源承载力的约束条件下，将资源集约利用、环境保护与生态建设及其相关产业作为实现城乡可持续发展重要支柱的一种新型的地域统筹发展模式。狭义的统筹城乡绿色发展包括以下两方面内容：其一要将环境资源作为统筹城乡发展的主要载体；其二要把实现城乡经济、社会和环境的可持续一体化发展作为统筹城乡绿色发展的目标。广义的统筹城乡绿色发展还应包括城乡经济活动过程和结果的“绿色化”，以此作为统筹城乡绿色发展的重要路径。

1. 统筹城乡资源集约利用

由于二元体制造成的城乡经济社会发展分割，城乡在土地、矿产、水资源的开发利用，以及能源供给等方面，实行各自独立的两套体制和两个主体，造成城乡间资源要素无法合理配置，一方面影响了资源开发利用的产业效益，另一方面，也造成农村资源的粗放开发和浪费。因此，统筹城乡绿色发展，首先要统筹城乡资源的集约节约利用，通过制度创新推动实现同地同价、同城同权、资源的流域统筹调配等。

2. 统筹城乡环境保护

通过建设城乡均等化的环境保护设施体系和标准体系，改变目前城市环境保护高标准、农村环境保护严重滞后的不均衡状态，从规划、建设两个层面，根据城乡环境污染物构成特点，统筹设置标准化环境保护设施体系，在污水处理、垃圾处理、空气污染控制等方面，提高农村环境保护设施水平。

3. 统筹城乡生态建设

目前城市的生态建设主要是绿地系统和水景系统，而农村的生态建设主要是生态林和水利工程，要实现城乡统筹发展，就要改变目前生态系统的城乡分割状况，构建城乡联通的生态网络和生态大通道，将城乡生态环境融合为大的有机系统。

4. 统筹城乡绿色产业发展

绿色产业是重要的新兴产业和新经济增长点，正处于快速发展时期，目前，中国城市的绿色产业以环保产业和能源产业为主，而农村的绿色产业主要是绿色农产品的深加工，统筹城乡绿色产业发展，要将城市的绿色产业生产要素向农村引导，在农村形成城乡要素融合的绿色产业集群。

（三）统筹城乡绿色发展的背景及意义

党的十六大提出，要统筹城乡经济社会发展，把建设现代农业、发展农村经济、增加农民收入，作为全面建设小康社会的重大任务。这是党中央针对新时期中国经济社会发展的时代特征和主要矛盾，提出的突破城乡二元结构、破解“三农”难题所作出的战略转型决策。

统筹城乡绿色发展，要求把农村绿色发展纳入城乡经济社会发展的整体格局，以城乡一体化绿色发展为目标，统筹城乡生态建设和环境治理，通过城乡空

间规划、发展政策调整、国民收入再分配等方面的制度、体制和政策创新，促进城乡各种资源要素的合理流动和优化配置，提高城市对农村绿色发展的带动作用和农村对城市绿色发展的促进作用，使城乡实现均衡、持续、协调的绿色发展，促进城乡分割的传统“绿色发展的二元结构”向城乡一体化的现代“绿色共荣”转变。因此，统筹城乡绿色发展将极大缓解和分担城市与区域发展中生态环境容量和资源承载力的约束。资源要素在更大空间范围内的流动，也将带来要素效率的显著提高，为区域创新发展和跨越发展提供新的更大的空间，因此，统筹城乡绿色发展对于培育和提高城市与区域的绿色生产力具有关键性意义，是实现国家可持续发展的重要路径。

二　统筹城乡绿色发展的主要进展

（一）城乡绿色发展监测指标体系和指数测算体系发布

2010 年 11 月 4 日，国内第一套绿色发展的监测指标体系和指数测算体系《2010 中国绿色发展指数年度报告》公布，上述《报告》由北京师范大学、国家统计局中国经济景气监测中心等单位共同完成。《2010 中国绿色发展指数年度报告》有三个一级指标：即经济增长绿化度指标、资源环境承载潜力指标，以及政府政策支持度指标，三项指标分别反映经济增长中生产效率和资源使用效率、资源与生态保护及污染排放情况、政府在绿色发展方面的投资、管理和治理情况等。此三指标之下又分为 9 个二级指标和 55 个三级指标。

《2010 中国绿色发展指数年度报告》用指标和排名的形式将各省（区、市）2008 年的绿色发展情况呈现出来，该报告显示，在参与测算的 30 个省（区、市）中（除西藏外），12 个省份统筹城乡绿色发展水平高于全国平均水平，18 个省份低于全国平均水平。东部地区城乡绿色发展水平相对较高；中部地区城乡绿色发展水平相对较弱；西部地区因资源优势提升了城乡绿色发展综合水平，资源环境承载潜力整体水平突出；排在前三位的分别为北京、青海和浙江，排在第 30 位的则为煤炭大省山西。

《报告》显示，绿色发展指数表现出明显的区域差异，各地区在三个分指数上的排序表现为东、西部水平相对较高，而中部相对较低，中部六省绿色发展指

数均低于全国平均水平；西部地区因资源优势而提升了其绿色发展综合水平。以“资源环境潜力度”指数为例，前十位中有七个位于西部地区。报告数据显示，北京、青海、浙江、上海、海南、天津、福建、江苏、广东、山东分列统筹城乡绿色发展指数的前十位。十省份中除青海外均为东部省份。

（二）“统筹城乡综合配套改革试验区”绿色成效凸显

2011 年是国务院批准成都设立“统筹城乡综合配套改革试验区”的第 5 年，成都、重庆作为两个“统筹城乡综合配套改革试验区”，其统筹城乡绿色发展的试验取得明显成效。

1. 成都市统筹城乡环境保护

2011 年 5 月 25 日，成都市统计局发布的《成都市 2011 年度统筹城乡发展水平综合评价监测报告》① 显示，2011 年，成都乡镇污水设施覆盖率分别达 99.9%、98.1% 和 100%，城乡安全饮水人口比重比、城乡生活垃圾无害化处理率比和城乡居民清洁能源普及率比接近 1∶1，城乡间环境保护设施建设水平日渐均等。

2. 重庆市统筹城乡土地资源利用

近年来，重庆市围绕“确定农村产权、盘活农村资源、激活农村活力”的目标，坚持“先试点改革、再全面推行”的原则，按照“宣传发动、确权颁证、搭建交易平台”工作步骤，有序地开展农村产权制度改革工作。自 2008 年重庆市农村土地交易所挂牌成立以来，重庆市农村土地交易完成拍卖“地票”② 48 宗，成交面积 12300 亩，成交金额 11.2 亿元，这些资金将以各种方式用于地票提供地的农村地带，成为农村经济社会发展资金。

（三）“中国绿色名县、绿色名镇”建设

“中国绿色名县、绿色名镇”推介活动由中华环保联合会、中国城市科学研究会、中国农业生态环境保护协会等单位于 2008 年 8 月联合发起举办。活动专门成

---

① http：//news. hexun. com/2012 - 05 - 29/141872530. html，四川新闻网，2012 年 5 月 29 日 。

② 地票指农村宅基地及其附属设施用地、乡镇企业用地、农村公共设施和农村公益事业用地等农村集体建设用地，经过复退并经土地管理部门验收后产生的用地指标。

立了中国绿色名县（镇）推介委员会负责活动的组织和开展，并下设办公室负责活动的具体组织和实施。首届推介活动共有72个县、28个镇分别作为首届中国绿色名县（市、区、旗）、中国绿色名镇（乡）向社会广泛宣传和推介。活动引起了社会各界广泛关注和认可，形成了较大的影响力。国家有关部委领导对活动给予了充分肯定，包括新华社、中央政府网在内的共有360多家主流新闻媒体对活动进行了深入及时的宣传报道。“中国绿色名县、绿色名镇”推介是为了贯彻落实党的十七大报告提出的“建设生态文明，以科学发展观为统领，建设资源节约型、环境友好型社会”战略要求，向社会推广一批实现经济与环境协调发展的县镇典范，按照不同区域特点，总结和提炼各县、镇在统筹城乡发展绿色经济、推动节能减排、加强城镇建设等方面的先进经验和好的做法，面向全国进行宣传和推介，从整体上推动全国各县、镇转变经济增长方式，建设“两型”社会。

推介活动组建了由环保、城建、农业、社会科学等领域资深专家组成的专家委员会；制定了严格的推介指标体系和科学的评审程序，其中推介指标体系涉及党政领导对生态文明建设的政策理解水平、环保执政能力、地方环境基础设施建设、绿色经济、绿色环境、绿色生态、绿色文明等方面；按照“自愿申报、专家评审、媒体公示、抽样复核”四个环节进行了严格评审。自2008年8月启动以来，首届中国绿色名县、中国绿色名镇推介活动得到了全国各县镇的热烈响应，据不完全统计，有500多个县、镇积极申报，受理申报的县、镇约160个，最终作为“中国绿色名县、中国绿色名镇”推介的县镇共100个。如实施“十件实事工程”的甘肃省白银市景泰县、已通过核查的国家级生态示范区辽宁省沈阳市东陵区、强调“生态是立市之基和富民之本”的辽宁省开原市、确立“以人为本，建设绿色乌审”的内蒙古鄂尔多斯市乌审旗、“国家级生态示范区”、“全省水土保持红旗县”山西省晋城市沁水县、提出“发展蓝天经济，创办绿色企业，建设生态城市”的新疆阿勒泰地区布尔津县、在招商引资过程中提出“绿色门槛”的云南省曲靖市马龙县、提出“生态立县、保护为先，保护环境，秀美江川”理念的云南省玉溪市江川县、确立“环境立乡，资源富乡”的北京市怀柔区长哨营满族乡、打造“健康生态新城”的广东省中山市南朗镇、在生态建设中注重思路创新的江苏省连云港市赣榆县门河镇、作为煤炭产地大力发展非煤产业的山东省滕州市级索镇、走无污染现代化农业及环境友好工业的山西省侯马市新田乡等县镇等。

（四）以北京为首的大都市率先制定城乡统筹的绿色发展规划

2011 年 9 月，北京市政府出台了《北京市“十二五”时期绿色北京发展建设规划》。《规划》提出，“十二五”期间，北京市将加强城乡工业企业节能、节水、污染减排改造，实现万元工业增加值能源消耗比 2010 年下降 22%，万元工业增加值用水量下降到 11 立方米之下。《规划》还从城乡绿色空间布局、居民绿色出行与绿色消费等多方面提出未来五年的统筹城乡发展目标，作为国际化大都市，北京市的城乡绿色规划主要指标都处于全国领先水平，具体表现在以下几个方面。

1. 资源产出率显著提高

《北京市“十二五”时期绿色北京发展建设规划》提出，“十二五”时期绿色北京发展建设的主要任务是：努力率先形成“创新驱动、内涵促降”的城乡统筹绿色发展新格局，构建城乡绿色共荣、集约、高效、生态型绿色城市发展创新模式，把北京市建设成为清洁生产、绿色消费、污染减量的城乡统筹绿色发展首善之区。并提出目标，实现“十二五”末的资源产出效率比“十一五”末提高 15%。

《规划》根据北京市统筹城乡绿色发展中的“调结构、转方式、促循环”的工作任务，更加强调创新驱动，强化实施城乡绿色文明一体化发展理念，努力建设“绿色城乡”。《规划》还提出，要建设具有全球影响力的城乡统筹的绿色发展科技创新中心，发挥绿色创新引领作用。

2. 城乡一体化的绿色城乡建设模式初步形成

首先，北京市将大力推广绿色低碳建筑，新建居住建筑在全国率先实施 75% 的节能设计标准，绿色建筑规模达到 3500 万平方米，比“十一五”末将增加 3300 平方米以上，完成 6000 万平方米既有建筑节能改造，节能建筑占现有民用建筑的比例将达到 67%，比“十一五”末将提高 11 个百分点。全面完成城市轨道交通近期规划网络的建设，同时启动中心城轨道交通线网加密工程，实现轨道交通运营总里程达 660 公里以上，四环内市民平均步行 1000 米以内即可到达地铁站点。继续完善轨道交通的换乘系统，五环外地铁周边要统一规划建设驻车换乘停车场。结合轨道交通线网和站点的建设，全面优化地面公交线网，提高公共运行效率。构建新城与中心城间的快速交通专线，实现最远新城到中心城

（五环路）的平均出行时间不超过1小时，为城乡居民的绿色出行创造一体化的公交能力支撑。加快推进县镇污水处理厂建设，建设对于生态环境具有关键影响的人工湿地、氧化塘等农村生活污水生态处理设施，逐步实现村镇污水处理率60%以上。在近郊村庄开展生活垃圾分类试点建设，实现农村垃圾减量化，2015年基本实现生活垃圾产生量年度零增长。提高城乡防洪排涝标准，加强山洪灾害和泥石流易发区避险设施建设，建设完善的预警预报系统，健全城乡联动的防汛防洪应急体系。

三　统筹城乡绿色发展的战略对策

（一）创新统筹城乡绿色发展的政策体系

1. 加快进行资源性产品的价格改革

首先，资源性产品与其他产品的价格差距是造成城乡二元发展的重要因素，在统筹城乡绿色发展的政策创新中，首先要加快推进资源性产品的价格改革，特别要加强关系城乡绿色发展的资源性产品的价格调节政策创新，如油品价格和税费、天然气价格、差别电价、脱硫电价、煤层气发电、太阳能等可再生能源发电上网等方面的经济政策，进一步完善可再生能源发电电价管理和费用分摊机制。

第二，要实施市域性的污水垃圾处理费征收和使用管理，提高工业污染物排污费纳费标准。在大都市率先建立新建工业区所在地的生态环境补偿机制。提高矿产资源有偿使用收费标准。加大税收、金融对乡村绿色经济的调节和支撑力度。加强规划指导，落实工作责任。中国《“十二五”国民经济与社会发展规划纲要》中将节能减排、低碳发展继续作为约束性指标列入规划，确定了多项节能减排、环境保护重大工程及淘汰落后产能目标，并将各项目标分解到各省（地区）。同时，要制定具有全国性指导意义的“统筹城乡绿色发展中长期专项规划”，将统筹城乡绿色发展作为统筹城乡经济社会发展的首要前提和重要支撑，从政策上加以保障。另外，要在实际工作中进一步明确各级政府在统筹城乡绿色发展中的责任，建立统筹城乡绿色发展考核评价体系，并使之纳入政府政绩考评体系中。

2. 充分发挥环保事业在绿色发展中的引领作用

在统筹城乡绿色发展中，要充分发挥环保领域对全局的引领作用，根据统筹城乡绿色发展对农村经济社会发展的要求，运用环境影响评价的“调节器”作用，对城乡产业一体化和城乡基础设施建设一体化中的建设项目要实施规划环评，提高准入门槛，杜绝高污染、高耗能和低水平重复建设项目，从而对污染排放进行源头控制。提高农村环境容量的利用效率，最大程度将环境容量集中用于重点产业和重大基础设施的发展，形成新的乡村经济引擎，推动实现农村产业结构优化升级。引导乡村分散的工业项目向工业开发区集中，推动实现环境资源集约利用、污染集中治理，培育发展绿色产业示范集聚区。大力推动城乡工业企业生产审核，通过税收优惠或返还政策鼓励提升企业的工艺和装备水平，提高资源能源利用效率。形成资源消耗低、污染排放少、经济效益好、发展可持续的城乡绿色发展新模式和新机制。

在社会基本公共服务发展中也要充分发挥环保部门的引领作用。在城乡民生保障均等化理念的指导下，加快乡村环卫设施标准化建设，针对环境热点、难点推进城乡环境综合整治，并将农村安全饮用水、农村污水和垃圾收集、储运和处理等环卫基础设施建设和环卫设施达标运行纳入法律法规范畴。并从维护社会稳定出发，合理化解污染影响纠纷，防止重大污染事故的发生，使农村人口与城镇人口共享绿色发展成果。

3. 加强自主创新，加大科技支撑

构建城乡统筹的绿色发展的技术创新体系，建设和突破核心关键技术瓶颈，构建绿色创新项目的知识产权保护机制。在提高能效、清洁能源开发利用、典型污染物综合治理、新能源、生物、航空航天、新材料开发等领域，攻克一批对统筹城乡绿色发展具有关键支撑作用和普遍适用性的技术。进一步加快现有可用于统筹城乡绿色发展的绿色科技成果转化，建设绿色技术产业化示范区，加大成果和技术在农村的推广应用。同时，大力引进、消化、吸收国际先进的绿色发展技术。各级政府对统筹城乡发展中的绿色技术发展应给予引导性的资金和政策扶持，促进开发示范，推动环境友好型技术的产业化发展，为实现城乡统筹的绿色发展提供强大的绿色技术支撑。

4. 加大财政投入，实施重点工程

加大各级政府财政对统筹城乡绿色发展的支持力度，加快推进乡村社区和工

业园区的节能工程、资源循环利用工程、环保治理工程建设，支持可再生能源和新能源在乡村的开发利用，面向农村社区推广乡村适用的高效节能环保产品，面向乡村工业区推行绿色清洁生产和绿色技术改造，构建绿色建筑、绿色交通体系、绿色环保设施体系，为统筹城乡绿色发展提供强大的硬件支撑。

5. 完善服务体系，优化市场环境

政府引导社会资本进入农村绿色发展服务体系领域，建设城乡一体化的绿色发展信息服务、技术服务、设施设备租售等综合性的农村绿色发展服务体系，探索合同能源管理、绿色 BOT、特许经营等多种建设营运模式在统筹城乡绿色发展中的应用。打破地方保护，构建要素准入标准，为农村绿色发展创造公平竞争的市场环境。

6. 开展宣传推广，倡导绿色文明

在统筹城乡绿色发展中，要大力开展绿色生产生活方式的推广宣传，开展资源环境和绿色发展的国情、市情、区情、乡情、村情教育，推广统筹城乡绿色发展的生产生活方式，引导绿色投资、绿色生产、绿色消费。推广普及能效、环境标识制度，提高城乡消费者绿色消费力。使生态文明成为城乡社会公众的基本文明素养。

（二）构建统筹城乡绿色发展的服务体系

1. 加大城镇综合服务设施建设，不断增强城镇服务功能

在城市总体规划指导下，依照城市道路建设规划和技术规范，坚持先地下、后地上的施工原则，加强城镇供水、排污、燃气、供电、通信、有线电视、消防、公厕、垃圾处理、公交站台、人防、交通标志等服务设施建设，使县级以上城市和重点乡镇基础设施状况显著改善，逐步形成功能比较完备的城市基础设施体系。完善城市路网结构，优化公交线路和场站布局，提高通行能力。加快城镇的公园、影剧院、城市广场、步行街区和休闲运动场所的建设。

2. 构建城乡协调的绿色发展体系

突破现有的城乡分割的绿色发展体系，从城区、乡镇、农村社区 3 个层次推动城乡统筹的绿色发展。构建全社会公认的生态文明文化价值体系、城乡一体的环境污染控制与治理设施体系、市域共建的生态建设网络体系和国际化的节能减排低碳发展标准体系。

参考文献

胡鞍钢:《中国:绿色发展》，中国人民大学出版社，2012。

北京师范大学可持续发展研究基地:《中国绿色发展指数报告》，北京师范大学出版社，2011。

王秋艳:《中国绿色发展报告》，中国时代经济出版社，2009。

孔祥智等:《城乡统筹下的小城镇公共产品供给问题与对策探讨》，《林业经济》2012年第1期。

厉以宁:《城乡统筹中值得深入思考的问题》，《新重庆》2012年第1期。

The Progress of Coordinating the Green Development between the Urban and Rural Areas

Li Hongyu

Abstract: Chinese economic and social development has entered a critical period with the need of scientific development, transformation development and leapfrog development. Facing to the tight constraints of resource and environment carrying capacity, the green development will be the core content for China's scientific development and transformation development. Coordinating development between the urban and rural areas will provide a valid path to the green development of region and city in China. At present, the central and local governments at all levels has continued to promote green development of urban and rural areas through various policies, and the in-depth practice and exploration of the urban and rural green development have also been carried out. In the future, it is need to construct the urban and rural green industrial system, strengthen the institution, mechanism and criterion constriction to coordinate the green development between the urban and rural areas.

Key Words: Coordinate the Urban and Rural Development; Green Development; The Transformation of Economic and Social Development

建设管理篇

Construction and Management

B.15 推进绿色城市建设的探索与实践

高 原　袁晓勐*

摘　要： 二十年来，在国家及省市各个层面都开展了与绿色城市相关的规划、建设和评比活动，极大地推动了绿色城市的建设发展，提升了人们对绿色城市的感知。其中，国家层面的推进活动，如国家生态城市、国家园林城市、国家森林城市等影响最大。随着城市时代的到来，绿色城市成为中国城市发展的新趋势，系统总结以往绿色城市建设的成果与经验，持续改善推进活动的内容、形式和方式，对绿色城市建设具有重要意义。

关键词： 绿色城市　推进活动

进入21世纪以来，大规模城市化造成城市生态环境质量的下降，居民生活

* 高原，哈尔滨师范大学地理科学学院硕士研究生，研究方向为城市管理和旅游经济；袁晓勐，中国社会科学院城市发展与环境研究所博士，研究方向为城市与区域管理。

品质受到严重影响，城市发展与生态环境的关系逐步恶化甚至对立，形成了新的矛盾。1992 年首批国家园林城市的命名活动标志着国家层面开始重视和着手解决城市的生态环境问题。此后，又逐步开展了诸如国家森林城市、国家生态示范区等推进城市生态建设的创建活动。各地政府对生态环境建设的热情被激发出来，形成了城市生态环境建设的热潮。

一　绿色城市建设的主要进程

（一）绿色城市意识的觉醒

城市化的高速推进所造成的人地关系趋于紧张是绿色城市意识觉醒的前提。改革开放后，经济高速发展带来城市建设的大提速，但是按照工业化模式建设的城市生态功能较弱，与人们日益提高的对居住环境的要求形成了矛盾。人们逐渐意识到，城市不仅仅是生产性的地域单元，也应该是具有生态功能的宜居之地。因此要求对城市进行大规模绿化，对居住区进行园林化的设计，以满足健康居住的呼声越来越高。此时，尽管还没有绿色城市的概念，但其基本构成要素，如城市绿化、住区绿化、房前屋后绿化等一些初步概念已经成型，并在部分城市、街区和家庭中得到实践。1992 年，国家园林城市命名活动正是在上述背景下应运而生。现在看来，这是颇具前瞻性和战略眼光的举措，直至今日仍在发挥着推进城市园林绿化的重要作用。

（二）绿色城市理念的深化

其后的十余年来，人们对城市生态的认识不断深入。一是深化了对绿色城市内涵的认识，从简单的种树种草式的园林绿化逐步拓展到植被恢复、生物群落和多样性保护、水体恢复和保护、空气污染治理、城市微环境治理等多个方面；二是深化了对绿色城市功能地域的认识，从城市内部的绿化上升到城市及其周边地域的生态保护直至整个流域的生态保护以及流域之间的协调；三是深化了对绿色城市建设方式的认识，从市政园林部门的绿色工程上升到包括规划、建设、运营管理、监测评估等全过程建设管理。

（三）推进绿色城市的国家行动

2004 年，国家森林城市评选活动正式启动，标志着绿色城市建设从城市内部拓展到了城市区域，从绿化上升到了生态本底的保护。这是绿色城市建设进程中一个重要的、飞跃式的变化。与此同时，国家园林城市的评选也升级到了国家生态园林试点城市，2007 年首批 11 个城市获此殊荣。近年来，随着绿色发展理念的演进，循环经济、低碳发展等生态文明发展理念也渗透到绿色城市建设之中。2007 年设立国家可持续发展先进示范区，2009 年开展国家低碳城市试点，2011 年设立国家生态文明示范市等，由多个部委主导的面向绿色城市建设的试点示范类型不断产生。

（四）省市绿色城市规划建设的跟进

在省市层面，不少省市提出了更多的生态建设与绿色城市发展规划。1995 年，环保总局在全国开展生态示范创建工作，目前已有海南、吉林、黑龙江等 13 个省区市开展了生态省建设；2009 年底，国家批准了第一个区域循环经济发展规划《甘肃省循环经济总体规划》，甘肃成为第一个循环经济示范省。相关理念在各个城市的规划中体现得更加突出，不仅绿色生态概念融入了城市总体规划及其修编之中，成为城市总体规划和发展规划中的重要组成部分，而且各种专项规划不断出台，其中深圳光明新区的绿色新城规划以其先进的规划理念、新颖的规划形式成为典型。

二　绿色城市创建活动与特色

（一）推进绿色城市建设的创建活动概况

1. 国家园林城市

国家园林城市是根据中华人民共和国住房和城乡建设部《国家园林城市标准》评选出的分布均衡、结构合理、功能完善、景观优美，人居生态环境清新舒适、安全宜人的城市。早期每两年进行一次评审。国家园林城市创建活动自 1992 年开始，从首批确立 3 个国家园林城市（北京、合肥、珠海）到 2011 年第

14 批国家园林城市名单公布，共有 160 个城市获得国家园林城市称号。从 20 年来国家园林城市评选的结果来看，有以下几个明显的特征，其一，自然地理、区位和气候以及经济发展与城市发展水平对园林城市的创建活动有着重要影响，如甘肃和西藏至今没有一个园林城市；其二，入选国家园林城市的城市数目逐步增多，反映了城市园林绿化工作水平的不断提高；其三，近年来，越来越多的县级城市入选，表明了我国城市体系整体层次的提升，县级城市的建设水平提高迅速，将成为绿色城市建设的生力军。

2. 国家生态园林城市

国家生态园林城市评选活动创办于 2007 年。相比国家园林城市，国家生态园林城市位于更高层次，更加注重城市生态功能提升，更加注重生物物种多样性、自然资源、人文资源的保护，更加注重城市生态安全保障及城市可持续发展能力，更加注重城市生活品质及人与自然的和谐，指标体系更为完善和严格。为区别于国家园林城市，国家生态园林城市也常被简称为国家生态城市。国家生态园林城市是当前我国绿色城市评价活动中要求最为严格的一项评选活动。因此，诸多已获得国家园林城市称号、具有良好自然生态环境的城市都在积极准备，以获取国家生态园林城市称号。目前，我国生态园林城市数量较少，仅有青岛、扬州、南京、杭州、威海、苏州、绍兴、桂林、常熟、昆山、晋城和张家港等城市获得试点城市称号。

3. 国家森林城市

国家森林城市启动于 2004 年，是指城市生态系统以森林植被为主体，城市生态建设实现城乡一体化发展，各项建设指标达到国家林业局规定的标准并经国家林业主管部门批准授牌的城市。国家森林城市的创建目标偏重于城市森林的建设活动，其评价指标体系也注重城市森林的建设情况。不同于国家园林城市与国家生态园林城市，国家森林城市在考察范围上更大，涵盖了包括市区与县域行政范围的城乡一体森林生态系统建设，城市所辖的区县均作为考核范围予以考虑。截至 2011 年 6 月 18 日，贵阳、沈阳、长沙、成都、包头、许昌、临安、新乡、广州、阿克苏、杭州、威海、宝鸡、无锡、武汉、呼和浩特、本溪、遵义、西昌、新余、漯河、宁波、扬州、大连、珲春、龙泉、洛阳、南宁、梧州、泸州、石河子等 31 个城市被评为国家森林城市。

4. 国家生态文明示范市

国家生态文明示范市的建立源自国家生态文明示范工程，其目标是探索人与自然和谐发展的有效途径，该工程于2011年启动，至2015年结束，目前有四川雅安市、西昌市，甘肃张掖市、陇南市，宁夏固原市、灵武市，内蒙古乌兰察布市，吉林延吉市、龙井市、图们市，黑龙江绥芬河市，江西景德镇市、瑞金市，湖北十堰市14个城市作为生态文明示范市进行建设。

5. 国家低碳城市试点

2010年国家低碳省区和国家低碳城市试点工作正式开始。低碳城市试点建设工作的目标在于探索我国工业化城镇化快速发展阶段的城市绿色发展道路。2010年，确定广东、辽宁、湖北、陕西等省和天津、重庆、深圳、厦门、杭州、南昌、贵阳、保定八个城市作为我国首批低碳城市试点。

除国家生态文明示范工程和国家低碳城市试点外，还有众多与绿色城市建设相关、对我国绿色城市建设具有重要作用的示范试点工程。例如财政部与建设部联合开展的可持续发展示范试点工程、循环经济示范区、可再生能源建筑应用示范、生态经济示范区、绿色交通示范、城市绿色照明示范市等具有较强专业性的示范工程。示范工程类项目，与命名评价类项目不同，往往针对新问题，面对未曾遇到过的实际境况，需要制定全新的政策体系与评级指标体系。积极开展相关的示范、试点工程，能够从不同角度对我国绿色城市建设进行探索，有助于寻求一条切实可行的我国城市绿色发展道路。

（二）评价标准及其特色

1. 国家园林城市与生态园林城市评价指标特色及比较

国家园林城市建设与评价指标体系从多个不同的角度对城市的规划、建设、管理与维护提出了详尽的要求。国家园林城市的评价标准侧重于城市绿化建设与园林建设，强调其园林城市内涵（见表1）。

近年来，《国家园林城市评价标准》逐步增加了居民保障性住房面积、节能建筑比例、绿色交通出行分担率、住房保障率、可再生能源比例等新型指标，以上指标的加入，使得国家园林城市考核，从更广泛的范围内综合考察城市规划、建设与管理现状，体现了人文价值取向的时代要求。

表 1　国家园林城市特色指标

指　标		国家园林城市标准(基本项)
建成区绿化覆盖率(%)		≥36%
建成区绿地率(%)		≥31%
人均公园绿地面积	人均建设用地小于 80 ㎡的城市	≥7.50 ㎡/人
	人均建设用地 80～100 ㎡的城市	≥8.00 ㎡/人
	人均建设用地大于 100 ㎡的城市	≥9.00 ㎡/人
建成区绿化覆盖面积中乔、灌木所占比率(%)		≥60%
城市各城区绿地率最低值(%)		≥25%
城市各城区人均公园绿地面积最低值(m^2)		≥5.00 ㎡/人
公园绿地服务半径覆盖率(%)		≥70%
万人拥有综合公园指数		≥0.06
城市道路绿化普及率(%)		≥95%
城市新建、改建居住区绿地达标率(%)		≥95%
城市公共设施绿地达标率(%)		≥95%
城市防护绿地实施率(%)		≥80%
生产绿地占建成区面积比率(%)		≥2%
城市道路绿地达标率(%)		≥80%
大于 40 hm^2 的植物园数量		≥1.00
林荫停车场推广率(%)		≥60%
河道绿化普及率(%)		≥80%

数据来源：《国家园林城市标准》，城乡建设部，2010 年 8 月颁布。

国家生态园林城市标准是在达到国标《城市园林绿化评价标准》最高等级的基础上，加入了更多严格内容而形成的（见表 2）。即国家园林城市须满足《国家园林城市评价标准》全部基本项的要求，而国家生态园林城市须同时满足所有基本项和提升项的要求。

与国家园林城市标准比较，国家生态园林城市标准具有以下四个特点：

一是从以城市园林绿化为主体过渡到低碳交通、市政基础设施、住房保障、绿色出行、绿色建筑、循环经济、建筑节能等全方位的发展和提升。这一点可从城市基础设施指标项目中得到较好的体现。其中需要指出的是城市基础设施完好率一项，对供排水系统、供电线路、供热系统、供气系统、通信信息、交通道路系统、消防系统、医疗应急救援系统、地震等自然灾害应急系统进行了较全面的评价。

表 2 国家生态园林城市特色指标

序号	指　　标	标准值
城市生态环境指标	综合物种指数	≥0.5
	本地植物指数	≥0.7
	建成区道路广场用地中透水面积的比重(%)	≥50%
	城市热岛效应程度(℃)	≤2.5℃
	建成区绿化覆盖率(%)	≥45%
	建成区人均公共绿地(m^2)	≥12m^2
	建成区绿地率(%)	≥38%
城市生活环境指标	空气污染指数小于等于 100 的天数/年	≥300 天/年
	城市水环境功能区水质达标率(%)	100%
	城市管网水水质年综合合格率(%)	100%
	环境噪声达标区覆盖率(%)	≥95%
	公众对城市生态环境的满意度(%)	≥85%
城市基础设施指标	城市基础设施系统完好率(%)	≥85%
	自来水普及率(%)	100%,实现 24 小时供水
	城市污水处理率(%)	≥70%
	再生水利用率(%)	≥30%
	生活垃圾无害化处理率(%)	≥90%
	万人拥有病床数(张/万人)	≥90 张/万人
	主次干道平均车速	≥40km/h

二是从追求外在的形象整洁美观等，转向城市生态功能提升、生物物种多样性保护、自然资源保护、城市生态安全保障及城市可持续发展能力提升等。作为生态园林城市，其更强调城市的生态环境状况，增加了综合物种指数（单项物种指数的平均值）与本地植物指数（城市建成区内全部植物物种中本地物种所占比例）两个国家生态园林城市所独有的评价指标。

三是从以园林绿化为城市必要的公共服务，转向作为改善人居环境、解决民生问题、提升老百姓生活品质、提升地区吸引力和竞争力。这一点改变了传统的创建活动中对指标关注多于对人民生活质量关注的趋势，创造性地引入了多个体现百姓生活质量的民生指标，同时较为值得注意的是，国家生态园林城市标准中，将公众对城市生态环境的满意度（问卷体现）超过 85% 作为一项硬性指标；这一点提高了普通百姓参与绿色城市建设的比重，加强了普通市民对于绿色城市建设的监管作用，也体现了人文关怀。

四是从关注单一的城市节能减排指标转向对减少城市温室气体排放、应对气候变化、减缓城市对周边环境的影响等综合效应的关注。对城市空气质量、水体质量、环境噪声严格要求的同时，引入了城市热岛效应程度指标（采用城市市区6~8月最高气温平均值和周边农村日最高气温平均值差值表示）。

2. 国家森林城市评价指标及其特色

国家森林城市指标体系包含了综合指标、森林覆盖率、森林生态网络、森林健康、公共休闲、生态文化、乡村绿化七个角度。其指标体系更多地着眼于林业角度，主要体现在森林覆盖率、森林生态网络保护和城市森林健康程度三个方面。对森林覆盖率的要求主要为南方城市达到35%以上，北方城市达到25%以上；城市建成区达到35%以上，绿地率达到33%以上，人均公共绿地面积9平方米以上等。对森林生态网络保护的主要要求是连接重点生态区的骨干河流、道路的绿化带达到一定宽度，建有贯通性的城市森林生态廊道；江、河、湖、海等水体沿岸注重自然生态保护，水岸绿化率达80%以上等。在城市森林的健康程度方面，要求自然保护区及重要的森林、湿地生态系统得到合理保育；城市森林建设树种丰富，森林植物以乡土树种为主，植物生长和群落发育正常，乡土树种数量占城市绿化树种使用数量的80%以上；城市森林的自然度应不低于0.5等。

3. 国家生态文明示范市评价标准及其特色

生态文明示范工程集中于加强生态建设和环境保护、加大生态功能区保护力度和加快发展服务业三个方面，具体目标是：到2015年，试点市、县林草覆盖率达到50%以上，城镇污水处理率和垃圾无害化处理率均达到90%，有机、绿色及无公害农产品种植面积的比重达到70%，工业固体废物综合利用率超过65%，万元GDP能耗低于本省区平均水平，农业灌溉用水有效利用系数高于0.55，主要污染物排放强度低于本省区平均水平。节约能源资源和保护生态环境的体制机制、产业结构、增长方式、消费模式基本形成，生态文明观念牢固树立。

4. 国家低碳试点城市评价方法

在国家低碳城市试点工作中，并未明确提出具体的发展规划与指标，而是通过提出总体发展目标与战略，由各省市自行确立发展规划与方法，中央各部委进行政策支持的方式进行。目前总体的推进方式主要包括编制低碳发展规划、制定支持低碳绿色发展的配套政策、加快建立以低碳排放为特征的产业体系、建立温

室气体排放数据统计和管理体系，以及倡导低碳绿色生活方式和消费模式等五个方面。

三　推进绿色城市建设的主要成效

20 世纪 90 年代初我国推进的绿色城市建设工作，发挥了良好的示范和推广作用，城市环境得到极大改善，综合效益逐步显现，制度建设取得成效，生态意识不断提高。

（一）城市生态环境显著改善

城市生态环境的改善比较明显。截至 2010 年底，全国城市建成区绿化覆盖面积 161.5 万公顷，建成区绿化覆盖率由上年的 38.2% 上升至 38.7%；建成区园林绿地面积 144.6 万公顷，建成区绿地率由上年的 34.2% 上升至 34.6%。全国拥有城市公园绿地面积 44.2 万公顷；人均公园绿地面积 11.17 平方米，比上年增加 0.51 平方米。城市市容环境卫生方面，2010 年，全年道路清扫保洁面积 48.6 亿平方米，城市生活垃圾清运量 1.6 亿吨，粪便清运量 0.2 亿吨。建有生活垃圾无害化处理厂 627 座，无害化处理能力 39.4 万吨/日。新增公厕 119379 座，新增市容环卫专用车辆设备总数 90557 台。城市环境保护和建设投资的大幅度增加使城市环境治理能力大为提高，城市居民的生活环境得到较大改善。

（二）部分严重污染城市的环境极大改善

部分城市的“绿化”成绩则更为显著。例如沈阳作为我国老工业基地，受工业污染影响严重，沈阳市一度被评定为世界十大污染城市之一。自 2001 年起，沈阳市提出“生态立市，建设森林城市”的战略决策，经过大规模的城市绿化建设，在城市周边、城市郊区与远郊农村建设成以三条森林带与 446 万亩的四个绿洲为主体的环城生态圈。依托城市滨河、滨湖资源，形成楼水相映、山水相映、林水相依的城市森林景观。全市建成区绿化覆盖率达 40.65%，绿地率达 35.97%，人均公共绿地面积达到 12 平方米，城市郊区森林覆盖率达到 27%，形成了以林木为主，乔灌草搭配、分布自然、结构合理、功能高效、景观优美、特点鲜明的城市森林体系。

（三）综合效益逐步体现

绿色城市概念体系，不仅包括了自然环境方面内容，其核心价值还在于综合效益的最大化。因此，绿色城市建设活动的推进工作，不仅有利于自然环境的改善，亦能够为城市带来良好的综合效益。随着我国绿色城市建设活动的推进，各项举措促进了城市经济结构优化，有助于资源的永续利用，使得经济发展环境改善，人民生活质量提高，最终推动社会经济的发展；制度建设成就突出，各种标准、推进法则、评价体系、奖惩措施、监管机制、保障体系等政策法规纷纷出台，直接指导了绿色城市建设的开展；部分评价指标体系的不断完善标志着我国绿色城市建设正在迈向一个个新的台阶。相应的，由于政府的强力宣传和推动，公众生态意识也大幅度提高，广大居民对城市生态、人居环境更加看重，对诸如绿带建设、河流治理、立体绿化、垃圾分类等活动建言献策，并形成了强大的舆论监督。

四　进一步推进绿色城市建设的问题与对策

绿色城市建设涉及面广，面对的问题复杂，且历史欠账较多，又直接关系居民的切身利益，在建设与推进过程中难免遇到各种各样的问题与困难，需要总结经验，提升管理水平。

（一）存在的主要问题

1. 创建活动名目繁多，比较混乱

基于各种原因，地方政府对绿色城市的规划建设、创建和命名等非常积极，相当部分的地方政府将是否能够取得国家级称号作为考核标准，对于其他的非正式的各种城市命名活动也极为热衷，这种地方竞争在一定程度上造成了混乱。近似概念的绿色城市建设活动大量开展，不仅国家层面上存在多种绿色城市评比表彰活动，而且地方政府也都提出了各具特色的绿色城市规划与建设计划，各类组织（协会）也在全国范围内开展了众多相关评比，部分评价活动之间采用相近的指标体系，活动间区别微小，以新概念、新理论或加入指标后以新名目粉墨登场。名目繁多的绿色规划与建设活动，客观上造成了社会资源的重复

投入。此外多项活动并行执行，多种类似概念并行，也在一定程度上使得公众对于绿色城市的概念混淆，不利于绿色城市规划建设活动的宣传与推广。

2. 随意改变规划和重复规划造成严重的资源浪费

在各省市制定的绿色城市规划与建设之中，由于客观存在的自然条件的改变、社会经济发展态势的变动以及政府换届等因素，各级各部门政府机构间缺乏协调等原因，针对同一地区，往往在较短的时间周期内出台多个规划方案。重复规划现象同样造成了社会资源的浪费，也使得前期或上位规划的执行困难。

3. 评价指标体系仍需要完善

国家园林城市的评价指标是不断演进的，但其他的诸多创建活动往往只有一个指标体系，适应不了绿色城市概念的延伸和群众需求的不断提高。一方面部分指标的标准较高，在很难达到国家标准的情况下，地方政府有可能采取突击、造假等方式应付考核，造成大量的浪费和社会舆论的不满。另一方面，也有部分指标偏低，与居民的要求和实际感觉不符，比较典型的是对空气污染物的监测等。此外，缺乏城市安全、可持续性、公平性等指标。

4. 公众参与严重不足

尽管每个城市的创建活动都采取了广泛的舆论宣传手段，但仍处于政府一头热的状态，一般只满足于号召市民象征性地参加工程建设和参加宣传活动等，缺乏公共参与决策、规划、监督的机制，使公众参与成为不切实际的宣传口号。实际上，公众对绿色城市建设的认识仍然很不足，将绿色城市建设片面地等同为绿化建设或卫生建设，较少关注生态内涵，这一问题不仅存在于普通市民中，甚至相关执行者也存在类似问题。

（二）主要对策措施

1. 从国家层面制定绿色城市的规划和评价标准

一是要清理整顿不规范的绿色城市相关评比活动。绿色城市规划与建设活动应当从国家层次进行统筹，规范相关活动内容，减少相关活动数量。2009 年，国务院纠正行业不正之风办公室曾经出台过相关文件，针对各类城市评比、命名、表彰活动进行整顿，对城市命名活动进行清理，精简后得以保留的项目才被视为合法项目，可以进行相关评比命名活动。此项举措有效地控制了评比活动的数量，应当继续深化执行。二是整合现有的评选和创建活动，提出综合性的绿色城市创建和评价活动。

2. 增强绿色城市规划标准和评价体系的系统性、科学性

从我国现有绿色城市规划与建设活动来看，其概念内容包含了城市绿化、城市建设、城市管理、自然环境、生态保护、人居环境等极为丰富的内容。当前绿色城市建设活动，在很大程度上依赖于可以进行准确度量的指标。但相较于完整的绿色城市概念而言，现有指标体系不能完全体现城市管理、人居环境等内容。相对的，在绿色城市建设活动中，以上内容的受重视程度也较低。要进一步完善绿色城市建设评价指标体系，对现有指标进行分析，区别其适用环境与条件，适当调整其评价方法与标准；增加评价项目与指标，从更多侧面综合评价绿色城市。绿色城市实质上是一个完整的概念体系，不仅包括了便于定量的自然与经济指标，也涵盖了诸多难以量化的内容。例如生态环境的改善，人民生活质量的提高等内容。应当加强对上述内容的重视，不断完善评价指标体系，增加对人居环境、生态现状等内容的评价指标，此外，也应加入关于居民生活质量的相关指标，例如，可将城镇居民可支配收入增长率、市民幸福感、人均住房面积、平均寿命等指标纳入绿色城市评价体系。

3. 切实维护绿色城市规划的严肃性，保障规划实施的刚性

在绿色城市的规划建设过程中，主管领导部门应充分发挥统筹领导作用，对相关规划与建设行为进行严格审批，根据地区实际制定切实可行的规划方案，制定与地区自然经济条件相适应的政策与工作方案，限制规划数量，将工作重心转移到对现有规划方案的修订与执行上。建立长期有效的监控系统与管理机制，将绿色城市的建设活动视为长期系统工作而非短期的指标提升。采取多种手段并行操作，切实推进建设行动，增强绿色城市建设的连续性和系统性。使得绿色城市建设所体现的内容更为全面，促进社会、经济、自然环境三方面的利益最大化。

4. 改变公众参与方式，建立绿色城市建设成果共享机制

应当考虑改变绿色城市建设的推进方式，由目前自上而下的推进模式转为自下而上的模式进行相关活动。从家庭绿化、社区绿化入手，制定社区绿色建设规划，使多数居民能够有效地参与其中，形成有效的评估、规划、实施、监督等基层治理经验。在相关政务公开的基础上，增强普通市民的参与力度，城市规划和设计的公众咨询环节要前移，从决策阶段就开始实施民主决策，对相关规划与计

划进行公开听证；通过网络、热线电话等形式接受市民意见建议；开展各种形式的社会活动，使普通市民能够亲身参与到绿色城市的建设过程中，以增强居民积极性。在条件允许的地区和领域，提升绿色城市规划建设进程的透明度，开放市民监管渠道，对相关环境指标进行实时公示（例如 PM2.5 指标）。形成全社会关注绿色城市、了解绿色城市、共建绿色城市的良好氛围。

The Exploration and Practices of Advancing the Green City Construction

Gao Yuan Yuan Xiaomeng

Abstract: In past two decades, national and provincial governments have carried out many planning, construction and assessment activities related to the *Green City Development*. Such activities not only greatly promoted the green city development but also enhanced the public awareness of the "Green City". Among those activities, the promotion activities of national level, such as National Eco-city, National Garden City and National Forest City caused the greatest impact. With the arrival of the city era, "Green City" has become the new trend of China's city development. To systematically summarize the achievements and experiences of the green city development activities and continuous improve the content, form and pattern of these activities has great significance to the green city development.

Key Words: Green City; Promotion Activities

B.16

中国城市绿色管理的现状与展望

裴雪姣　宋迎昌*

摘　要：20世纪以来，绿色经济、绿色城市化的发展思路在国际上蓬勃兴起，为实现绿色发展目标，就要改变传统城市管理方式，推进城市的绿色管理。中国从新中国成立至今，城市的绿色管理在各个阶段不断强化，取得了一定的成效。随着“十二五”规划的全面开展，中国的城市绿色管理水平有望迈上一个新的台阶。

关键词：城市绿色管理　绿色法律　绿色管理体制　数字城市

城市管理是城市发展的关键所在，它是人们为实现特定目标，对城市运转和发展所进行的控制行为的总和，贯穿于城市规划、建设、监督和协调的全过程之中。当今全球广泛兴起了绿色城市化运动，这必定要以城市的绿色管理为依托。因此如何促进城市的绿色管理，实现经济、社会和生态环境的协调已越来越受到国内外政府的高度重视。中国要顺应国际的潮流，实现城市的绿色发展，就必然要改变以往传统的城市管理模式，推进城市绿色管理。

一　加强城市绿色管理具有重要意义

传统的城市管理偏重于经济发展而较少顾及经济与生态环境的协调发展，盲从于经济市场的自发性，不顾生态规律，城市管理部门机构繁多、规模庞大，存

* 裴雪姣，经济学在读博士，中国社会科学院城市发展与环境研究所，专业为可持续发展经济学，研究方向为城市与区域发展；宋迎昌，中国社会科学院城市发展与环境研究所研究员，博士生导师，研究方向为城市与区域经济、城市规划与管理等。

在严重的部门和条块分割、管理职能交叉不清、管理物资大量浪费等现象，城市管理技术手段远滞后于现代科技发展。在经济快速发展及城市化进程不断深化的今天，传统的管理模式已难以应对新的城市问题的挑战，因此势必要加快转变城市管理方式，探索一种新的管理模式以克服传统管理的缺陷，实现城市的可持续发展。

（一）城市绿色管理的内涵

“绿色管理”一词最早出现在20世纪90年代，当时随着绿色发展的蓬勃兴起，“绿色”被引入企业管理的领域中，“绿色管理”得以产生，其较早的正式使用是在德国学者 Waldemar Hopfenbeck 的专著《绿色管理革命》一书中。之后许多学者在生态经济学、循环经济学及可持续发展等理论的基础上，对绿色管理提出了不同的看法和理解。概括来说，绿色管理就是指以实现人与自然、经济与生态环境相协调为目标的管理，是一种含有环境友好、资源节约和可持续性思想的和谐管理。随着绿色管理理念影响不断扩大，一些学者逐渐将其拓展到了行业管理、行政管理及城市管理等更多的领域中。

结合绿色管理与城市管理的内涵，笔者认为城市绿色管理的内涵是指以遵循生态经济、循环经济、可持续发展经济等绿色经济为原则，以人与自然、经济与生态环境和谐共生为城市主旨，以节约、环保和高效为理念，紧跟时代的科学技术发展水平，建立和完善绿色的目标规划、法律法规和政策制度，采用先进的管理思维和技术手段，在城市的规划、建设、监督和协调的运行过程中实现生态环境好、管理成本低、资源和物质损耗少的一种标准化和智能化的管理。

城市绿色管理代表一种新的发展观念、一种新的发展思维模式和一种新的科学管理观念，具有两方面的重要特性。首先是具有可持续性。城市绿色管理的核心是促进城市经济体的持久运行，促进人与环境，生态与经济、社会的和谐发展，因此在城市管理的整个过程中，都要蕴涵着环境友好、节能高效的可持续理念在内。其次是具有科学先进性。城市绿色管理要抛弃陈旧的管理思维和方法，合理地采用现代先进的科学技术手段以实现规范化、标准化的高效管理，故而一定是先进的。

（二）中国城市推行城市绿色管理的重要意义

从改革开放初到2011年，中国的城市化率平均每年增加约1个百分点，城

市在快速发展的同时也带来了规模膨胀、人口结构多元化、城市地理复杂性提高、侵害公共环境问题增多等一系列问题，致使城市控制难度加大、管理问题激增。从整体上看，我国城市仍沿袭着传统的管理模式，面对日益增多的城市问题已捉襟见肘，难于应对。政府的“十二五”规划纲要中明确提出要建立资源节约型和环境友好型的社会，这个目标的实现离不开传统管理模式向绿色模式的转变。因此，在我国加快推行城市的绿色管理，是当前落实科学发展观、实现“两型”社会的迫切要求，也是政府在面对日趋复杂的城市问题时，提高经济可持续发展的必然要求。具体来看，实行城市绿色管理具有两方面的重要意义。

1. 有效降低管理成本，提高管理效率，促进城市持久发展

对城市进行绿色管理，采用先进的管理方法和创新的管理手段，有利于管理者在最短的时间内获取最多的信息，减少行政管理人力和物资的浪费，缩短管理者处理各项事件的时间，使得城市问题得到及时有效的处理，促进政府管理效率的提高。同时还有利于缩小不同阶层之间的差距和消除不同阶层间的界限，减小城市意见征集过程中人为影响的产生，增强了城市信息的公开性、平等性、时效性和真实性，从而为政府制定高质量的决策提供保障，有利于整个城市运行的畅通和持久，使城市管理可持续化。

2. 促进城市生态和经济系统功能调控，提高人类驾驭城市的能力

对城市进行绿色管理，就是要将绿色理念融入管理的每个环节，能够加强城市规划、建设等各个环节中对生态环境的重视度，对城市进行统筹规划，超前决策，使城市的地域布局实现物质、能量、人口、信息等合理高效的流动，成为一个协调的有机整体，实现城市生态环境与经济目标的良性循环，从而避免和消除不同城市发展中的各种生态矛盾，借助自然界中对人类有利的因素合理配置物质和能量，使城市朝着有利于人类的方向发展。

二　中国城市推进绿色管理的主要进展

随着中国城市化进程的加快，城市建设及管理的绿色转型已作为一个重要的城市发展理念被提上国家管理的日程，中央及地方政府为此开展了大量探索工作，取得了一定进展。综合来看，可以概况为以下几个方面。

（一）提出绿色的发展战略方针和规划，明确了城市管理的方向

随着可持续发展观念的加深以及现代化、科技化的发展，中国的发展战略在不断地朝着环境保护、能源节约、成本降低和效率提高转变，为城市管理的绿色转变作出了大方向上的指引。

目前，我国已将可持续发展确定为国家战略，把环境保护确立为基本国策，把信息化列为重要方针，提出了在科学发展观的指导下，将环境保护与经济增长并重，将生态文明与物质文明、政治文明和精神文明并重，利用先进的科学技术，加强节能减排和信息化进程。如早在1994年国务院常务会议就通过了进行可持续发展方向的纲领性文件：《中国21世纪议程》；1993年提出并陆续启动了“金卡”、“金桥”等“金”字系列工程，1999年全面开展“政府上网”工程，随后又将“城市规划、建设、管理和服务数字化工程”纳入国家“十五”重点科技攻关计划；“十一五”规划纲要中明确提出要强化资源管理，加强环境保护，并将“数字城市”的建设列为重要的发展战略；“十二五”规划纲要中明确提出了要加快绿色低碳发展，保护生态环境，建设资源节约型、环境友好型社会，提高信息化水平；“十二五”科技发展规划中提出了要着力发展智慧城市、加强智慧城市应用服务、城市与农村信息化及动态监测，强化绿色城镇关键技术创新等绿色战略方针。

在国家战略方针指引下，不少地方省市也加强了对城市绿色建设和管理的重视，纷纷提出了生态化、低碳化、数字化、智慧化城市建设和管理的目标和计划。目前已有6个城市3个县2个市辖区获得了国家生态市县区称号，100多个城市提出了建设“低碳城市”的口号。以2004年北京市开始数字化城市管理运行为起点到“十一五”结束，全国有120余个城市启动了“数字城市”建设，广东省还提出了发展“智慧广东”的战略目标。

（二）不断加强绿色法律及标准制定，保障城市管理的顺利进行

法律和标准是城市进行管理时的参考依据，也是进行执行管理的保障，绿色法律法规及标准的制定和完善对城市绿色管理得以顺利开展起到了至关重要的作用。我国政府在出台的法律法规中不断强化绿色意味，基本保障了城市绿色管理工作有法可依、有律可循。

目前城市绿色法律法规体系已基本建立，主要涉及规划治理、环保节能等领域，如比较典型的法律法规有：《环境保护法》、《城市规划法》、《矿产资源法》、《大气污染防治法》、《节约能源法》、《清洁生产促进法》、《循环经济促进法》、《政府采购法》、《城市绿化条例》、《城市市容和环境卫生管理条例》、《排污费征收使用管理条例》等。与现代信息化城市管理战略相对应，住房和城乡建设部还印发了《关于加快推进数字化城市管理试点工作的通知》和《数字化城市管理模式建设导则（试行）》，以指导各省市采用数字化手段进行管理。各地方政府在国家法律的基础上，还纷纷出台了不少有利于地方城市绿色管理的地方条例和规范，如各市的《环境卫生管理条例》，贵阳市的《循环经济生态城市条例》，太原市的《绿色转型促进条例》，深圳市的《市建筑废弃物受纳场运行管理办法》，杭州市、铜陵市、宣城市等的《数字化城市管理实施办法》，广东省的《关于加快发展物联网建设智慧广东的实施意见》等。

同时，一系列含有绿色的管理标准也在不断形成中。目前我国制定和实施的绿色标准主要涉及环保节能和食品安全方面，且不少标准已与国际接轨，截至2010年，仅与环境保护相关的标准就增至1300余项。比较典型的绿色标准如《环境空气质量标准》、《环境影响评价技术导则》、《社会生活环境噪声排放标准》、《风景名胜区环境卫生管理标准》、《公共建筑节能设计标准》、《绿色建筑评价标准》、多种环境标志产品的标准要求、部分产业的清洁生产标准等。此外，为了倡导建设绿色低碳城市，国家环保总局还制定了《国家园林城市标准》、《生态县、市、省建设指标》等标准，统一对全国城市的生态绿色建设进行指导、规范和评价。一些地方政府还制定了具体的城市专项或综合管理标准，如《重庆市环境卫生精细化示范路作业要求与质量标准》、《上海市绿化植物废弃物处置技术规范》、《大庆市城乡环境卫生管理标准》等，为城市管理的规范化、标准化提供了保障。

（三）改进绿色管理体制建设，提升城市运行的组织和协调水平

管理主体、机制、机构和制度政策体系的改进与绿化是城市绿色管理得以实现的基础，近些年来我国各省市政府围绕提高管理效率、节约管理成本、促进可持续发展逐步加快了管理体制的绿色转变。

目前各地方政府管理职能机构基本健全，形成了由市委市政府统一领导，专

门机构统一协调，各部门分工负责、相互协调与配合的管理原则，通过不断强化对管理机构部门的填补和精简，机构职能与权责关系的梳理，创新多元管理主体、群众参与、部门综合执法、节能执政、数字化管理等机制与制度，促进了管理体制的绿化。一些城市的尝试可圈可点，取得了较好效果。

上海市一直积极探索和改进创建职能有机统一的大部门管理机制，做了许多工作，如在涉及城乡建设规划、交通、国土资源管理等领域尝试改革，整合职能相近的机构和部门，科学配置资源，精简机构设置；推进政府职能转变，着力解决政府部门间管理交叉和关系不顺问题，将辅助性、技术性、服务性等部分职能转移给事业单位和行业协会承担，政府不再直接管理企业生产，把涉及城市综合规划、社会管理、公共服务等方面的职能交由政府管理；推进信息化战略，探索建立了以数字化管理平台为依托的网格化城市管理体制模式，将网格化管理覆盖18个区县、190个街道乡镇。太原市为加快绿色转型，以地方绿色转型条例为依据，制定了绿色转型行政首长负责制、绿色转型监督奖励制等政策制度以促进政府的表率作用，围绕政府机构节水、节电、节约办公用品等九个绿色管理方面提出了58条具体措施和要求，在加强管理监督、节约工作成本上取得了显著成效。厦门市海沧区积极整合城管、公安、交警、工商等部门力量，成立了城市管理联合执法队，负责专项整治重点路段、场所的市容市貌、环境污染等突出问题，并成立了以市政绿化管理站为基础、各业务职能部门为骨干的服务网络，极大地提高了市政服务和管理水平。南宁市建立了包点单位分段负责、职能部门分级负责、广大群众参与创建和监督的城市环境卫生管理责任制，并通过对部分管理职位的招投标进行市场化运作，运用社会力量较好地解决了城管人员人手不足的问题。

（四）加强现代科学技术的运用，促进城市的节能高效运行

随着计算机技术、信息技术和网络技术等科学技术的发展，中国政府越来越重视科技手段在城市管理中的应用。目前，中国城市重点运用了物联网、现代物流、智能卡、云计算、地理信息系统、全球定位系统、遥感系统、智能交通等关键技术来开展城市的网络化、电子化、数字网格化及智能化管理，在降低城市运行成本、增强管理者信息掌握、及时发现和监督城市问题、提高城市组织协调性及效率等方面已然起到了很好的促进作用。自2005年数字化城市管理试点工作开展以来，全国已经建成和正在建设数字城管的城市达到128个，管理内容涵盖

了城市规划、管理、经济、生活、文化等多个方面。现已有120多个城市建设了城市规划管理信息系统，400多个城市建设了房产管理信息系统，100多个城市建设了综合或专业管网管理系统，还有100多个城市正在建设空间基础信息系统。其中，北京和上海是最具代表性的两个城市。

2004年10月，北京东城区在全国率先推出了城市的网格化数字管理新模式，创建了“数字化城市管理信息系统”，它是个以政府和市民为主体，基于有线和无线网络、无线数据通信、GIS、地理编码等信息技术，集成地理空间框架、单元网格、管理部件、地理编码等多种数据源，采用“万米单元网格管理法”和“城市部件管理法”相结合的模式，在城市管理监督中心、指挥中心和专业部门之间实现跨部门协同工作，在全辖区范围内实现全覆盖、全时段、精细化管理的综合信息系统。随后北京市在东城区的管理经验基础上，逐渐向全市推广。朝阳区即在该基础上，进一步借助现代信息技术，通过政府与社区、单位、市民的合作，政府与院校、企业，以及其他国内国际机构的合作，实现社会管理责任主体的多元化，形成了政府主导、社会各方合作治理的新型“全模式”管理。网格化管理系统建成运行后，北京市管理效果和服务水平得到明显改善。

上海市通过全面加快数字化信息管理，建立了基础数据共享平台、应急联动指挥和职能交通管理综合应用系统、“一书两证”规划管理数据库等，现已基本实现政府、企业、社会公共领域信息化的协同发展，展现了一个高效、透明、可靠、可信的电子政府形象。上海市的长宁区和卢湾区是全国数字化城市管理试点，在2006年开始运行市网格化管理平台，由上海市建设交通委统一牵头，建成了全市统一的综合管理信息数据库，建立了“双轴+平台”的体系，统一划分万米单元网格，实现市区互联互通，该网格建立以来，有314名网格监督员和16名信息员在自己的网格区域里全方位、全时段、全覆盖地进行监管巡查，受理案件、结案率得到明显提高。

三　当前城市绿色管理面临的主要障碍

尽管我国城市的绿色管理已经得到了一定的发展和进步，取得了不少成绩，但是在一些地方仍然存在不少问题。

（一）地方政府绿色观念淡漠，绿色管理素质低

虽然国内的很多城市都提出了要进行绿色、低碳、智慧城市建设，但事实上有不少仅是流于表面形式，管理者仍然缺乏绿色理念和素质，管理方法滞后，对现代管理信息、知识掌握不足，将经济作为单一的管理核心，一味追求经济效益，将经济发展建立在大量的资源能源挥霍上，有的地方甚至将发展经济与节能环保对立，比如 2010 年 6 月安徽省固镇县政府以影响经济发展和招商为由对到企业依法履行监管职责的多名环保干部集体停职事件等，反映了某些地方管理者为招商是从，不惜出台违反国家法律的地方政策来为招商引资企业违法生产经营保驾护航。

（二）绿色法律和政策体系不完善，绿色标准缺失

近年来中石油污染事件频发，却很少主动承担负责和改善管理，2011 年 12 月其西气东输广深支干线项目还未经环保部门审批就违规施工，破坏国家 AAAA 级旅游景区。此类事件的屡有发生与惩罚不足、法律缺失有很大关系。目前中国在城市绿色管理的法律政策方面仍然存在较多漏洞和空白，虽然环境保护领域法律已初具规模，但仍不完善，对许多具体问题缺少专项细致的法律规定。相比之下，城市管理节能化、信息化领域的法律规范及政策更加匮乏，尚未有专项法律出台，制约了城市绿色管理的进程。此外，规范的绿色标准仍不完善，许多领域未有评判标准，已有的标准还常常存在僵化、使用混乱、一刀切等现象。

（三）城市绿色管理体制不健全，管理效率低

虽然中国城市政府已经进行了一定的体制机制改革，也初见成效，但仍存在管理主体单一、缺少公众参与、监督，政府管理机构部门设置臃肿、条块分割、责权关系不清、职能交叉、人员不能合理配置等问题，增加了对城市问题的发现、解决和处理的成本和时间，导致了管理运行中人力、物资的浪费，也是面对城市突发问题出现“政府失灵”的主要原因，如 2011 年发生的浙江台州血铅超标事件、洛阳血色涧河事件等，都暴露了城市政府部门协调性差、应对突发事件能力弱、敏感性低等缺陷，严重影响着绿色管理的实现。

（四）忽视农村管理，城乡绿色管理差距大

农村作为城市人力、物资与环境的重要供给和支持区，对城市实现绿色管理、持久运行具有举足轻重的作用。目前中国城市普遍只重视建成区的绿色管理，为市区投入较高，现代化的管理技术手段也主要应用在城区中，而农村地区多存在着管理技术落后、信息闭塞、管理者素质低等现象，致使许多农村问题，如河流、土地污染、基础设施的缺失或损坏等得不到及时有效的监督和处理。2010年的调查显示，农村的污染排放约占全国污染的一半，大部分村镇的绿色基础设施，特别是污水处理和垃圾处理设施严重落后，全国仅不足一半的乡镇建设了县、乡、村的基本信息服务体系。

四　中国推进城市绿色管理的主要措施

相信随着“十二五”规划的全面展开以及新的领导集体的产生，中国城市的绿色管理必将进入大力推进的关键时期，因此在未来的城市管理道路中要切实改进现有问题，从多方面入手促进城市绿色管理水平得到全方位的提升。

（一）明确城市发展战略规划，强化绿色管理理念

1. 确立绿色的城市发展方向，将绿色理念渗透到各个领域中

各城市都应以可持续发展为总战略，立足城市的自身特点，作出正确的城市定位，将绿色行政、绿色文化、绿色生活、绿色生产、绿色消费、绿色交通、绿色建筑等绿色理念融入城市建设的近远期规划中，将绿色理念渗透到城市管理的各个领域，构建平衡有序的整体结构，使城市管理朝绿色可持续方向改进。

2. 提高管理者的绿色素质，将绿色理念放在决策最前端

管理者的绿色管理意识和素质是推动管理绿色转变的重要推动力，国家及地方政府要通过多形式的教育培训、人才引进及政策规范引导等方式促进管理人员具备高的节能环保意识和现代化管理水平，提高绿色素质，在制定管理决策时首先考虑是否顾及了绿色理念，再进行综合决策，严格规范管理行为，做到管理的可持续化。

（二）制定合理的绿色标准，健全绿色法律政策体系

1. 进一步完善科学的绿色标准体系，指导绿色管理

中央及各级政府应在已有绿色标准基础上，通过国际借鉴、广泛调研、专家咨询、专业指导等方法，在质量技术监督部门的协助下，进一步制定和完善绿色标准体系，绿色标准应覆盖城市规划、建设、环境保护、企业生产经营、医疗教育等城市经济、社会和生态发展各领域，对已有标准进行及时更新和修正，注意标准的可操作性与统一。

2. 加强绿色法律法规及政策体系建设，保障绿色管理

中央及地方政府应进一步在法律法规和政策体系建设中注重绿色理念的融入，为绿色管理提供良好的法律和政策环境。绿色法律和政策的制定要覆盖城市管理所涉及的各个环节，弥补已有法律的漏洞与不足，通过借鉴国际经验、深入分析已有问题，制定行之有效的法律和政策制度，如对已出现但没有法律规范的城市环境污染问题制定专项法律，对信息化、数字网格化管理中存在的信息安全、数据共享等问题进行法律建设。

（三）加强管理体制创新，完善绿色管理制度与机制

1. 绿化政府机构建设，提高行政效能

对政府机构本身的绿化是进行绿色管理的内化过程，对实现城市的绿色管理具有重要作用。各级政府应当加快理顺各管理部门的职能配置、责权关系，适当增加和精简管理机构及人员，标准化和规范化管理行为，提高科技手段在管理中的应用，大力推行绿色办公、绿色采购，广泛普及自动化、网络化、数字化办公系统，推广应用信息化、数字网格化管理方法。

2. 创新管理绩效考评，促进绿色发展

在现实政府管理体制中的绩效考核对管理工作起到了很强的指导作用。各级政府要加快构建新型的绿色管理绩效考核体系，改革创新只以 GDP 为核心内容的传统政绩考核体系，充分考虑经济结构与效益、科技创新、社会发展、公共服务、生态环境、资源节约、节能降耗和人民生活等多个方面，建立绿色 GDP 考核体系、信息化及数字网格化管理绩效考评体系等。

3. 建立绿色管理的长效机制，提高管理质量

实现绿色管理不但要加强管理组织的内部绿化，还应当进一步建立多元化的城市管理机制和制度，如制定和完善社会参与机制、监督机制、互动合作机制，奖惩制度、信息公开制度、报告制度、公众考评制度等，从而增进市民、企业及社会组织对城市公共管理的参与，增强管理信息的透明度、公开度，形成全民协管的长效管理机制，以提升城市管理的效率和效益，减少官僚主义和行政效率低下现象的发生。

（四）统筹城乡管理，缩小城乡绿管差距

1. 提高农村基础设施水平，加强新农村建设

各市政府应当通过合理规划、增加资金投入、技术人员配备等途径，大力提高绿色新农村建设，如进一步完善农田水利建设、加强标准化堤防、生态工程建设、综合开发可耕种地、提高林木绿化率及防灾减灾能力等，同时还要注意加快推进农业机械化、农业信息化建设，提高机械化和信息化水平。

2. 加强现代化科学技术应用，推进城乡无缝化监管

各市政府要积极采用现代计算机、网络、数字化等科学技术，加快建立城乡一体化监管和服务体系，将政府管理的各项职能、城市和农村社区的全方位的信息都囊括到管理网络中，增进城乡信息的全面反馈和流通，从而为实现城乡无缝化统筹管理和服务水平的提高奠定基础。

（五）培养绿色文化，提高社会绿色意识

1. 广泛开展教育与宣传，培育全民绿色意识

城市管理者应当通过广泛开展学校、社会绿色教育与培训，利用新闻媒体的舆论宣传等方式，倡导绿色生产、消费与生活，提高全体市民的绿色知识和意识，培育整个社会绿色文化的形成。

2. 开展绿色活动，营造社会绿色氛围

城市管理者还可以通过组织和举行各种形式的城市绿色活动，如绿色生产评比活动、绿色社区评比活动、绿色读书日、绿色城市日等，为城市营造和烘托一个绿色氛围，从而为绿色管理提供广泛的社会实践基础。

参考文献

尹艳华：《现代城市政府与城市管理》，上海大学出版社，2003。

韩艳萍、于浩：《太原市政府绿色治理的创新实践》，《山西财经大学学报》2011 年第 4 期。

高梅生：《城市管理可持续发展探讨——兼论城市管理体制创新》，《经济体制改革》2007 年第 2 期。

单菁菁：《中国生态城市建设回顾与展望》，载《中国中小城市发展报告（2010）》，社会科学文献出版社，2010。

修文群：《数字化城市管理》，中国人民大学出版社，2010。

叶裕民：《中国城市管理创新的一种尝试》，《中国软科学》2008 年第 10 期。

王秋艳：《中国绿色发展报告 NO. 1》，中国时代经济出版社，2009。

张兵生：《政府绿色管理：基本依据、构建路径和战略着力点》，《中国行政管理》2007 年第 4 期。

The Current Situation and Outlook of the Urban Green Management in China

Pei Xuejiao　Song Yingchang

Abstract: Since the 20th century, green economy and green urbanization have developed quickly in the world. In order to achieve the green development goal, it is necessary to change the traditional urban management pattern and promote the green management. The urban green management has been continuously strengthened at all stages since the foundation of New China, getting some achievements. With the full operation of the "Twelfth-Five-Year Plan", urban green management is expected to enter a new stage in China.

Key Words: Urban Green Management; Green Law; Green Management System; Digital City

B.17

城市绿色建筑的现状与发展趋势

李 庆*

摘 要：2004 年至今，我国已经召开了六次“绿色建筑大会”，为推动我国绿色建筑发展发挥了宣传号召和引领推动的重大作用。《绿色建筑评价技术细则》和《绿色建筑评价标识管理办法》发布后，我国绿色建筑推进工作在绿色建筑创新奖和绿色建筑标识两种激励方式下开展。2011 年度有 16 个项目获得绿色建筑创新奖，审定 241 项绿色建筑评价标识项目，超过了前 3 年的总和。“十二五”期间，我国将进一步健全绿色建筑标准规范及评价标识体系；建立绿色建筑财政政策激励机制；推进绿色生态城区建设，规模化发展绿色建筑；引导保障性住房及公益性行业优先发展绿色建筑，使绿色建筑更多地惠及民生；推进绿色建筑科技进步及产业发展，加强绿色建筑综合能力建设。

关键词：绿色建筑　现状　趋势

面对全球气候和环境变化的压力与挑战，人们越来越多地认识到建筑及其运行对环境的巨大影响，认识到建筑是节能减排、应对气候变化最重要的领域之一。从 20 世纪末开始，在可持续发展理念的推动下，全球掀起了一场世界范围内发展“绿色建筑”的高潮。城市是碳排放最集中的地区，城市建筑的绿色发展对减缓气候变化尤为重要。中国正在经历城市化加速阶段，在城市化加速进程中寻求城市建筑的绿色发展道路，抑制碳排放的过快增长，将对减缓全球气候变化作出巨大贡献。

中国城市发展的现阶段，绿色、可持续、低碳以及生态等理念接踵而至又相

---

* 李庆，中国社会科学院城市发展与环境研究所高级工程师，主要研究领域为城市建设与管理。

互交织，复杂的概念往往使人们认识模糊，无所适从。同时，绿色发展承载着人们对清洁环境和可持续发展太多的渴望，“绿色”概念被人们赋予了数不清的内涵，变得包罗万象又捉摸不定。因此我们认为，“绿色发展较之于持续发展，在概念上更显得抽象，尽管他们都有环境保护和持续的含义，但是绿色发展并非源于环境问题，而是源于对发展概念的再思考，对现代科学技术和现代化的批评性再认识，进而提出了绿色发展的内涵与对策。”可见，在广义的范围内，绿色发展除环境和资源外还综合了经济社会的可持续发展以及人的可持续发展要求，人类生活健康性、舒适性和便捷程度都被纳入绿色发展的考量范围，使它对人类具有更全面的指导性。

绿色发展需要高屋建瓴、异彩纷呈的理论研究，更需要脚踏实地、翔实客观的具体实践。建筑领域2006年颁布了《绿色建筑评价标准》后，才真正为我国在建筑领域落实绿色发展理念提供了切实可行的依据，尽管仅仅从“四节一环保”的角度规定绿色建筑的内涵，远远不能满足人们对绿色建筑的全部期望，但毕竟奠定了我国发展绿色建筑的概念基础，规范了绿色建筑的识别和评价标准，使我国城市绿色建筑的发展进入了快行道。中国的绿色建筑倡导节能、节地、节水、节材和环境保护，既是对建筑节能的有力带动，也是引领建筑技术发展的重要载体，同时也是建设领域贯彻落实科学发展观、转变城乡建设增长方式、调整建筑业产业结构、提高人民群众居住质量水平、促进资源节约型和环境友好型社会建设的重要举措。

一　推进城市绿色建筑发展的主要举措

1. 绿色建筑大会

从21世纪初开始，在促进建筑节能减排和发展可再生能源建筑应用的同时，中国政府积极鼓励绿色建筑的发展，通过召开绿色建筑大会以引起全社会对绿色建筑的关注，提升全社会对绿色建筑的认知，拓展国际合作和技术交流的平台，绿色建筑大会为推动我国绿色建筑发展发挥了宣传号召和引领推动的重大作用。

2005年，建设部以积极提高人居环境水平、发展智能与绿色建筑技术为目标，组织召开了“首届国际智能与绿色建筑技术研讨会”暨“首届国际智能与绿色建筑技术与产品展览会”，会议展示了国内外智能与绿色建筑技术领域的最

新理论与实践成果，开启了我国在绿色建筑领域设计理念、成功范例、专业技术、标准、政策、应用经验及产品与设备信息等方面国内外的大规模交流合作，使绿色建筑技术与智能建筑技术一起成为我国推进建筑技术升级的主要领域。这次大会的绿色建筑技术主题是可持续发展理念的实践在我国建筑管理领域正式展开的开端，对整个行业发展产生了重大而深远的影响。

2006 年举办的“第二届国际智能、绿色建筑与建筑节能大会暨新技术与产品博览会”上，时任国务院副总理曾培炎做了题为《发展智能绿色建筑 大力推进建筑节能》的报告，标志着我国政府已经把发展智能绿色建筑作为我国推进节能环保工作的重点领域。在这次会议上建设部部长仇保兴提出绿色建筑是建筑发展观的创新，需要在建筑能源利用种类和利用模式上创新，需要建筑技术的创新，同时需要建筑开发运行方式的创新和政府管理制度的创新，他对绿色建筑创新性的全面阐述为绿色建筑发展的理论推动指出了方向。从这次会议的议题看，主要包括：①绿色建筑设计理论、方法和实践，②建筑智能化与绿色建筑，③建筑节能与绿色建筑，④建筑生态、材料与绿色建筑，⑤房地产业发展与绿色建筑。这些议题准确地把握了绿色建筑发展的方向和重点。这次会议被认为是极具前瞻性的指导我国绿色建筑发展的具有战略意义的大会，为我国绿色建筑的发展进行了积极的理论铺垫和政策指导，确立了绿色建筑实践的主导方向。

继 2006 年第二次大会后，每年都召开了绿色建筑大会。2010 年 3 月，在全球积极应对气候变化的大环境下，以“加快可再生能源应用，推动绿色建筑发展”为主题，召开了“第六届国际绿色建筑与建筑节能大会暨新技术与产品博览会”，这次大会的主办方包括住房和城乡建设部、科学技术部、国家发展和改革委员会、财政部、环境保护部、工业和信息化部、国家外国专家局等多家政府部门，显示出中国政府突出抓好建筑领域节能减排、积极应对全球气候变化的战略决心。这次大会还得到美国能源部（DOE），美国能源基金会（EF），全球环境基金（GEF），欧盟委员会企业与工业总司（EIEC），英国贸易投资总署（UKTI），德国交通建设和城市规划部（BMVBS），法国生态、能源、可持续发展及国土整治部（MEEDDAT），加拿大联邦住房署（CMHC），新加坡国家发展部建设局（BCA），印度建筑业发展委员会（CIDC），世界绿色建筑协会（WGBC）及法国驻华大使馆等众多国际组织的支持与协助，广泛的国家参与显示出我国绿色建筑领域的国际合作水平达到了一个全新的高度，显示出我国在建

筑领域参与全球协作、共同努力，带动绿色建筑的技术创新和管理创新，促进中国绿色建筑的健康发展起到了至关重要的作用。

2. 城市绿色建筑发展的激励机制

在绿色建筑大会的推动下，为了鼓励绿色建筑及其技术的发展，我国从2004年开始设立“全国绿色建筑创新奖”，并制定《全国绿色建筑创新奖管理办法》。为了在“首届国际智能与绿色建筑技术研讨会暨技术与产品展览会”公布绿色建筑创新奖获奖项目及获奖单位，2004年9月建设部发出组织申报评选首届全国绿色建筑创新奖的通知，并制定了《全国绿色建筑创新奖实施细则（试行)》，细则将奖项分为工程类项目奖和技术与产品类项目奖。工程类项目奖包括绿色建筑创新综合奖项目、智能建筑创新专项奖项目和节能建筑创新专项奖项目；技术与产品类项目奖是指应用于绿色建筑工程中具有重大创新、效果突出的新技术、新产品、新工艺，2005年3月公布了40项获奖成果。

我国根据《全国绿色建筑创新奖管理办法》和修订后的《全国绿色建筑创新奖实施细则》，结合2006年颁布的《绿色建筑评价标准》制定了《全国绿色建筑创新奖评审标准》和《全国绿色建筑创新奖评审标准使用规则》，至此我国绿色建筑的奖励机制初步形成，依据上述办法建设部于2007年公布第二届全国绿色建筑创新奖13项获奖项目。同年，为贯彻落实《国务院关于印发节能减排综合性工作方案的通知》的要求，建设部进一步加强了对绿色建筑的推动工作，致力于形成一批以科技为先导、节能减排为重点、功能完善、特色鲜明、具有辐射带动作用的绿色建筑示范工程和低能耗建筑示范工程，展开了“绿色建筑示范工程”和“低能耗建筑示范工程”项目。

同时为了规范绿色建筑评价标识工作，引导绿色建筑健康发展，我国制定了《绿色建筑评价标识管理办法（试行)》。2008年，建设部对《绿色建筑评价技术细则（试行)》和《绿色建筑评价标识管理办法》进行了补充和完善。自此我国绿色建筑推进工作在绿色建筑创新奖和绿色建筑标识两种激励方式下开展。

3. 绿色建筑发展的标准建设和实施

在第一次绿色建筑创新奖评奖后，为了进一步推动绿色建筑发展，规范绿色建筑的评奖活动，建设部和科技部于2005年10月印发了《绿色建筑技术导则》，又于2006年3月颁布《绿色建筑评价标准》，该标准为国家标准，自2006年6月1日起实施。《绿色建筑评价标准》明确了绿色建筑是指：在建筑的全寿命周

期内，最大限度地节约资源（节能、节地、节水、节材）、保护环境和减少污染，为人们提供健康、适用和高效的使用空间，与自然和谐共生的建筑。评价标准对绿色建筑的定义包含了三个层面，一是强调减少各种资源的浪费的节能层面；二是强调减少环境污染的保护环境层面，包括减少二氧化碳排放；三是满足人们使用上的要求，为人们提供健康、适用和高效的使用空间。评价标准分别对居住建筑和公共建筑设立控制项、一般项和优选项三类指标，并且确立了三星等级的评价标准。《绿色建筑评价标准》成为我国绿色建筑发展的纲领性文件，为绿色建筑的发展奠定了最为重要的基础标准。

我国为规范绿色建筑的规划、设计、建设和管理工作，推动绿色建筑工作的开展，依据《绿色建筑评价标准》，由建设部组织相关单位编制了《绿色建筑评价技术细则（试行）》。《绿色建筑评价技术细则（试行）》是绿色建筑评价的技术原则，在系统总结我国绿色建筑工程实践的基础上，充分借鉴发达国家绿色建筑方面的成功经验，集中众多国内外绿色建筑领域专家的智慧集体编制完成。《绿色建筑评价技术细则（试行）》从六大技术体系对住宅与公共建筑进行考核，即节地与室外环境、节能与能源利用、节水与水资源利用、节材与材料资源利用、室内环境质量及运营管理，并且根据考核内容对其六个方面执行标准的情况予以判定，并对六个方面的权重系数选择适宜的数据进行归纳评价。

在绿色建筑评价标准的基础上，我国实行了绿色建筑评价标识制度。在《绿色建筑评价标识管理办法（试行）》中阐明了我国绿色建筑评价标识的含义、适用条件、申请原则、工作原则等。规定绿色建筑等级由低至高分为一星级、二星级和三星级三个星级；审定项目由建设部发布，并颁发证书和标志；绿色建筑评价标识的组织实施等日常管理工作由建设部委托建设部科技发展促进中心负责。

我国绿色建筑的评价方法和标准仍然在不断的完善进步当中，2009 年 9 月建设部印发《绿色建筑评价技术细则补充说明（运行使用部分）》，2010 年 8 月印发《绿色工业建筑评价导则》的通知。与此同时，我国绿色建筑创新奖的评审也在不断地推进和完善，2010 年 10 月建设部根据《全国绿色建筑创新奖管理办法》，重新制定了《全国绿色建筑创新奖实施细则》和《全国绿色建筑创新奖评审标准》。重新修订了的绿色建筑创新奖评审标准和实施细则在强调技术集成度、创新特色、实施效果、预期效益、推广应用价值 5 项要求的同时，更注重项

目的实际运行效果。2011 年，住房城乡建设部依据新的绿色建筑创新奖评审标准和实施细则开展了绿色建筑创新奖的评审工作，绿色建筑创新奖 2011 年度共有 19 个项目通过了评审，其中获得 3 星级标识的项目 14 个，2 星级的 3 个，1 星级的 2 个，最终有 16 个项目获得了创新奖。

二　绿色建筑的地方行动

为充分发挥和调动各地方发展绿色建筑的积极性，促进绿色建筑在全国范围内快速发展，提高我国绿色建筑整体水平，2009 年 6 月建设部颁布了《一二星级绿色建筑评价标识管理办法（试行）》，使具备条件的省、市可以依据《绿色建筑评价标准》制定出台地方绿色建筑评价标准，开展本地区一、二星级绿色建筑评价标识工作。目前，全国已有 29 个省、自治区、直辖市、副省级城市申请开展绿色建筑标识评价工作，建设部已经先后批准了山东省、湖北省、陕西省、湖南省、吉林省和北京市、厦门市、青岛市展开本地的一、二星绿色建筑的评审工作。截至 2011 年底，全国总共审定了 353 项绿色建筑评价标识项目，涉及建筑 2647 栋、3488 万平方米。其中 2011 年审定 241 项，共 1950 栋建筑、2505 万平方米，超过了前 3 年的总和。

2008 年深圳市率先全面开展“绿色建筑年”主题活动，全面实施绿色建筑行动计划。2009 年，深圳市光明新区政府颁布《光明新区全面实施〈深圳市绿色建筑设计导则〉管理办法（试行）》，要求投资建筑项目及重要路段和景观节点内的新建、改建、扩建的居住建筑，在建造的各个环节都要按绿色建筑设计规范强制执行。2008 年 3 月，深圳市政府与住房城乡建设部签订了关于建设光明新区绿色建筑示范区的合作框架协议，提出光明新区所有新建建筑都要按照绿色建筑的标准进行建设，提出节能标准提高到 65% 的要求，将光明新区打造成绿色建筑示范区。光明新区执行绿色建筑地方设计规范的举措，对全国推动绿色建筑发展起到了带头和示范作用。

伴随着全面实施绿色建筑行动计划，深圳也在倾力打造绿色建筑之都。2008 年，深圳市政府出台了《深圳生态文明建设行动纲领（2008～2010）》及《关于打造绿色建筑之都的行动方案》等 9 个配套文件，第一次以市政府文件的形式，提出了“打造绿色建筑之都”的目标。此后，深圳市以《节约能源法》、《民用

建筑节能条例》、《公共机构节能条例》和《深圳经济特区建筑节能条例》、《深圳市建筑废弃物减排与综合利用条例》“一法四条例”为基础，建立了一整套建筑节能和绿色建筑方面的法规标准体系。

2010年无锡市开始实施绿色建筑“4610”计划，即①实施4项扶持政策，包括可再生能源开发利用的政策奖励、获国家绿色建筑星级标准的政策支持、既有建筑节能改造的政策支持、绿色节能公共建筑的政策支持；②6大节能技术，包括地源热泵应用、太阳能利用、雨水收集与水资源利用、新型墙体材料应用、节能门窗应用、地下空间利用；③10大亮点工程，包括选择并培育公共建筑、住宅项目、既有建筑改造工程等10个项目作为市级建筑节能亮点工程。

2010年中新天津生态城开始大力推动绿色生态住宅建设，要求生态城内所有住宅都要按绿色建筑标准设计和建设，在房型安排、材料选择及施工建设方面都体现生态设计理念并运用国际最为环保的设备施工。

北京市计划在“十二五”期间新建绿色建筑3500万平方米。到2015年，全市10%以上的新建建筑将为绿色建筑；到2020年，全市新建建筑达到绿色建筑标准的比重将达到或接近世界城市水平。北京市要求①凡政府投资的新建、改扩建民用建筑项目均应达到绿色建筑标准；②重要功能性园区应建成绿色低碳园区，园区建筑应达到绿色建筑标准。未来五年，北京绿色建筑将由点向面扩展，未来科技城、丽泽金融商务区、海淀北部新区、CBD（中央商务区）东扩区、门头沟生态城、首钢产业置换厂区等区域，将组织绿色建筑园区的试点示范。目前北京市地方性《绿色建筑设计标准》的征求意见稿已经向全社会发布。

2011年，广州发布《广州市人民政府关于加快发展绿色建筑的通告》，广州今后所有由政府建设或政府主导的旧城改造项目、财政投资保障房项目以及中新广州知识城等城市发展新区新建建筑项目，均要实行绿色建筑技术标准。通告不仅从绿色建筑的立项、土地出让、规划、实施等环节提出了具体的要求，还宣布绿色建筑投入运行后，评价标识结果达到一定标准的，建设单位可向市建设主管部门申请建筑节能专项资金奖励。此外，使用太阳能等可再生能源占建筑能耗50%以上的绿色建筑项目将被纳入广州市战略性新兴产业发展专项资金扶持范围，并依法享受相应的税收优惠。

截至2012年1月底，河北省已有曹妃甸国际生态城“央企生活服务基地一期项目”、“万达学院一期工程”等13个项目获得一、二、三星级绿色建筑设计

评价标识。唐山市以大规模建设保障性住房为契机推广绿色建筑，包括马驹桥保障性住房等 3 个项目、共 160 万平方米建筑正按二星级绿色建筑标准建设。河北省提出在石家庄正定新区、秦皇岛北戴河新区、唐山湾生态城、沧州黄骅新城全面推进建筑节能和绿色建筑工作，后又将涿州生态宜居示范基地列入其中，形成“4 +1”生态示范城市格局。此外，河北省委、省政府要求 2011 ~2013 年，全省每个设区市建成 3 个、每个县级市建成 1 个绿色建筑示范小区。目前已有 40 多个绿色小区正在培育之中。

三　中国城市建筑的绿色发展趋势

我国城市绿色建筑发展中还存在一些问题，如：技术创新性不够、集成程度低、优化措施较少、有技术堆砌倾向、实施（运行）后的效果难以确定、突出地方特色不够等。发展中的问题也为绿色建筑的发展提供了机遇，我国正处于工业化、城镇化和新农村建设快速发展的历史时期，大力发展绿色建筑，以绿色、生态、低碳理念指导城乡建设，能够最大效率地利用资源和最低限度地影响环境，有效转变城乡建设发展模式，缓解城镇化进程中资源环境约束。绿色建筑的节能、节地、节水、节材及环境保护等多种技术，可以有效地带动建筑技术革新，直接推动建筑生产方式的重大变革，促进建筑产业优化升级，拉动节能环保建材、新能源应用、节能服务、咨询等相关产业发展。

为了克服我国城市绿色建筑发展中存在的问题，我国城市绿色建筑发展首先要树立明确的发展目标，只有目标明确才能做到步伐稳健。2012 年，财政部与住房和城乡建设部发布《关于加快推动我国绿色建筑发展的实施意见》，《意见》要求到 2020 年，绿色建筑占新建建筑比重超过 30%，建筑建造和使用过程的能源资源消耗水平接近或达到现阶段发达国家水平。“十二五”期间，加强相关政策激励、标准规范、技术进步、产业支撑、认证评估等方面能力建设，建立有利于绿色建筑发展的体制机制，以新建单体建筑评价标识推广、城市新区集中推广为手段，实现绿色建筑的快速发展，到 2014 年政府投资的公益性建筑和直辖市、计划单列市及省会城市的保障性住房全面执行绿色建筑标准，力争到 2015 年，新增绿色建筑面积 10 亿平方米以上。

为了克服我国城市绿色建筑发展中存在的问题，必须设定有针对性的具体任务。《关于加快推动我国绿色建筑发展的实施意见》中提出了建立健全绿色建筑标准规范及评价标识体系，引导绿色建筑健康发展；建立高星级绿色建筑财政政策激励机制，引导更高水平绿色建筑建设；推进绿色生态城区建设，规模化发展绿色建筑；引导保障性住房及公益性行业优先发展绿色建筑，使绿色建筑更多地惠及民生；大力推进绿色建筑科技进步及产业发展，切实加强绿色建筑综合能力建设等五项任务。

为了克服我国城市绿色建筑发展中存在的问题，必须完善绿色建筑评价标准体系，制定针对不同地区、不同建筑类型的绿色建筑评价标识细则，科学地开展评价标识工作。鼓励地方制定适合本地区的绿色建筑评价标识指南。编制绿色生态城区指标体系、技术导则和标准体系。建立自愿性标识与强制性标识相结合的推进机制，对按绿色建筑标准设计建造的一般住宅和公共建筑，实行自愿性评价标识，对按绿色建筑标准设计建造的政府投资的保障性住房、学校、医院等公益性建筑及大型公共建筑，率先实行评价标识，并逐步过渡到对所有新建绿色建筑均进行评价。

参考文献

《关于加快推动我国绿色建筑发展的实施意见》，财建〔2012〕167 号。

《全国绿色建筑创新奖实施细则》，住房和城乡建设部，2010。

《全国绿色建筑创新奖评审标准》，住房和城乡建设部，2010。

《绿色建筑评价技术细则补充说明（规划设计部分）》，住房和城乡建设部，2008。

《绿色建筑评价技术细则（试行）》，建设部，2007。

《绿色建筑评价标识管理办法（试行）》，建设部，2007。

郁聪、康艳兵：《国内外节能政策的回顾及强化我国节能政策的建议》，《中国能源》2003 年总第 27 期。

王庆一：《国外促进节能的财税政策》，《中国能源》2006 年第 1 期。

李京文：《能源、环境与中国经济增长》，《数量经济与技术经济研究》1994 年第 1 期。

朱达：《能源——环境的经济分析与政策研究》，中国环境科学出版社，2000。

康艳兵、马志永：《建筑节能领域可再生能源的利用方式》，《中国能源》，2002 年第 6 期。

Eric D. , Larsona, Wu Zongxin, Future Implications of China's Energy-Technology Choices, *Energy Policy*. 2003（31）：1189－1204.

B. E. Johnson. Modeling Energy Technology Choices：which Investment Analysis Tools are

Appropriate? *Energy Policy*. 1994 (22): 877 - 883.

Rivers, Nic, Jaccard, Mark, Choice of Environmental Policy in the Presence of Learning by Doing. *Energy Economics*. 2006 (3): 223 - 242.

The Current Situation and Development Trend of the Urban Green Buildings

Li Qing

Abstract: Since 2004, China has held six "Green Building Congress" to promote green building development. After the release of *Technical Rules and Regulations for Green Building Evaluation* and *Identity Management Approaches for Green Building Evaluation*, the Chinese government carried out two kinds incentive to promote the green building by Green Building Innovation Award and Green Building Identities. In 2011, 16 projects received the Green Building Innovation Award, and 241 projects are passed the green building evaluation identity, more than the sum of the previous three years. In the "12th Five-Year" period, China will further improve the green building standards and evaluation identification system, establish a green building fiscal policy incentives, promote green ecological city construction and large-scale development of green building, guide the development of affordable housing and public service sectors to develop green building first, make green building benefit people's livelihood, promote green building scientific and technological progress and industrial development, and strengthen the comprehensive capacity-building of green building.

Key Words: Green Building; Current Situation; Trend

地方实践篇

Local Practices

B.18

贵阳市：坚持走科学发展路 加快建生态文明市

李 军*

摘 要： 本文首先回顾了贵阳结合自身比较优势，在全国省会城市中率先提出建设生态文明城市的历程；其次从规划和立法的编制、经济结构调整、基础设施建设、生态环境保护、社会管理创新、民生改善等方面总结了贵阳近年来在生态文明城市建设中取得的显著成效；最后，明确了贵阳将坚持走科学发展路、加快建生态文明市的发展方向，并从经济生态、城镇生态、社会生态、文化生态、自然生态、政治生态等六个方面对贵阳今后的发展提出了具体的要求。

关键词： 贵阳 科学发展 生态文明

建设生态文明，是党的十七大作出的重大战略决策，是我们党对人类发展规

* 李军，中共贵州省委常委、贵阳市委书记，经济学博士，研究员。

律、社会主义现代化建设规律认识的深化，是对人类文明的重要贡献。回首过去，贵阳在建设生态文明城市的道路上取得了积极成效，实现了“洼地”上的奋力崛起；展望未来，贵阳市将坚持走科学发展路、加快建生态文明市，保持又好又快发展的良好势头，为贵州提速转型、后发赶超作出更大贡献。

一　结合贵阳实际贯彻落实科学发展观，确定走建设生态文明城市的发展路子

思路决定出路。越是经济社会发展相对落后的地方，越需要有好的发展思路来指引。好的发展思路来自哪里？来自中央精神与本地实际的紧密结合。

以胡锦涛同志为总书记的党中央提出的科学发展观，标志着我们党执政理念的升华，是中国特色社会主义理论体系的重要组成部分，是全党全国工作的行动指南。建设生态文明，是对科学发展观内涵的极大丰富。2007 年底，贵阳市委、市政府认真学习中央精神，对市情进行再深化、再认识，认为贵阳有三大优势、三大劣势。三大优势，一是生态优势。空气清新，气候凉爽，纬度合适，海拔适中。这是贵阳最大的比较优势。二是矿产资源优势。铝土矿保有储量占全国的 1/5，优质磷矿占全国的 70%，中药材资源约有 170 多种。三是后发优势。可以通过学习和引进国内外先进技术、管理获得快速发展，避免走弯路。三大劣势，一是地理位置差。不沿海，不沿江，不沿边。二是土地资源少。全市人均土地面积仅 3.45 亩，为全国平均水平的 2/3，人地矛盾突出。三是开发历史短。建城只有 730 多年历史，经济欠发达，特别是现代工业基础薄弱，科技、教育、文化比较落后，人才匮乏，是经济社会发展的西部“洼地”。基于对市情的以上认识，贵阳市委、市政府决定扬长避短，实施比较优势发展战略，把建设生态文明城市作为中央精神与本地实际的最佳结合点，作为城市工作的总抓手，确立了生态环境良好、生态产业发达、文化特色鲜明、生态观念浓厚、市民和谐幸福、政府廉洁高效的奋斗目标。

蓝图绘就，贵在坚持。四年多来，贵阳始终坚持建设生态文明城市的奋斗目标不动摇，坚持不懈、一以贯之地加以推进。2008 年八届六次全会、2009 年八届八次全会、2010 年八届十次全会，都把建设生态文明城市作为主线，贯穿到总体部署、措施制定和工作安排中，年年都有新作为。几年来，贵阳市获得了全

国文明城市、国家卫生城市、国家园林城市等称号，先后被列为全国生态文明建设试点城市、全国首批低碳试点城市、全国首批节能减排财政政策综合示范城市，入选中国十大低碳城市。与气候组织合作开展的“千村计划”在联合国德班气候变化大会上被评为最佳案例之一，是唯一入选的中国项目。《全球城市竞争力报告（2009～2010）》显示，在全球500个城市中，贵阳的综合竞争力提升了42位，提升速度列第4位。

二　坚持加速发展、加快转型、推动跨越，以生态文明理念引领经济社会又好又快发展

贵州省委、省政府提出“加速发展、加快转型、推动跨越”的主基调和工业强省、城镇化带动主战略，体现了对科学发展观精髓的深刻理解、对贵州欠发达省情的深刻认识、对贵州人民求富愿望的积极顺应。贵阳市从实际出发，坚持以生态文明理念为引领，推动经济社会实现又好又快、更好更快发展。

（一）着力抓规划和立法的编制、实施

规划是一个城市发展的龙头。贵阳把生态文明理念贯穿到总规、控规、详规、修规和城市设计各个环节，精心编制《贵阳市城市总体规划（2011～2020年）》，努力使城市“显山”、“露水”、“见林”、“透气”，凸显贵阳山多、水多、林多的生态优势。编制了《贵阳市生态功能区划》，将国土空间划分为优化开发区、重点开发区、限制开发区和禁止开发区，优化生产力布局。制定并实施了国内首部促进生态文明建设的地方性法规——《贵阳市促进生态文明建设条例》，将建设生态文明城市的一些成功做法通过法规的形式固定下来。成立了省市共同参与的高规格的贵阳市城乡规划建设委员会，坚持依规办事、尊重科学、维护公权，提高了规划的权威性和严肃性，确保规划得到严格执行。

（二）着力抓经济结构调整

贵阳市要在加速发展中加快转型、在加快转型中加速发展，实现“弯道超车”，这就对驾驭经济工作提出了更高要求。贵阳把生态文明理念落实到三次产业发展中，努力实现产业生态化、生态产业化。在宏观结构上，推动三次产业协

调发展，在二产、三产“水涨船高”的情况下，稳定形成了三二一的产业结构。在微观结构上，推动三次产业向着生态化的方向发展。奋力发展旅游、金融、物流、会展等现代服务业，建设十大工业园区，改造提升六大特色优势产业，积极培育高新技术、战略性新兴产业和循环经济，加快无污染、无公害的生态农业建设。现代服务业占服务业增加值的比重超过30%，高新技术产业增加值在规模以上工业增加值中的比重达34.2%。

（三）着力抓以交通为重点的基础设施建设

基础设施既是经济发展的重要承载，也是经济发展的重大拉动力量。为此，近年来贵阳坚持多修路、快修路、修好路。一是规划建设“三条环路十六条射线”城市骨干路网，建成了长121公里的环城高速公路和长49.1公里的二环路，形成了完整的三条环路。四年多来，全市道路建设总投入近330亿元，相当于过去20年市政道路投资的总和。二是规划建设“一环一射两联线”市域快速铁路网，接入国家快速铁路网。三是规划建设城市轻轨1号、2号线，与市域快速铁路、机场充分接驳，实现零换乘。再经过三至五年的努力，贵阳市的综合交通运输体系建设将取得重大突破，实现历史性跨越。

（四）着力抓生态环境保护

贵阳是喀斯特地区，生态优势是最大的比较优势，也是最容易失去的、不可逆转的独特优势。为此，贵阳始终坚持采取最严厉的措施保护青山绿水。一是保护水资源。创新行政手段，组建了贵阳市两湖一库（红枫湖、百花湖、阿哈水库）管理局，集中履行环境保护的管理、监督、执法等行政职能。创新法律手段，在全国率先成立了环保审判庭、环保法庭，依法审理环保案件。创新经济手段，成立了两湖一库环境保护基金会，引导社会力量参与治理保护。二是保卫环城林带。开展“落实科学发展观、打响森林保卫战”专项行动，依法查处“福海生态园”案件，得到社会各界普遍拥护。三是净化空气质量。搬迁和关闭贵州水泥厂等一批重点污染企业，积极开展机动车尾气污染防治。通过努力，全民生态意识得到强化，森林覆盖率从34.7%提高到42.3%，“两湖一库”等主要饮用水源水质由五类、劣五类转变为三类、二类，污水处理率达95.2%，垃圾无害化处理率达93%，空气质量优良天数保持在95%左右，探索建立了生态补偿机制。

（五）着力抓民生改善

以人为本是科学发展观的核心。推动经济社会发展，必须做到既“见物”又“见人”。在对象上格外关注弱势群体，在态度上做到千方百计、尽心竭力，在效果上格外注重老百姓的感受。大力实施“六有”民生行动计划和“十大民生工程”，着力解决群众最关心、最直接、最迫切的民生问题，每年涉及民生的支出都占55%以上。针对“上好学难”，开展义务教育阶段学区化改革，着力缓解择校热。针对“看病难”，深入实施城乡医疗救助制度，惠民医疗政策、医疗救助制度100%覆盖城乡困难群众。针对“住房难”，探索形成“政企并力、建储并举、公廉并轨、租补并行”的住房保障新模式，纳入公共租赁住房保障的家庭累计达3.4万户。针对“治安难”，持续开展“严打”专项行动，群众安全感从70.75%上升到84.33%。2011年贵阳市民幸福指数为89.19，比上年提高1.81个点。

（六）着力抓社会管理创新

作为全国社会管理创新综合试点城市，贵阳积极探索，创新领导体制，成立市、区（市、县）两级群众工作委员会（社会管理综合治理委员会），统一领导、全面统筹、具体推进加强和创新社会管理工作。创新工作平台，在市信访局加挂市群众工作中心的牌子，建成近4000平方米的群众工作中心大楼，28个职能部门入驻中心集中办公，信访办结率从不到40%提高到86%。各级成立群工中心和群工站。创新基层管理体制，2012年上半年将全部撤销街道办事处，普遍建立新型社区，实现城市基层社会管理扁平化。将社区机构纳入事业单位序列、工作人员纳入正式编制、工作经费纳入财政预算、办公和服务场所建设纳入城市建设规划，真正把社区做实做强。创新社会协同，成立由民营企业家、民主党派人士、佛教团体负责人等参加的各级和谐促进会，作为“第三方”力量柔性调处矛盾纠纷，既解决了个案问题，又避免引起连锁反应。创新流动人口管理，推行流动人口居住证制度，享受与城镇人口同等的基本公共服务。2012年2月，中央综治委将贵阳与深圳、宁波一起，作为大城市从整体上加强和创新社会管理的重大典型来培育。

三　深入贯彻国发2号文件精神，努力建设全国生态文明城市

2012年1月，国务院出台了《关于进一步促进贵州经济社会又好又快发展的若干意见》，提出了一系列含金量高、操作性强的政策措施，给贵州的发展带来了千载难逢的大好机遇，具有划时代的里程碑意义。国发2号文件明确提出要把贵阳建成全国生态文明城市，这既是国家层面对贵阳工作的充分肯定，也是提出的更高要求。为了贯彻好国发2号文件，贵阳市委、市政府制定了实施意见，谋划了事关贵阳长远发展的34个专项规划、17个试点、15个示范、16个重大问题研究，特别是谋划了817个项目、总投资1.99万亿元。具体来说，就是构建“六大生态”。

（一）实现更好更快发展，构建绿色的经济生态

坚持“发展必须绿色、绿色推动发展”，既最大限度提升发展速度、增加经济总量，又最大限度降低消耗、减少污染，实现绿色崛起。服务业方面，重点依托省会城市的要素聚集优势，加快建成区域性商贸物流会展中心；依托良好的气候条件，加快建成“爽爽贵阳”旅游休闲度假胜地。工业方面，按照“传统产业高端化、特色产业集团化、高新和战略性新兴产业规模化”的思路，积极推进经济技术开发区和高新技术产业开发区扩区和调整区位，加大十大工业园区建设力度，积极推进大用户直供电，加快建设煤电磷、煤电铝、煤电钢、煤电化等一体化资源深加工基地。农业方面，紧扣城市需求，加快农业产业结构调整，走都市农业、现代农业的发展路子。

（二）提升全域规划建设管理水平，构建宜居的城镇生态

着眼于人的需求，高起点编制城镇规划，高水平推进城镇建设，高标准加强城市管理，真正实现“城镇让生活更美好”。争取国家将贵阳市列为开发未利用低丘缓坡实施工业和城镇建设试点地区，积极推进城镇体系形成和城区适度扩张，助推贵安新区成为黔中经济区最富活力的增长极。把建设二环四路城市带作为继金阳新区之后贵阳城市开发建设的又一重大举措，用五年左右时间，打造全

国独一无二、最具特色的生态文明城市示范带。统一规划、分步实施市域快速公路、快速铁路、城市轻轨建设，改善交通“微循环”，构建绿色交通体系。

（三）始终秉持为人民谋幸福的理念，构建和谐的社会生态

积极开展城乡反贫困，深入实施城乡居民收入倍增计划，确保城乡居民收入比缩小到2∶1以内；全面加快社会建设，强化公共服务，扩大社会保障覆盖面、提高标准；加强和创新社会管理，努力闯出具有中国特色、地方特点、时代特征的社会管理新路子。特别是强化社会管理重点、难点在基层的导向，坚持重心下沉，将更多资源向基层倾斜，真正做到物往基层用、钱往基层花、劲往基层使，不断做实做强基层。

（四）弘扬“知行合一、协力争先”的贵阳精神，构建自强的文化生态

通过多出人才、多出精品、多开展群众乐于参与的文化活动、多培育竞争力强的文化实体，营造立足于干、齐心协力干、争先恐后干的浓厚氛围，叫响“贵阳当自强”的时代强音。特别是办好筑城广场敲钟迎新仪式、观山湖公园春节灯会等活动，提振市民精气神；加快建设孔学堂等传统优秀文化教育基地，充分发挥其敦风化俗的作用；提升“绿丝带”志愿服务品牌，更好地引领互助友爱的社会风尚。

（五）以更严的态度治理保护环境，构建友好的自然生态

继续推进国家循环经济试点城市、低碳试点城市建设和节能减排财政政策综合示范工作，切实把水治理好、把林保护好、把气净化好、把土利用好，实现人与自然友好相处。特别是全面实施“三位一体”规划，加大水利建设力度，加强水源地和湿地保护，大力开展植树造林，完善生态补偿机制，提高可持续发展能力。

（六）加强和改进党的建设，构建协调的政治生态

积极发展党内民主，带动人民民主，激发生机与活力；狠抓思想教育、制度执行、严厉惩处，让干部“不愿腐败”、“不能腐败”、“不敢腐败”；从思想政治

上、干部队伍上、工作作风上建强党的组织，始终保持纯洁性、先进性，为贯彻国发2号文件精神、建设全国生态文明城市提供坚强保障。

To Adhere to the Scientific Development Way and Speed up the Ecological Civilization Construction in Guiyang

Li Jun

Abstract: The history of the construction for ecological and civilized city based on comparative advantages, which is proposed by Guiyang first in China, is reviewed firstly. Secondly, it summarizes the remarkable achievements got by Guiyang in recent years in planning, legislation, economic structural adjustment, infrastructure construction, ecological-civilized city construction, ecological environment protection, social management innovation and livelihood improvement. In the end, it makes clear that Guiyang will take the Scientific Development Road, and speed up the development of ecological-civilized city construction. It also puts forward some requirements for Guiyang in the field of ecological economy, ecological city, ecological society, ecological culture, ecological nature and ecological politics.

Key Words: Guiyang; Scientific Development; Ecological Civilization

B.19

北京市：生活垃圾全过程管理的探索与实践

邓　俊*

摘　要： 本文分析北京市生活垃圾管理面临的挑战、问题、改进对策与成效。北京市通过推进多项综合措施，探索从末端垃圾管理向全过程管理的转变模式，近几年，北京市生活垃圾最终处置量出现了下降。

关键词： 生活垃圾　全过程管理　探索　实践　北京

随着城市化进程的加快，城市人口的不断增长，北京市生活垃圾排放量逐年提高，在"十一五"期间将有部分垃圾处理设施面临关闭和拆迁，这导致生活垃圾无害化处理能力严重不足。而由于土地资源的稀缺以及居民对环境质量要求的提高，新建垃圾处理设施选址十分困难，垃圾管理面临着前所未有的挑战，为应对这一严峻挑战，北京市在生活垃圾全过程管理等方面做了有益的探索，并取得了一定的成效。

一　北京市垃圾管理面临的挑战

1. 生活垃圾排放量逐年增长

随着人口增长与经济发展，北京市生活垃圾①排放量②呈现逐年增长的趋

* 邓俊，公共管理硕士，高级工程师，北京市市政市容管理委员会固体废弃物管理处副处长，住建部、全国爱卫会"创建国家卫生城市"技术评估专家，北京市环保基金会理事，长期从事城乡垃圾分类、餐厨垃圾等生活垃圾管理工作，承担过垃圾管理方面重要课题研究以及政策、法规和标准的制定等工作。

① 生活垃圾：是指在日常生活中或者为日常生活提供服务的活动中产生的固体废物以及法律、行政法规规定视为生活垃圾的固体废物。

② 排放量：主要指排放到市政垃圾体系的垃圾数量，不包括公众进入废品回收系统的废品数量。

势。2007年北京市生活垃圾日排放量达到了1.52万吨，2009年日排放量达到了1.83万吨。通过对北京市2000～2009年生活垃圾清运量①与经济发展水平（采用GDP数据）、城市人口数量、人均可支配收入之间的相关关系进行分析，北京市垃圾清运量与经济发展水平、城市人口、居民人均可支配收入呈正相关关系。因此，如果政府不采取控制措施，生活垃圾排放量仍然会逐年大幅增长。

2. 可回收物和厨余垃圾比重增加

根据市政管理委员会监测的北京市排放的生活垃圾成分数据显示，北京市排放垃圾的主要成分是厨余垃圾，约占64%，其次是塑料、纸类，分别占11.76%和9.75%。厨余垃圾与可回收物所占比重非常大。

3. 垃圾容重下降

由于垃圾中灰土的比例持续降低，垃圾容重持续下降。十年前生活垃圾的容重为每立方米0.7吨左右，目前已经下降到每立方米0.5吨左右，随着垃圾容重的下降，垃圾填埋需要更多的空间。

4. 生活垃圾处理处置能力不足

2005年，北京市生活垃圾处理设施总日处理能力为10350吨，生活垃圾日排放量约14710吨，其中日清运量为12455吨，每日无害化处理量11952吨，日垃圾处理能力还存在4360吨的缺口，无害化处理率为81.2%。北京市生活垃圾处理技术主要以卫生填埋为主，每日填埋处理量为9330吨，占总处理能力的90%，每日堆肥处理量为800吨，占总处理能力的8%，每日焚烧量为220吨，占总处理能力的2%。在“十一五”期间，北京市将有一些生活垃圾处理设施面临关闭或拆迁。如服务于城八区的北神树、安定（一期）卫生填埋场、永合庄卫生填埋场将达到使用期限，郊区县的许多处理设施也由于服务范围扩大垃圾量增加，缩短了使用寿命，还有一些处理设施面临拆除或拆迁，将导致北京市生活垃圾处理能力减少4500吨/日，北京市生活垃圾处理设施严重不足。

① 垃圾清运量：一般生活垃圾清运量要小于生活垃圾排放量，随着基础设施的完善，垃圾清运量应与垃圾排放量持平。本研究将垃圾清运量数据代替排放量数据，会有一点误差，但不会影响分析结果。

二　北京市垃圾管理存在问题

北京市主要通过推进垃圾分类等手段，控制垃圾排放量的攀升。在“政府推动、市场运作、居民参与、科技支撑”思想的指导下，依据“大类粗分，因地制宜，厨余垃圾就地处理”原则，实施垃圾分类。1996 年，北京市在西城区大乘巷开展了垃圾分类的试点工作。1998 年，北京市成立了有用垃圾回收中心。2000 年，北京市被建设部列为全国八个垃圾分类试点城市之一，北京市推进党政机关、企事业单位实行废纸分类收集和使用再生纸的工作。2002 年，北京市政府发布《关于实行生活垃圾分类收集和处理的通知》，在全市居住小区、大厦和工业区大力推广生活垃圾分类收集和处理。垃圾分类工作取得了一定成效，但因为垃圾分类工作旨在提高公众垃圾分类意识，垃圾排放量没有降低，存在的主要问题表现在以下几个方面。

1. 垃圾末端管理模式不能适应垃圾管理需要

北京垃圾管理仍属于末端管理，末端管理不能实现垃圾减量，解决垃圾问题应向全过程管理转变。“全过程垃圾管理模式”是指对垃圾产生与排放的全过程进行管理，首先应避免垃圾产生，如果不能避免垃圾的产生，则将垃圾产生量控制在最低水平；对于产生的垃圾，则应尽最大可能进行回收、回用或综合利用，对于没有回收利用价值的垃圾可以进行能源回收，对剩余没有利用价值的残渣再进行最终处置——填埋。因此北京需从“垃圾末端管理”向“全过程管理”转型，以适应垃圾管理的需要。

2. 缺乏多部门协调机制

实施垃圾“源头分类”，是“可持续全过程控制”垃圾管理模式的重要环节，它主要是通过将垃圾管理流程向前延伸，将原来只对垃圾物流进行的管理延伸到对生产行为、消费行为的管理。由于垃圾管理部门自身权限的限制，其对居民生活、消费行为的管理力不从心，这也是导致垃圾源头分类进展缓慢的原因。因此实施垃圾“源头分类”还需要各职能部门的配合，如家庭实施垃圾分类收集，依赖街道、社区管理部门的配合；实施对废品再生利用企业税收优惠政策，需要税务部门的协作；实施垃圾减量鼓励政策，需要财政部门的资金支持等。目前，北京市在推行垃圾分类管理的过程中，还缺乏多部门的协调机制。

多部门管理。实施源头垃圾分类，垃圾管理责任主体（即主管部门）伴随垃圾物流的分流而发生了变化，由一个主体增加到了多个主体。市政管委负责管理分类后剩余生活垃圾的收集、清运、处理处置，商务局负责废品回收市场的管理，环保局负责有害垃圾的管理。三者相互分割、各行其政的现状，导致了垃圾分类工作缺乏整体性的规划与协调、管理成本高而效率相对较低的局面。现有管理体制已经不适应垃圾分类管理的需要。

3. 厨余垃圾分类收集有待完善

北京市垃圾分类方法规定在居住小区、公寓将可回收物、厨余垃圾、其他垃圾进行分类收集。对随机抽样的13个已实施垃圾分类的小区进行实地调查发现，绝大部分居民已经将可售废品进行收集后出售，所以可回收物收集桶中大宗的可回收物较少；小型包装物（烟盒、饼干袋等食品包装物）、塑料袋、厨余垃圾、少量灰土等混合投放的现象比较普遍，主要表现为厨余垃圾单独收集效果不佳。这与政府宣传不够，以及未设置分类收集运输设施有关。

4. 垃圾综合处理硬件设施能力亟待提高

“十一五”期间，北京市增能力和调结构的成效显著，但仍然不能满足垃圾减量对硬件设施的需求，主要表现为垃圾收运模式和垃圾综合处理设施与前端分类不配套，垃圾分类运输体系尚未全面建立。部分可回收物的分类运输主要由废品回收网络来完成，还有一部分可回收物混到其他垃圾中没有回收。北京市生活垃圾中厨余垃圾成分占60%以上，而适合处理有机垃圾的堆肥设施处理能力还不足，垃圾资源化处理设施结构不合理，制约了前端厨余垃圾分类的实施。

5. 缺乏促进垃圾减量的综合性政策措施

总量控制目标缺少具体措施支撑，难以实现。2009年5月，北京市委、市政府印发的《北京市关于全面推进生活垃圾处理工作的意见》指出：“生活垃圾产生量增长率每年降低1~2个百分点，2012年下降到5%。2015年力争实现生活垃圾产生量零增长。”提出垃圾减量目标是北京市垃圾管理的一个进步，但实现目标具有一定的难度。一方面，北京市还处于从末端管理向全过程管理的转变初期，硬件设施、管理机制体制、法规制度都不能为“生活垃圾产生量增长率的降低”这一目标的实现提供较好的支撑。另一方面，从发达国家的垃圾管理经验来看，除了日本，其他国家尚在努力实现垃圾产生量零增长的目标。

北京对不同的垃圾成分均采用同样的管理方法，缺乏有针对性的垃圾分类政策、措施，很难达到理想的管理效果。因为每种垃圾产生途径都不同，处理技术也不尽一致，有必要针对某一项垃圾进行专项研究，全面研究每项垃圾从摇篮到坟墓的全过程，制定出一整套技术、政策、措施，促进垃圾分类回收与资源化利用。如，上海市为了解决白色污染，特别制定了快餐盒生产、旧盒收集、运输和处理等一系列措施和政策，使快餐盒污染和回用问题有效解决。例如，应针对厨余垃圾的单独收集、运输与处理进行专项研究，提出较为实用的解决方案。

经济激励政策不足。一是垃圾减量不减费，居民参与垃圾分类的积极性受挫，不利于垃圾分类的推进。二是垃圾减量设施运行没有补贴，导致停运，造成社会资源的浪费。如部分小区建设了厨余垃圾处理机，社会单位要额外承担日常运行费用，增加了其经济负担。三是鼓励政策缺乏延续性。开展垃圾分类考核评比制度，对第一年开展垃圾分类的小区有相应的鼓励措施，但没有后续优惠政策，不利用垃圾分类工作的可持续发展。

6. 缺乏促进垃圾减量的多元化运作模式

当前北京市垃圾管理工作主要以政府推动、居民参与为主，缺乏多元化的市场运作，制约了垃圾分类工作的开展。如可以通过特许经营、BOT 模式和 PPP 模式等拓宽厨余垃圾分类收集与就地处理，促进垃圾分类工作快速可持续发展。

三　推进垃圾全过程管理的具体措施与成效

“十二五”时期，北京市将在总结多年实践经验的基础上，借鉴国内外先进经验，不断探索创新，努力建立“城乡统筹、结构合理、技术先进、能力充足”的生活垃圾分类处理体系，力争在垃圾减量、垃圾分类、垃圾处理设施建设和监管、非正规垃圾填埋场治理、公众参与等方面取得新的突破，率先实现国务院提出的各项垃圾处理指标和相关试点任务。

近几年，北京市紧紧抓住生活垃圾处理工作中的重点和难点问题，以“增能力、调结构、促减量”为目标，积极在居住小区、党政机关和学校开展和推进垃圾分类试点工作，出台了一系列政策措施，对如何从末端管理向全过程管理模式转变做了积极的探索与实践，生活垃圾最终处置量得到有效控制，分类回收和资源利用率逐年上升，垃圾处理处置设施建设进程明显加快，垃圾无害化处理水平稳步提高，垃圾处理处置设施结构不断优化，为加快建设资源节约型和环境

友好型社会，推进“人文北京、科技北京、绿色北京”建设，奠定了坚实的基础。主要措施与成效表现在以下几个方面。

1. 完善垃圾管理法规规章

北京市市委、市政府高度重视生活垃圾处理工作，先后出台了《关于全面推进生活垃圾处理工作的意见》、《全面推进建筑垃圾综合管理循环利用工作意见》、《加快推进北京市餐厨垃圾和废弃油脂资源化处理工作方案》等文件，逐步明确了垃圾处理工作思路和目标。国内首部以立法形式规范垃圾处理行为的地方性法规——《北京市生活垃圾管理条例》已于2012年3月1日起正式实施。北京市针对垃圾处理设施建设过程中遇到的难题，成立了由主管市领导牵头，市相关部门及各区县组成的推进生活垃圾处理工作协调小组，建立了北京市垃圾处理推进工作联席会议制度，研究解决推进中的问题，加强监督考核，检查督促工作任务落实，有力地促进了重大设施的建设。

2. 推进垃圾全过程管理

加强源头分类减量管理。截止到2011年底，北京市已经完成了1800个垃圾分类试点小区建设，组建了万人以上的垃圾分类管理员队伍，推进了垃圾分类管理工作的细化。按照《北京市生活垃圾管理条例》规定，北京市拟针对餐馆饭店、学校食堂、社区、宿舍等不同管理对象，全面落实垃圾分类管理责任人制度；同时，积极探索垃圾计量收费试点，逐步建立“多排放，多付费”的垃圾处理费用分担机制。从管理约束和经济驱动两方面推进垃圾分类工作的细化。拓宽垃圾分流回收渠道。目前，北京市厨余垃圾专业化分流运输取得了一定成效。下一步，拟建立多类垃圾的专业分流收运渠道，促进分类投放与分类处理利用的衔接。一是特许经营回收分流，结合朝阳区餐厨垃圾处理试点建设，组建餐厨垃圾特许经营的专业收运队伍；二是逆向物流分流，落实产品生产企业处理责任，建立探索大件家具、废弃电器电子产品等逆向物流回收网络；三是定向回收网络分流，鼓励以盈创公司、华星环保集团等再生资源利用企业为主体，发展废报纸、废利乐包等特定可再生资源专营回收网络。

推进垃圾全过程管理，实现了四个方面的突破：一是垃圾分类收集、分类运输、分类处理全过程的系统衔接问题初步得到解决。确立了“全程管理、系统衔接、科学分类、适应处理”的基本原则，重点以餐厨垃圾和厨余垃圾分类为突破口，大力推进垃圾分类投放、分类收集、分类运输和分类处理系统的建设和运行，加快提升分类运输和分类处理的能力。二是推进垃圾收集环卫专业作业，垃圾收集运输系统专业化水平逐步得到提升。三是市民参与垃圾减量和垃圾分类、建设绿色北京的积极性逐步提高。四是垃圾减量垃圾分类政策机制逐步完善。通过实施综合改进措施，2009年，城八区的年垃圾产生总量首次出现负增长，郊区县的年垃圾最终处置总量增长率比上年明显下降，垃圾资源化率达到37%，比2008年提高两个百分点。截至2011年底，北京市垃圾最终处置量连续三年实现了下降。

3. 科学规划布局生活垃圾处理设施建设

"十一五"期间，北京市共建成17座处理设施，处理能力从2005年的10350吨/日提高到16930吨/日，无害化处理率由2005年的81.2%提高到96.7%，焚烧、生化、填埋处理比例调整优化为15:15:70。目前，鲁家山垃圾分类处理焚烧厂、南宫垃圾焚烧厂已开工建设，海淀区大工村再生能源发电厂、朝阳区高安屯焚烧厂二期工程已通过环评，上述焚烧项目建成后，北京市生活垃圾焚烧处理总能力约1万吨/日。平谷区生活垃圾综合处理厂等9座生化处理设施建设工作正在按计划推进。力争2015年全市生活垃圾处理能力达到3万吨/日，焚烧处理比例高于40%，生化处理比例高于30%，填埋比例低于30%。北京市将继续强化属地责任，科学规划、统筹布局，加大政府投资力度，积极鼓励社会投资参与建设，加快推进一批焚烧、生化等综合处理设施建设。

4. 利用经济手段推进垃圾处理工作

一是建立了生活垃圾处理调控核算平台，制定配套经济政策，强化区县责任和垃圾减量动力，2010年4月市政府发布了《关于建立生活垃圾处理调控核算平台的意见》：统筹优化全市垃圾流向和流量，调整垃圾处理结构；核定区县垃圾产生量，实施超量加价措施；提高垃圾处理基准费用标准，鼓励源头分类；明确市级财政对区属垃圾焚烧和综合处理设施运行费用补助标准，促进区县垃圾焚烧厂、综合处理厂建设。二是完善垃圾收费制度，完成了调整非居民生活垃圾收费标准的工作方案，以充分发挥价格杠杆作用，强化"污染者付费"理念，加快垃圾处理产业发展，推进"绿色北京"建设。下一步将落实非居民生活垃圾处理收费标准调整方案，分三年逐步调整到位。同时，我们着手开展居民生活垃圾处理收费调研和方案起草工作。三是建立了垃圾处理奖励机制，制定了《北京市生活垃圾管理奖励办法》，对在垃圾减量化、资源化、无害化工作中作出贡献的单位和个人进行表彰。

5. 创新完善管理机制

一是强化协调机制，建立联席会议制度，加强日常协调和季度集中调度，将垃圾处理设施项目全部纳入绿色审批通道，并办理审批手续；二是强化督察机制，市政府督察室组织相关部门采取目标考核、现场检查、情况通报等方式，按季度对生活垃圾折子工程进展情况进行专项督察；三是强化法规保障，出台《北京市生活垃圾管理条例》相关配套政策，《条例》明确了垃圾产生者的责任，按照全程管理、系统衔接、科学分类、适当处理的原则建立生活垃圾分类制度，并实行生活垃圾分类管理责任人制度；四是强化激励机制，对在生活垃圾处理工作中作出突出贡献的区县、单位和个人给予表彰奖励，进一步调动全社会参与垃圾减量、分类的积极性和主动性。

6. 提高垃圾减量等宣传力度与效果

积极开展形式各样的宣传活动。开展“做文明有礼的北京人，垃圾减量垃圾分类从我做起”主题活动，推进绿色办公、绿色餐饮、绿色学校等垃圾减量垃圾分类“八大主题”宣传月活动。结合落实“绿色北京行动计划”，推行绿色办公，提倡政府机构使用再生纸，提高办公用品利用效率；完善绿色市场服务，加大推进农贸市场、餐饮等场所的限塑活动，不断深化“限制过度包装”的措施；倡导绿色生活方式，鼓励市民养成垃圾分类等良好的生活习惯，提倡市民重拎布袋子、菜篮子，重复使用节能环保购物袋，减少购买过度包装产品，提倡和鼓励市民在酒店、饭店、大型写字楼等场所减少一次性餐具、一次性日用品等产品的使用；创新宣传和沟通的方式，一是建立完善与市民的沟通制度，二是建立垃圾处理设施对外开放制度，接受社会群众的监督评价，三是广泛开展科普宣传、教育和培训工作。

Explore and Practice in Entire Process Management of MSW in Beijing

Deng Jun

Abstract: This paper analyzes the challenges, existing problems, methods and effects in promotion of MSW management practice. Beijing city explored how to transfer from end management mode of MSW into entire process management of MSW. The terminal secured disposal volume of MSW of Beijing has decreased by implementing of promotion methods.

Key Words: Municipal Solid Waste (MSW); Entire Process Management; Explore; Practice; Beijing

B.20

杭州市：基于公共自行车系统的绿色出行实践

马智慧*

摘 要： 杭州公共自行车系统是国内领先、世界一流的公益性绿色交通典范，是目前全球最大的公共自行车项目，其功能已涵盖通勤交通、生活购物、休闲健身、观光游览等许多方面，为广大市民、游客所青睐，已成为杭州又一张闪亮的金名片。本文介绍了其兴起背景、发展概况，重点提炼了其覆盖面广、接驳公交、方便旅游、一小时免费、通租通还、智能管理等主要特色，总结了其科学规划、公益为主、公交定位、商业开发、做好维护等主要经验，以宣传绿色出行理念，扩散其示范效应，为国内外其他城市公共自行车的发展提供借鉴。

关键词： 公共自行车　杭州　交通　绿色出行

自行车自诞生以来，以其便捷、灵活、经济等优势，一直在城市交通体系中扮演着重要角色。虽然20世纪中期开始的汽车普及使自行车在发达国家逐渐被冷落，但20世纪80年代以来，油价上涨、环境污染、交通拥堵等问题的出现，以及休闲健身的需要，使越来越多的人重拾单车旧梦，自行车交通再次复兴。而在广大发展中国家，自行车一直被广泛使用。2011年，联合国环境规划署提出了“可持续的生活方式”的理念，[①] 自行车出行正是减少交通拥堵、大气和噪声污染等现代“城市病”，推动城市可持续发展的绿色交通方式。目前，这一交通方式正成为一种时尚，得到了国际社会的广泛认可。为了进一步引导绿色出行，

---

* 马智慧，浙江大学博士，杭州国际城市学研究中心（杭州研究院）助理研究员，主要研究方向为城市学、杭州学、城市文化景观。

① UNEP, *Visions for Change: Recommendations for Effective Policies on Sustainable Lifestyles*, 2011.

许多国家和城市推出了公共自行车系统，创造了多种运营模式，推动了自行车交通的普及。

杭州公共自行车系统是在学习借鉴国内外公共自行车技术和运行方式基础上，结合杭州实际，以“政府主导，公交运作，公益定位，便民利民”为原则构建的。其最初的目的是解决公交出行“最后一公里”问题，以引导市民公交出行，缓解城市交通“两难”（行路难、停车难），推进节能减排，打造绿色交通。三年多来，杭州公共自行车系统覆盖面不断扩大、技术不断进步、管理不断完善、服务品质不断提升，收获了良好的经济社会效果，已成为杭州“五位一体”城市公共交通体系①的重要组成部分，提高了公交出行分担率，其功能已拓展到通勤交通、生活购物、休闲健身、观光游览等许多方面，为广大市民、游客所青睐，成为杭城一道流动的红色风景线。

一　兴起背景

随着经济社会发展和人民生活水平提高，杭州市汽车保有量迅速增加。截至2011年9月20日，杭州五城区的机动车保有量已达78.9万辆，整个杭州的机动车保有量达202万辆。同时，杭州作为经济发达城市和著名旅游城市，面临着巨大的人口压力。这种情况下，杭州交通“两难”现象严重，交通拥堵、环境污染加剧，而道路整治、路网增加等“治标”之策效果有限。《2010年杭州市年度交通发展报告》显示，杭州主城、城西半数以上道路交通高峰期车速在每小时20公里以下。环境方面，机动车尾气已成为杭州大气污染的主要污染源，车辆噪声污染加重。为解决交通、环境问题，倡导可持续发展的绿色交通，建设“低碳城市”、“生态城市”，杭州开发了公共自行车系统，由杭州市政府投资，杭州公交集团公司建设运营。

二　发展概况

2008年5月1日，杭州在国内城市中率先推出公共自行车系统，首批61个

---

① 杭州“五位一体”城市公共交通体系包括地铁、公共汽车、出租汽车、水上巴士、公共自行车。

服务点在西湖景区、城北、城西范围内以公交首末站为核心，以名胜区、小区、广场等为结点，进行试点运营，共投放2800辆公共自行车。至2010年12月，发展为2080个主城区服务点、52800辆车，日均租用20万辆次，平均每两秒钟就有一辆自行车被借。① 至2011年8月底，共设服务点2431个，投放公共自行车6.06万辆。其中主城区建成服务点2200个，投放公共自行车5.28万辆，年租用量约7000万辆次，日租用量最高突破32万辆次，② 成为全球最大的公共自行车系统。2011年9月9日，杭州被英国广播公司（BBC）旅游频道评为“全球8个提供最棒的公共自行车服务城市”之一，以“世界最大公共自行车项目起源地”入选，为中国唯一入选城市。公共自行车已经成为杭州享誉世界的城市品牌，成为一张新的城市“金名片”。

公共自行车系统的发展为广大市民和游客带来了福利，提升了生活品质，改善了杭州的交通状况，改变着人们的生活方式和习惯，影响着未来杭州交通甚至整个城市的发展。

三年多来，服务水平与试运行期相比得到了较大改善，解决了与公交衔接不够紧密的问题，实现了通租通还和车辆配备多样化，服务点从景区及休闲区向城区扩散，③ 基本实现了“方便、安全、优质、高效”构建公共自行车交通系统的要求。④ 总租用量超过1亿辆次，优化了城市出行结构。调查结果显示，⑤ 逾60%的使用者月交通费用在100元以下，享受到这一“城市福利”；选择公交和公共自行车出行的人数占66.7%和66.5%，公共自行车已成为市民出行必不可少的交通工具；使用者中家庭以汽车为交通工具的占26.6%，吸引了小汽车出行者改变出行方式；70%的使用者是70、80年代出生的人，很多人可能成为未来“汽车族”的一员，公共自行车一定程度上能留住他们选择公交出行的习惯，从而缓解未来的交通压力。公共自行车还推动了杭州旅游业的发展，提高了游客游览的便捷性、缓解了景区交通压力、增加了游客游览景点数目。公共自行车的

---

① 《5年内解决公共自行车借还难》，2010年12月8日《青年时报》。

② 俞志宏：《关于杭州市实施“公交优先”战略情况的报告》，杭州市第十一届人民代表大会常务委员会第三十四次会议，2011年8月30日。

③ 姚遥、周扬军：《杭州市公共自行车系统规划》，《城市交通》2009年第4期，第38页。

④ 黄彬：《杭州市公共自行车系统运行状况调查分析与展望》，《城市规划学刊》2010年第6期，第76页。

⑤ 浙江理工大学：《杭州市自助式公共自行车运行状况及实施效果调查研究》，2010年7月。

用途已突破解决交通“最后一公里”问题，拓展到上下班、观光游览以及逛街购物、休闲健身等方面，不但改变了人们的出行方式，还培养了市民的健康生活方式，有助于打造“健康城市”、“长寿城市”，受到了市民、游客的广泛好评和专家、媒体的充分肯定，先后获得浙江省“十大民生工程”之一、《新周刊》中国骄子新锐榜“优化生活特别贡献奖”、杭州市“十大为民实事工程”之一、“幸福杭州十件大事”之一等多项荣誉。

据预测，杭州市公共自行车受众人群规模为424.3万人，① 拥有巨大的发展空间。根据《杭州市公共自行车交通系统发展专项规划（修编）》，到2015年，服务点将达到3500个，自行车近90000辆（见表1）。主城区每隔100多米，就可以看到一个服务点。至2020年，全市公共自行车总量确保达17.5万辆，力争达20万辆。

表1　杭州市公共自行车近期发展计划表

区　域	人口(万)	2012年		2015年	
		服务点	自行车	服务点	自行车
主城区	327.14	2300	55000	2380	63500
萧　山	151.13	150	3000	250	5000
余　杭	117.03	160	3200	250	5000
下　沙	31.07	151	3000	221	6000
滨　江	31.9	204	4000	274	5500
临　安	56.67	10	200	25	500
富　阳	71.77	10	200	25	500
桐　庐	40.64	10	200	25	500
淳　安	33.68	10	200	25	500
建　德	43.08	10	200	25	500
合　计	904.11	3015	69200	3500	87500

三　主要特色

（一）点多面广，合理布局

全覆盖的服务网络、合理的服务点分布是杭州公共自行车系统的特点之一。

① 浙江理工大学：《杭州市自助式公共自行车运行状况及实施效果调查研究》，2010年7月。

根据城市发展规划和公众需求，为便于公交换乘、上下班、观光旅游、休闲生活等，杭州围绕公交（地铁）站、居住区、商务区、学校、机关、企事业单位、公建配套设施、风景旅游点等设置服务点，并由主城区向副城及市区其他周边区域拓展，逐步形成了“按需设置、点多面广、使用便捷、规范运行”的公共自行车服务网络（见表2）。服务点密度按服务点间距在200～270米，即服务半径在100～135米布设，在人流密集地区适当加密服务点，在人流相对分散区域适当加大服务点半径至150米。① 服务点间距由居住区向市中心区逐渐减小，基本上符合人流分布的特征。②

表2 杭州公共自行车服务点按功能分布表

序号	功能区分	服务点位数	占服务点总数比例(%)	锁止器配置数	日均租用次数	最高日租用量
1	公交站点	573	23.57	12493	6.23	8.40
2	景区	82	3.37	1626	1.14	1.27
3	居住小区	691	28.42	14339	4.37	6.59
4	医院	95	3.91	2047	2.13	2.81
5	商场	128	5.27	2894	2.16	2.84
6	学校	234	9.63	5258	2.40	3.28
7	公建设施	152	6.25	3235	1.10	1.45
8	水上巴士	20	0.82	307	0.08	0.11
9	其他	456	18.76	9973	1.10	2.49
合　计		2431	100	52172		

资料来源：王国平：《公共自行车的杭州模式——在“城市公共自行车论坛”上的讲话》，2011年11月13日。

（二）接驳公交，方便换乘

杭州公共自行车系统是公交服务的延伸，采用的是B+R（公共交通与自行车换乘）及P+R（停车换乘）组合模式，通过与公交车尤其是BRT系统、地

① 石晓风、崔东旭、魏薇：《杭州公共自行车系统规划建设与使用调查研究》，《城市发展研究》2011年第10期，第105页。

② 钱俭、郑志锋、冯雨峰：《杭州公共自行车设施现状调查与思考》，《规划师》2010年第1期，第74页。

铁、水上巴士、出租车等的连接，提高了公交的可达性，实现零距离换乘。随着杭州地铁建设的加快，地铁站公共自行车服务点建设也随之跟进。根据杭州地铁规划，每个地铁站周边的公共自行车停车位不少于 200 个。根据杭州公交集团“十二五”发展规划，地铁九堡杭州客运中心站出口将建设无缝对接的大型公共自行车服务中心，储车量将达 320 辆以上。

（三）联通旅游，深度体验

为了改变走马观花的游览模式，满足广大游客尤其是自助游散客不断增加的个性需求，也为了改善旅游咨询服务，构建覆盖面广、便利优质、公益性的旅游咨询服务体系，杭州积极推进公共自行车与旅游服务的衔接，将景区和周边 100 个公共自行车服务亭融入旅游咨询、旅游线路预订、IC 卡办理、电子导游机租赁、旅游用品销售等服务，① 成为租还自行车、旅游咨询、便民售货的“三合一服务亭”，为游客“骑游杭州”提供便利，深受欢迎。公共自行车正改变着杭州的旅游模式，助推了“慢旅游”、“低碳旅游”、“自由行”、“深度游”等旅游方式的发展，便于游客亲身经历和体验杭州的点点滴滴，自由控制旅行节奏。

（四）押金办卡，限时免费

杭州公共自行车的使用者在缴纳 200 元押金（可返还）并预缴 100 元租车费用后即可办卡租车，第一个小时免费，1 ~ 2 小时收 1 元，2 ~ 3 小时收 2 元，三小时后每小时收 3 元，可续还续租。巴黎的公共自行车每日 1.7 欧元，每周 8 欧元，包年 29 欧元；每租一次，前半小时免费，之后每半小时收 1 欧元，一个半小时以后每半小时收 2 欧元。华盛顿的公共自行车每日 5 美元，每 5 天 15 美元，每月 25 美元，或者每年 75 美元。成为会员后，前半小时免费，之后每半小时收 1.5 美元，一个半小时以后每半小时收 6 美元。相比而言，杭州设置一个小时免费使用时段，更为合理。从实际运行情况看，杭州公共自行车的免费租赁量达到 90% 以上，90% 以上的租车者是在一小时内还车的，享受到了这一“城市福利”

① 《杭州整合资源完善旅游服务体系》，人民网，http：//zj.people.com.cn/n/2011/1214/c186327 - 16604217.html，2011 年 12 月 14 日。

和“免费午餐”。① 一小时内续还续租成为很多人使用的免费用车经验。从实践效果来看，押金办卡有助于避免租车无门槛导致的丢车、坏车、有借无还等现象；一小时免费有助于吸引更多的人选择自行车出行；“阶梯式收费”则可以加速自行车的流动，速用速还，解决了自行车长时间占用的问题，便于更多的人使用。

（五）智能管理，通租通还

杭州公共自行车具有无人值守、自助服务、通租通还、智能方便的特点，即时租还，操作简便，通过物联网技术实现通租通还。为了简化操作流程，实现了系统的平稳运行和智能化管理，杭州充分运用射频识别、信息通信、自动控制、交易管理“四位一体”的物联网技术（见图1），前后四次对系统软、硬件进行升级优化，提高了系统的稳定性、安全性及抗压性。同时，研制了先进的租还车锁止器，使租车流程简化为“刷卡—取车”两个环节，还车流程简化为“入锁止器—刷卡锁车”两个环节，操作十分简便。

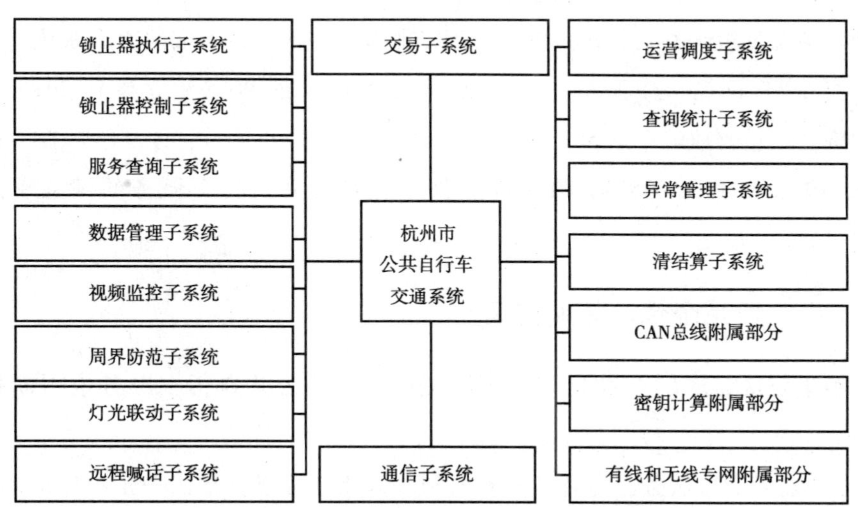

图1 杭州公共自行车软件系统架构图

资料来源：王国平：《公共自行车的杭州模式——在“城市公共自行车论坛”上的讲话》，2011年11月13日。

① 《杭州入选8座全球公共自行车服务最棒的城市》，2011年9月13日《都市快报》。

（六）人工辅助，及时调度

由于各服务点“冷热不均”，尤其是热点地区上下班“潮汐”现象，容易导致借车、还车难，及时做好网点监控和调配是解决这一问题最直接的方法。除了建立100多个储车量达到300~500辆的中心还车点，以解决车辆存储问题之外，公交公司还在一些需求量大的租车点增加了人工服务，将已经满位的自行车拉出，为还车者空出还车位。同时，建立配送系统，利用调度大巴，根据后台指挥，将车辆送至缺车的网点，以达到流动平衡，保证服务点有车可借、有位可还。

（七）全天服务，提升质量

2011年4月起，杭州公共自行车服务时间调整为6：00~21：00，最晚借车时间为21：00，最晚还车时间为22：00，以满足公众需求。同时，设置24小时服务点，做到全天候服务，目前已达到40个。为了提升服务质量，开通了服务热线，免费发放公共自行车地图，开通了服务点空满位网上实时查询系统、自行车手机WAP网站，使服务点运行率从开通初期的96.8%提高到2011年的98.2%，锁止器故障率从5.15%下降到0.09%，操作性产生的“还车难”投诉从0.11‰下降到0.095‰，市民和中外游客对公共自行车服务的满意率达到99.2%。①

（八）满足个性，拓展空间

鉴于公众需求的个性化程度不断提高，杭州公共自行车服务也不断拓展空间。

“一证多卡”服务。为满足一家人和多人租用需求，推出一张身份证办理5张Z卡、租5辆车子的服务。

“信誉乘客”服务。根据《杭州“公交信誉乘客”服务公约》，成为杭州“公交信誉乘客”俱乐部成员，就可免收租车“信用保证金”。一年内租用公共

---

① 王国平：《公共自行车的杭州模式——在“城市公共自行车论坛”上的讲话》，2011年11月13日。

自行车在100次以上，并未发生失信记录，本人提出申请，即可以成为成员。

团队租车服务。根据《杭州公共自行车团队租用服务须知》，凡租用时间在4小时（含）、租用车辆超过10辆（30辆以下）的，可以预约办理团队租车服务。租车价格为租用半天（4小时）按5元一辆计价，按照租用天数长短提高优惠比例。

特色车辆服务。为保障安全，公共自行车一般都是单人骑行车辆。为了给带小孩的使用者提供便利，杭州增加了设有亲子安全座椅的公共自行车。同时，考虑到使用者身高、年龄等的不同，增加了低座、高座、慢速自行车，以满足个性需求。

四　主要经验

（一）先行试点，科学规划

杭州公共自行车系统的顺利发展，得益于试点探索和科学规划。2008年5月的试运行证明了项目的可行性，同时积累了一定经验。为推进后续建设的规范、有序开展，杭州于2008年6月开始编制国内首个公共自行车发展专项规划，8月完成，[①] 明确了依托公交“统一规划、分步实施”的方针。随着需求的扩大以及实践经验的积累、问题的总结，2009年，开始对规划进行修编，2011年5月30日，《杭州市公共自行车交通发展专项规划（修编）》（杭规〔2010〕202号）由市政府批复同意（杭政函〔2011〕76号），明确了近期和远期目标。科学的规划为公共自行车系统建设实践提供了基础。

（二）公益为主，公交定位

杭州公共自行车从一开始就明确“坚持免费制，让广大市民、新杭州人和中外游客免费享受公共自行车交通系统带来的实惠和好处”。[②] 公共自行车基本

---

① 杭州市城市规划设计研究院：《杭州市公共自行车交通发展专项规划》，2008年。

② 《王国平在公共自行车交通系统建设工作专题会上强调：加快公共自行车交通系统建设切实解决公交最后一公里问题》，2008年3月21日《杭州日报》。

免费有助于扩大吸引力，提高公交分担率，使这一公共服务真正发挥均等化优势，惠及所有使用者。事实证明，公共自行车的公益性，得到了广大市民游客的充分肯定，也得到了他们的大力支持，志愿者队伍经常到服务点开展义务修车、咨询、保洁等服务，推动了公共自行车项目的顺利发展。

公益性的公共服务，需要政策、财政和公共资源的支持，否则很难持续，北京最大的公共自行车租赁服务公司“方舟租车”的解散悲剧就证明了这一点。在全国首开先河把出租车列入城市公共交通系统后，杭州又将公共自行车纳入此系统，由政府主导，将公共自行车系统的建立和运营划归杭州市公交集团，公交集团则专门成立全资控股的杭州市公共自行车交通服务发展有限公司，具体负责运营。公交定位，充分发挥公交集团资源优势，不但保障了杭州公共自行车项目获得了政策优势和近4亿元的投资，而且对服务点免收占用费，场站资源、人力资源、管理资源得到充分保障。

（三）商业开发，收支平衡

杭州公共自行车系统由政府在建设资金上提供一次性补贴，后续运营费用由企业自筹。自行车租用超时每年可产生500多万元费用，相对于运营成本，可谓杯水车薪。保障这项公益事业长久运行的办法是商业开发，以实现收支平衡。2011年，车亭商业开发收益约2500万元，车身、停车棚、车亭等广告收益3000多万元。2009年8月，公交集团组建了杭州金通自行车科技发展有限公司，开展公共自行车技术输出服务，助推江阴、舟山、东莞、佛山等城市建设公共自行车系统，在推广公共自行车的同时，也获得了不菲的收益。

（四）做好维护，保障性能

为维护公共自行车良好的性能，杭州市出台了《公共自行车维修保养管理规范》。杭州市公交集团建立了43个维修点，专门修理故障车辆，修理能力已从日均800辆次提高到1200辆次以上。同时建立储车量为1500辆左右的大型停保基地，利用租用淡季集中进行强制维护，确保每辆车每年都能进行一次大修。此外，还组织巡检人员在日常巡查过程中流动维修；使用自行车疑似故障判别系统，及时发现故障车，准确率高达90%以上。

综上，杭州公共自行车提供的“点到点、门到门”服务，有效解决了公交“最后一公里”问题，缓解了交通“两难”；将环保、休闲、健身融为一体，减少了环境污染，维护着杭州的青山绿水；把出行转变为一种运动休闲方式，引发了广泛的使用兴趣与热情，引导人们健康、快乐、环保生活，是生活品质和城市文明的一大进步。公共自行车在杭州城市生活当中扮演着十分重要的角色，和西湖一样具有符号性，已成为杭州又一张闪亮的金名片。可以预见，这一智能化、便利化和大众化的绿色交通方式，必将助推杭州成为一个低碳、绿色、生态之城，也将扩散示范效应，推动国内外其他城市绿色交通的发展。

The Experience of Green Travel of the Public Bicycle System in Hangzhou

Ma Zhihui

Abstract: The public bicycle system in Hangzhou is a model of commonweal green travel in China. As the largest public bicycle system project in the world at present, providing conveniences for commuting, shopping, relaxation, body-building and sightseeing, it has been favored by citizens and visitors and has become a glistening gold card of Hangzhou. This paper introduces the background of its construction and the general situation of its development, and mainly focuses on its characteristics including a wide coverage, connection with buses, conveniences for tour, being free within the first hour, renting and returning at any service spot, intelligent management, etc. . And then, its major experiences on scientific planning, emphasis on public welfare, public traffic-orientation, commercial development, proper maintenance, etc. have been summarized, aiming at publicizing the idea of green travel, extending its effects, and providing other cities domestic and abroad with reference for the development of their public bicycle systems.

Key Words: Public Bicycle; Hangzhou; Transportation; Green Travel

B.21

武汉市：两型社会建设实践进展

朱 卫*

摘 要： 两型社会综合配套改革试验区获批以来，武汉市在循环经济发展、生态环境改善、城市功能提升以及体制机制创新等方面作出了许多有益的探索与实践，改革试验对经济社会发展的引领带动作用逐步显现。为了更好承担起全国两型示范的历史责任，武汉将进一步深化两型建设，谋划新的战略思路，把握新的建设主题。

关键词： 两型社会 绿色发展 低碳经济 体制机制创新

2007年12月14日，国务院批准武汉城市圈成为全国资源节约型和环境友好型社会建设综合配套改革试验区。武汉市作为城市圈两型社会综合改革试验的核心区，始终坚持把循环经济作为两型社会建设的重要突破口，始终坚持把体制机制创新作为两型社会建设的关键环节，始终坚持把探索新型工业化和新型城市化、推进先行先试作为两型社会建设的重要定位。经过全市上下积极探索和共同努力，武汉两型社会建设深入开展，一些创新走在了全国前列，重点试验取得了有效经验，为武汉加快建设成为全国两型社会建设典型示范区奠定了良好的基础。

一 武汉市两型社会建设的主要做法

自获批两型社会建设综合配套改革试验区以来，武汉市在发展循环经济、改

* 朱卫，经济学硕士，高级经济师，武汉发展战略研究院院长，主要从事研究和编制武汉市总体发展战略、武汉市国民经济和社会发展中长期规划，以及制定武汉市两型社会建设、高新技术产业发展、信息化发展的战略规划及政策措施。

善生态环境、提升城市功能以及创新体制机制等方面，作出了许多有益的探索与实践，形成了一些具有武汉特色的两型发展模式。

（一）围绕两型发展要求，以科学规划引领城市转型发展

两型社会建设综合配套改革试点获批后，武汉市先后制订了《武汉市资源节约型和环境友好型社会建设综合配套改革试验实施方案》、《武汉市推进资源节约型和环境友好型社会建设综合配套改革试验三年行动计划》、《武汉市推进资源节约型和环境友好型社会建设综合配套改革试验五年行动计划》，明确了武汉市两型社会建设的主要目标、发展思路和重点任务。

根据实施方案和行动计划的要求，武汉围绕两型产业培育、循环经济发展、两型消费模式倡导以及两型体制机制创新等重点任务，大胆创新、扎实推进，初步形成了一批工作亮点，为武汉切实承担全国示范责任，加快建设符合两型社会要求的生产方式、消费方式和体制机制，全面推进两型社会建设提供了指引和方向。

（二）围绕资源高效利用，以循环经济引领城市可持续发展

积极发展循环经济，是武汉市转变发展方式、实现节能减排目标的重要途径，也是武汉市两型社会建设的突破口。两型社会获批以来，武汉市在循环经济方面超前谋划，重点推进，循环发展模式初显雏形。

一是充分发挥东西湖区、青山区 2 个国家级循环经济试点和阳逻区省级循环经济试点的作用，探索形成了各具特色的示范区循环经济发展模式。

二是依托雄厚的制造业基础，积极谋划再制造产业化发展，围绕“工程机械、重型工业装备、汽车零部件、激光再制造装备”四大领域打造再制造产业基地。目前，一批再制造企业已开工运行，多家大型工业机械装备再制造企业已签署入园协议，基地还将引入工程机械再制造、配套配件生产、仓储物流等企业入驻，形成工程机械再制造产业集群。

三是依托政策资金支撑，为循环经济发展营造良好环境。出台了《武汉市“十二五”循环经济发展规划》、《武汉市“十二五”循环经济十大领域重点工程实施方案》等，设立了每年不少于 5000 万元的循环经济发展专项资金，向省政府申报并获得了 1 亿元循环经济发展专项资金。同时，创办了武汉循环经济研究院，为循环经济发展提供技术和智力支撑。

（三）围绕滨江滨湖建设，以环境保护引领城市绿色发展

近年来，武汉市以湖泊环境治理为重点，深入实施“碧水蓝天”工程，实施水、大气、固体废物、噪声等环境的综合治理，让民众享受“绿色江城”。

一是围绕滨江滨湖宜居城市建设，推进了一批重大水环境工程。实施了生态水网构建工程，启动武昌大东湖生态水网构建工程、汉阳“六湖连通”工程以及汉口金银湖“七湖连通”工程。实施了“清水入湖”工程，源头上严禁污水直排入湖入江，完成中心城区40个湖泊290个排污口截污，截断入湖污水60万吨/日，同时配套建设覆盖全市的污水收集处理系统，建成19座污水处理厂，污水日处理能力202万吨①。

二是积极推进空气质量改善。连续四年将“改善中心城区大气环境”和“城市环保清洁空气工程”列为“为民办十件实事”之一。其中，工业大气污染防治方面，武钢建成296套大型废气处理设施，电厂燃煤机组全部建成脱硫设施，小水泥、小造纸等“五小”企业全部关闭，中心城区120余家化工企业搬迁改造基本完成；控制煤烟型污染方面，划定中心城区及东湖、沌口两个国家级开发区为禁止高污染燃料区，并对禁燃区内燃煤锅炉全部完成清洁能源改造，实现二环线内没有烟囱；加强机动车大气污染防治方面，实施了机动车环保分类管理，建成28条机动车环保检测线，机动车绿色标识率超过85%。

三是不断完善城市垃圾处理。着力构建以垃圾焚烧发电为主、垃圾填埋为辅的城市生活垃圾处理系统，规划建设了5座焚烧发电厂、2座卫生填埋场、1座综合处理厂。同时，垃圾分类收集工作也全面推开，全市7个城区参与生活垃圾分类试点，入选了全国餐厨废弃物、建筑垃圾集中处理试点。

四是全面构建城市绿色空间。建成九峰国家森林公园和一批城市小森林、小绿地、小游园，建成30公里江滩公园景观带，“两江四岸”成为靓丽的风景线。同时，积极向屋顶、阳台、立交桥、建筑立面拓展绿化空间，形成了百步亭花园、黄鹤楼周边建筑等屋顶花园和新世界办公楼墙体绿化示范点。

（四）围绕示范工程建设，以两型理念引领城市低碳发展

改善民生是两型社会建设的出发点和落脚点。两型社会获批以来，武汉市着

① 武汉市水务局：《武汉市水务发展“十二五”规划》，第27～35页。

力在全社会推行绿色消费、低碳生活理念，使绿色出行、绿色消费、绿色居住成为人们的自觉行动。

一是积极推进绿色出行。采取“政府引导、企业运作”的方式，基本建成了公共自行车系统，共投放自行车5万辆，设立便民服务站点1100个，日均租车15万~18万人次，受到广大市民的普遍欢迎。同时，在全国率先启动了“十城千辆”电动汽车示范工程，新增400台混合动力电动公交车。

二是鼓励推行绿色消费。深入实施国家“十城万盏”半导体照明试点工程，建成了汉口江滩、东湖路等绿色照明示范路。积极推进半价购买节能灯活动，由政府提供补贴向居民提供节能灯具164万只。率先破题废旧电池有偿回收。发布了“限塑令”，三年来超市塑料袋使用量下降六成。

三是着力推行绿色建筑。出台了《武汉市绿色建筑管理试行办法》，设立了建筑节能专项资金。在全市范围内推行了65%的建筑节能标准，成为中英两国可持续发展城市计划在中国推进“绿色建筑”的第一个城市，成为民用建筑能效测评标识制度试行城市。

（五）围绕两型重点领域，以体制改革引领城市创新发展

围绕两型社会建设的重点领域和关键环节，武汉市大胆创新，不断探索，在土地、金融、环境保护等重点领域的改革试验取得有效进展。

一是积极推进土地管理体制创新。在推进土地集约节约利用方面，推进了二环线内56个城中村改造，成功申报了9个城乡建设用地增减挂钩试点项目。在促进农村土地等资源合理流动方面，成立武汉农村综合产权交易所，实现交易品种全国最全，农村土地经营权抵押贷款规模全国最大。同时，武汉还建立了全市统一的土地有形市场，开展了区级土地储备试点。

二是着力构建区域性金融中心。汉口银行、武汉农村商业银行先后获批，民生银行金融租赁公司、12家小额贷款公司正式运营，建设银行、交通银行等16家金融机构后台服务中心落户武汉。企业直接融资取得较大进展，三年来，新增上市公司9家，募集资金总额达到60亿元以上。

三是不断完善环保管理体制。其中，合同能源管理全面推进，制定出台了《武汉市合同能源管理项目支持办法》；排污权交易试点开始启动，并成功纳入国家试点范围；碳减排、碳交易体制不断创新，编制了国内首个碳盘查标准，实

现了碳排放的可监测、可核查和可报告，开展了华中地区首个碳中和交易；城市矿产交易所正式成立，构建了城市矿产资源交易网络。同时，绿色保险、绿色信贷、绿色证券工作也开始启动，其中绿色保险规模位居全国前列。

二　武汉市两型社会建设取得的主要成效

经过三年的努力，武汉市两型社会建设主要指标完成情况良好，产业结构不断优化的同时，资源利用效率显著提高，城市生态环境明显改善，两型社会建设改革试验对经济社会发展的引领带动作用逐步显现。

（一）产业结构不断优化，为两型社会深入推进奠定了经济基础

两型社会综合试验开展以来，武汉市产业结构不断优化，三次产业结构达到2.9∶48.2∶48.9，为两型社会的深入推进奠定了良好的经济基础。支柱产业不断壮大，电子信息、汽车、装备制造、石油化工等产业核心竞争力不断增强。现代服务业加快推进，现代物流枢纽城市、全国会展名城以及全国商贸重镇建设取得突破性进展。高新技术产业快速发展，“十一五”期间产值年均增加26.2%，占全市生产总值比重达23%①。

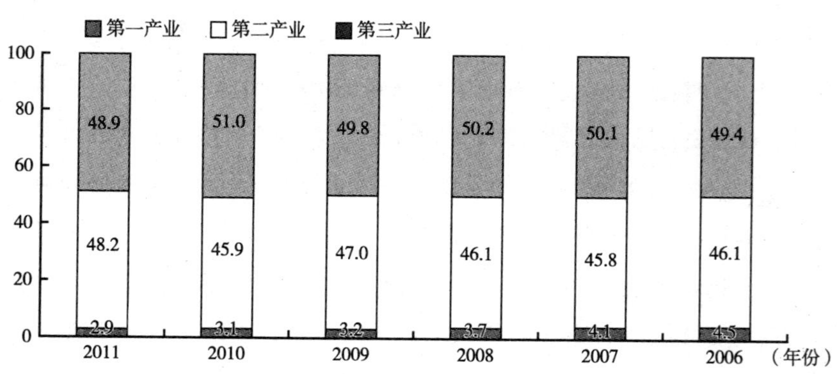

图1　武汉三次产业结构比重

资料来源：2006～2011年《武汉市国民经济和社会发展统计公报》。

① 数据来源：《武汉市国民经济和社会发展第十二个五年规划纲要》。

（二）节能减排初显成效，主要污染物排放提前超额完成规划目标

通过发展循环经济，加强清洁生产，武汉市资源利用效率不断提高，污染物排放情况逐年好转。单位地区生产总值能耗由 2007 年的 1.27 吨标煤/万元下降到 2010 年的 1.06 吨标煤/万元，年均下降 6%。单位工业增加值用水量年均下降 15%，工业用水重复利用率达 87.4%，工业固体废物综合利用率达 89.62%，二氧化硫等主要污染物排放量持续削减，提前超额完成“十一五”规划目标①。

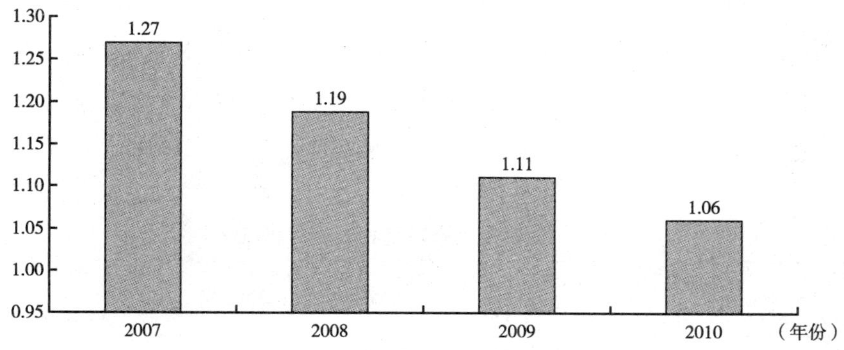

图 2　武汉市单位地区生产总值能耗指标

资料来源：《武汉市推进资源节约型和环境友好型社会建设综合配套改革试验五年行动计划》。

表 1　武汉市节能减排相关指标情况

指标名称	2007 年	2008 年	2009 年	2010 年	2010 年与 2007 年比较
单位工业增加值用水量（立方米）	149	114	96	92	年均减低 15%
工业用水重复利用率（%）	84.6	86.7	87.1	87.4	增加 2.8 个百分点
工业固体废物综合利用率（%）	88.12	89.56	89.60	89.62	增加 1.5 个百分点
二氧化硫排放量（万吨）	13.39	12.42	12.01	9.28	年均减低 13%

资料来源：2007～2010 年《武汉市统计年鉴》。

① 数据来源：《2010 年武汉市国民经济和社会发展统计公报》。

（三）生态环境不断改善，城市面貌和环境质量明显提升

两型社会建设实施以来，武汉市以建设生态宜居武汉为目标，城市面貌大变样。城市污水管网收集率达到83%，城市污水集中处理率达到92%，劣Ⅴ类水体比例下降为26.67%，基本实现“5个四类水体湖泊保持稳定并有所改善，16个湖泊实现提档升级，19个湖泊水质恶化趋势得到遏制”的水质治理目标。全市水生态系统保护与修复试点工作通过国家验收，成为全国唯一节水型城市、节水型社会建设“双试点”城市①。中心城区空气质量逐年改善，2009年城区空气质量优良天数超过300天，创近年来最佳水平。生活垃圾无害化处理水平显著提升，2010年生活垃圾无害化处理率达85%，生活垃圾分类收集率达6%。

表2　武汉市生态环境相关指标情况

指标名称	2007年	2008年	2009年	2010年	2010年与2007年比较
空气优良率(%)	75.6	80.3	82.5	77.8	提高2.2个百分点
劣Ⅴ类水体比例(%)	46.91	37.04	34.57	26.67	降低20.24个百分点
城市污水集中处理率(%)	71	87	90	92	提高21个百分点
城市生活垃圾无害化处理率(%)	71	74	79	85	提高14个百分点

资料来源：2007~2010年《武汉统计年鉴》。

（四）绿化水平提档升级，获得国家园林城市和森林城市称号

园林绿化方面，2006年武汉市获得“国家园林城市称号”，城市绿量大幅增加，城市景观明显改善，2010年，武汉市人均公共绿地9.24平方米，建成区绿化率32.2%。同时，全市森林资源快速增长，2010年森林覆盖率达26.63%，并被授予“国家森林城市”称号。

① 武汉市发展和改革委员会：《武汉市“十一五”时期经济社会发展成就（2006~2010）》，第30~32页。

表 3　武汉绿化水平相关指标情况

单位：平方米，%

指标名称	2007 年	2008 年	2009 年	2010 年	2011 年	2011 年与 2007 年比较
人均公共绿地面积	9. 16	9. 25	9. 22	9. 24	9. 42	提高 0. 26 平方米
建成区绿化覆盖率	37. 35	37. 42	37. 46	37. 48	37. 54	提高 0. 19 个百分点
森林覆盖率	21. 72	25. 12	26. 48	26. 63	26. 80	提高 5. 08 个百分点

资料来源：2007 ~ 2010 年《武汉统计年鉴》。

三　进一步推进武汉两型社会建设的思路和举措

目前，两型社会改革试验工作已由启动实施阶段进入纵深推进、寻求重大突破的新阶段。面对新的发展形势和发展要求，武汉市在两型社会建设方面仍然面临着一系列困难和挑战。今后武汉市两型社会建设必须立足全国领先发展，谋划新的战略思路，把握新的建设主题，用足用活先行先试权，把两型社会建设推上新的平台。

（一）加快推进优势产业两型化和两型产业规模化，把实现绿色增长作为两型社会建设的新主题

产业是城市发展的根基。今后武汉市必须把两型产业作为发展的主攻方向，着力构建以绿色增长为特征的现代产业体系。

一是要将东湖国家自主创新示范区建设作为加快两型社会改革试验的核心支撑，立足于为全国转变发展方式、推进新型工业化提供有力智力支撑，高起点、高水平建设国家自主创新示范区。二是要把推进新兴产业发展作为即期发展的主要抓手，加快发展以战略性新兴产业为先导的高新技术产业，打造武汉经济新的绿色增长点。三是要把推进高端制造业和高端服务业发展作为推进两型产业建设的核心内容，加快构建现代产业体系。

（二）加快推进循环经济和节能减排，把促进低碳发展作为两型社会建设的新思路

发展循环经济是建设两型社会、推动城市可持续发展的重要着力点，要始终

把发展循环经济作为两型社会建设的突破口，按照减量化、再利用、资源化的原则，全面提高资源循环利用效率，加快推进发展方式的转变。

一是要充分挖掘武汉作为重化工集聚区和老工业基地的循环资源，推动循环经济发展进一步扩大规模，建立覆盖全社会的物资回收再利用网络体系。二是要积极推进节能减排，强化能源节约和高效利用的政策导向，全面实施城市节电、节燃气工程，加强电力和燃气需求侧管理。三是要充分把握两型社会建设先行先试机遇，力争在循环发展的若干领域和关键环节走在全国前列。

（三）加快推进生态保护和环境治理，把生态文明作为两型社会建设的新高度

城市的生态环境是对两型社会建设最直观的反映，武汉在城市规划、建设和发展时要时刻把握生态文明的要求，将生态发展理念融入城市建设之中，着力建设生态宜居武汉。

一是要加强水环境建设和水资源利用，切实从源头切断对水资源的污染。二是要将大气污染治理作为改善生态环境的长期工作，积极推进工业污染防治，着力加强机动车大气污染防治，加快推进 PM2. 5 指标的监测和信息公布。三是要将打造绿色城市空间作为提升城市功能的重要举措，加快构建“两轴两环、六楔入城”的生态框架，形成山水相互融合、绿地均衡分布的生态体系。

（四）加快推进体制改革和机制创新，把全国领先示范作为两型社会建设的新要求

制度建设是两型社会建设的重要推动力量，武汉市一方面必须积极完善和推广已经成型的具有良好效果的体制机制，一方面要继续推进关键领域和重点环节体制机制的创新，力争在两型发展方面走在全国前列。

一是要继续推进资源节约利用和生态环境保护体制机制创新，加快资源性产品价格和环保收费改革，积极推广清洁发展机制、合同能源管理等节能新机制，全面推进以自愿性碳减排联盟为平台的武汉市碳减排网络建设。二是推进两型社会建设财税金融体制创新，加快出台节约资源保护环境的财税政策，积极培育各类两型投资基金，鼓励风险投资和民间资本进入环保产业领域。

（五）加快培育两型示范和两型品牌创建，把形成武汉模式作为两型社会建设的新标准

要发挥典型示范作用，关键是标准。要把好的经验做法、好的操作规范、适用的参照评价体系固化下来，从指标、标准、制度等不同层面，形成武汉模式，并以实际工作成效证明武汉模式的推广价值，通过武汉标准的推广应用发挥两型示范带动作用。

一是把标准作为形成武汉模式的关键步骤，发挥典型示范作用，在两型产业、两型企业、两型学校、两型机关、两型社区等方面，探索制定引领全国、对接国际的具有标杆示范作用的标准。二是把制度作为形成武汉模式的核心内容，尝试推行环境押金制度，形成交押金—没有污染—押金退还的预防污染之路，可探索制定《武汉市绿色消费产品目录》，出台《禁塑目录》。三是把推进两型示范项目作为武汉模式的具体践行，继续推进公共自行车示范项目，全面推行垃圾分类收集和分类运输处理，争取率先在全国建成生活垃圾分类示范城市。

The Progress of "Resource-saving and Environment-friendly" Society Construction in Wuhan

Zhu Wei

Abstract: Since *Wuhan Reform Pilot Zone for "resource-saving and environment-friendly" society* was approved, Wuhan has made a large amount of attempts and explorations in the fields of recycling economy, ecological environment improvement, function promotion and mechanism innovation. The positive influence of reform to the development of economy and society appears gradually. In the future, as the top priority task of the future economic and social development, it is meaningful for Wuhan to further deepen the "resource-saving and environment-friendly" society construction and in order to take the history responsibility of being a pilot zone, at the same time, Wuhan should design the new strategy and grasp the new development theme in the future.

Key Words: Resource-saving and Environment-friendly Society; Green Development; Low-carbon Economy; Mechanism and System Innovation

B.22

丽水市：绿色崛起　科学跨越

卢子跃*

摘　要：良好的生态环境是丽水的优势所在。丽水立足“秀山丽水、浙江绿谷”的生态优势，坚持集聚发展、绿色发展、合作发展，以生态屏障建设为重点的生态环境保持全国领先、全省第一，以区域特色产业为基础的生态经济品牌初步树立，以地方元素融合为支撑的生态文化合力日益增强，走出了一条经济建设与生态建设同步推进、产业竞争力与环境竞争力一起提升的路子，为全省乃至全国山区的跨越式发展积累了有益的实践经验。当前，休闲时代和老年社会的到来，为丽水生态型经济发展带来了不可多得的良好机遇。为此，丽水市委市政府审时度势，科学谋划发展生态休闲养生（养老）经济，以打造“中国生态休闲养生（养老）第一市”为目标，扎实推动丽水实现绿色崛起、科学跨越。

关键词：生态　休闲　养生

丽水市地处浙江省西南、浙闽两省结合部，是一座既古老又年轻的城市。所谓古老，是因为历史悠久、文化源远流长，自隋朝建制以来，距今已有1400多年的历史；所谓年轻，是因为丽水于2000年撤地设市，是浙江省最后一个撤地设市的地方。丽水市域面积1.73万平方公里，是浙江省面积最大的地级市，现辖1区、1市、7县，总人口260万人。历经多年建设，特别是经过近年来的快速发展，今日丽水，四季青山环绕、碧水蓝天、花果飘香、满城葱郁，经济社会持续健康快速发展，人民生活水平大幅提高，城市综合实力显著增强。拥有“六江之源”、“浙南林海”、“浙江绿谷”、“华东氧吧”和“中国生态第一市”之美誉，是华东地区设区市中首个国家级生态示范区。

---

* 卢子跃，中共丽水市委书记。

一　走向绿色崛起、科学跨越的战略选择

随着区域之间竞争的日趋激烈，更加迫切要求每个地方确立适合自身发展特点和发展优势的竞争战略。对于一个以生态优势为最大优势、以加快发展为最大任务的欠发达地区，丽水面临着既要“补课”又要“赶趟”的双重任务；面临着既要培育成全省新的经济增长点，又要建设为全省生态基地与屏障的双重任务。正基于此，丽水坚持绿色发展理念，“生态”与“绿色”已经成为丽水科学发展主旋律，形成了“生态立市、工业强市、绿色兴市”的“三市并举”发展战略。在这一战略体系的形成、发展和不断实践的过程中，丽水市委市政府坚持不走拼资源、拼环境的老路，较好地处理了“金山银山”和“绿水青山”的关系，认定“绿水青山”本身就是“金山银山”，积极促进“经济生态化、生态经济化”。十年来的实践历程，丽水市委市政府把握国情、省情和市情，把中央、省委的精神与丽水实际紧密结合，理清发展思路，走出了一条又好又快的科学发展之路，为丽水的跨越式发展指明了方向。

二　推动跨越式发展的实践与探索

保护一方生态，发展一方经济，富裕一方人民。几年来，丽水立足“秀山丽水、浙江绿谷”的生态优势，在发展中谋保护，在保护中求发展，大力推动生态经济化、经济生态化，为全省乃至全国山区的跨越式发展积累了实践经验。

（一）坚持集聚发展

有人流，才有物流、商流和资金流，才能促进地区经济的可持续发展。丽水市始终坚持小城市建设与新农村建设联动推进，有序促进整村搬迁、村庄撤并，加快旧城改造和旧村改造步伐，及时推动条件成熟的村庄向城市社区转变，推动农村人口向小城市集中，全力推进城市化进程。

1. 优化空间总体布局

创新城市管理模式，按照“内聚外迁”和“小县大城”的思路，加快市域中心城市和县域中小城市中心镇建设，在新农村建设中加快农村人口集中、产业集聚、土地集约和设施配套。其中，以高山远山地区、重点库区和地质灾害隐患点为重点，大力推进整村搬迁和小规模自然村撤并，促进生态人口转移，把发展空间让给生态。建立健全农民异地梯度转移引导机制，分类别、分层次制定鼓励引导政策，鼓励实行整村搬迁。

2. 强化生态环境治理

始终将基础设施项目建设放在优先的地位，以实施“千亿富民强市工程”为重要突破口，着力推进基础设施网络化、一体化和现代化，为城乡人居环境生态化创造条件。加快完善中心公共交通道路、教育、医疗、供水供电等基础设施，增强城区综合功能和承载能力，促进城市区位条件、生产生活环境的根本改变。同时，以瓯江源头区建设为龙头，加强生态修复。对中小型水库、重要水源保护区、自然保护区的外围地带全部退耕还林、封山育林，不断加大农村环境综合整治力度，努力将丽水建设成为连接长三角和海西经济区的重要节点和经济走廊。

3. 深化户籍制度改革

建立以合法稳定住所或合法稳定职业为户口迁移基本条件、以经常居住地为户口登记基本形式的城乡统一的户籍管理制度。逐步放宽各类户口迁移政策，推进农民经济身份与社会身份相分离，保留户口迁移农民在农村原有的土地承包权、宅基地使用权、集体经济收益分配等经济权益，鼓励其自愿有偿流转土地承包经营权、退出宅基地使用权。保障进小城市落户农民享有与城镇居民同等的劳动就业、社会保障、教育培训、医疗卫生、文化体育等公共服务权益。深入推进农村土地综合整治，实施农村宅基地置换、农民公寓建设、廉租房建设等住房改造工程，推进小城市社区建设。

（二）坚持绿色发展

在经济发展过程中，丽水市始终坚持经济与生态协调发展，逐步建立了以生态农业、生态工业、现代服务业及生态休闲旅游业为主体的高效绿色经济体系。

1. 极力发展绿色农业

按照原生态化的要求，强化科技兴农，以现代农业园建设为依托，大力推进食用菌、茶叶、水（干）果、蔬菜、中药材、笋竹、油茶等主导产业发展，全面提升农业集群化发展水平。加强无公害农产品、绿色食品、有机农产品认证，

建立“银猴”茶叶、“百山祖食用菌”等特色产品的区域品牌共享机制。加大对林（园）区作业道路等农业基础设施建设的支持。完善农业技术推广机制，推行生态化、标准化种养模式，积极实施农业龙头企业“强龙工程”和农民专业合作社“提质工程”，着力打造绿色菜篮子基地、旅游观光农业基地和农业科技实验示范基地。

2. 强力推进生态工业

立足产业发展生态化、集群化的核心要求，以提升丽水生态产业集聚区和省级工业园区（开发区）建设为依托，大力培育机械装备、新材料、生物医药、农林产品深加工等丽水特色的绿色产业集群。围绕“在哪里发展工业”，突出工业集聚、集约、集群式发展，打破遍地开花的发展模式；围绕“发展什么样的工业”，重点发展低碳、环保、具有前沿科技特性的生态工业。同时，严格禁止不符合生态要求的项目。

3. 全力发展现代服务业

以生态旅游为龙头，积极推进“中国优秀旅游城市”创建，把大景区建设作为旅游工作的重点，加快完善旅游基础性和功能性设施，挖掘旅游业的文化内涵，促进生态农业、工业与旅游业的有机融合，打造“山水古文明、丽水好风光”的生态文化旅游品牌。同时，围绕发展物流、金融、信息、科技等生产性服务业，商贸、娱乐、保健等生活性服务业，以及服务外包、景宁民族总部、青田华侨总部经济等新兴服务业，着力培育一批龙头企业，重点推进全市36个服务业集聚区建设。

（三）坚持合作发展

将实现山区小康作为全面建成惠及全省人民小康社会的重点，创新丽水合作开放及帮扶开发的长效机制，努力增强山区合作发展、借力发展能力，引导山区走上共同富裕之路。

1. 建立区域合作新机制

发挥丽水独特的区位优势，积极接轨长三角经济圈，加快融入海峡西岸经济区，充分对接浙江海洋经济发展示范区和浙江义乌国际贸易综合改革试点，加强与温州都市圈和浙中城市群的交流与合作。加快推进省际高速公路、干线公路和铁路建设，统筹推进丽水与浙中、温州都市圈的公交、轻轨、航空、航运等一体化进程，创新区域互动发展机制。推进与台湾的交流合作，支持丽水台商投资区和台湾农业创业园等合作园区建设，使内陆山区成为对内对外开放新平台。

2. 建立招商选资新机制

按照产业生态化、集群化的要求，围绕“重点平台、重点项目、重点产业、重点企业”加大招商力度，强化招商队伍建设，推进形成产业链招商、基地招商、精细化招商等灵活高效的专业化招商机制。建立项目引进联审制度和招商引资后评价制度，完善对招商工作的考核奖惩和入园项目的跟踪管理。积极实施“丽商回归工程”、“华侨要素回流工程”以及“山海协作工程”，支持浙商、华侨回归创业。大力推进丽水、温溪口岸枢纽建设，推行铁海联运等便捷通关模式，提升贸易便利化水平。

3. 深化实施特扶政策

逐年加大财政转移支付力度，重点支持特色产业发展的支撑性项目建设。积极向国际、省级申请加大对山区革命老区、少数民族地区和重点欠发达县的扶持力度，加大对景宁少数民族自治县扶持力度。积极向国家争取同等享受国家对于海峡西岸经济区的扶持政策。

（四）建立健全体制机制

完善体制机制是生态文明建设的重要保障。近年来，丽水市创新举措，相继建立了有效促进生态文明建设的约束保障机制、考核评价机制和领导管理体制。

1. 建立约束保障机制

深化生态功能区调整的改革创新，致力于“该保护的严格保护好、该开发的科学开发好”，解决“在哪里发展、怎样发展”的问题。编制实施《丽水市生态环境功能区规划》，实现差别化的区域开发和环境管理政策，划定禁止准入区、限制准入区、重点准入区、优化准入区，以此保护丽水六大水系源头地区、自然保护区、风景名胜区等重要的生态功能区，同时对生态环境敏感区、脆弱区进行修复。

2. 建立考核评价机制

在全国同级城市率先制定《丽水市生态文明建设指标体系及考核办法》，指标体系包括生态经济、生态集聚、生态设施、生态涵养、生态文化等五个方面，共有33项指标。丽水市根据不同县、乡、镇的实际情况，实行差异化的政绩考

核办法，有过半的乡镇不考核工业生产、工业税收和招商引资，而是考核生态产业，这项创新之举有利于不同自然条件的地区更好地因地制宜谋发展。

3. 建立领导管理体制

丽水市专门成立了生态文明建设领导小组，由市委书记任组长，市长任副组长，建立部门职责明确、分工协作的工作机制，认真开展目标责任考核，为推动生态文明建设提供了有力的组织保障。

三　生态建设与经济发展互促互进、成果丰硕

作为浙江省首个“国家级生态示范区”，通过几年的实践探索，在经济高速发展的同时，丽水生态环境质量不断优化，真正出现了经济发展和环境保护良性互动的可喜局面，创下了多个全国之最，取得了丰硕的成果。

（一）以生态屏障建设为重点的生态环境保持全国领先，全省第一

丽水森林覆盖率和林木绿化率分别达到 80.79% 和 81.62%，均比全省平均水平高出 20 多个百分点；境内有 2 个国家级自然保护区和 4 个国家级森林公园，还有 1100 万亩生态公益林，丽水成为一座天然森林浴场。丽水的水质极好，全域基本都是Ⅰ～Ⅱ类水质，经权威机构检测：丽水的自然山水各项指标均符合世界卫生组织确定的长寿地区优质饮用水标准。丽水的空气非常清新，城区空气质量优良天数近年来一直维持在 360 天左右，尤其是空气中的负氧离子含量特别高，据丽水境内 3000 多个测点最近 5 年来的监测结果，丽水九县（市、区）空气负氧离子平均浓度达到每立方厘米 3000 个以上，庆元百山祖自然保护区最高超过 20 万个，即使在市中心的市政公园也在 2000 个以上。丽水是名副其实的“中国生态第一市”

（二）以区域特色产业为基础的生态经济品牌初步树立

1. 生态农业基地和“丽水制造”的生态品牌建设取得双丰收

目前，丽水已有 427 家企业累计获得各类“绿色”认证 573 个，其中有机农产品 144 个，绿色食品 76 个，无公害农产品 353 个。建成优势农产品基地 200 余万亩，放心菜检测示范基地 100 个。生态农产品走进大上海，占浙江省供沪农

产品的比重达24.5%。“丽水制造”的生态品牌效应显现。

2. 工业转型扩量取得新进展

2010年，丽水市万元生产总值综合能耗下降到0.59吨标准煤，四年累计下降20%；规模以上工业单位增加值能耗下降12.7%，化学需氧量和二氧化碳排放总量分别比2005年末累计减排13.4%和14.12%。2011年，实现工业总产值1652.1亿元，相比2005年年均增长25.5%。工业集聚集约集群式发展，形成一批具有较强带动力的特色产业集聚区（园区、开发区、工业功能区）平台。

3. 生态旅游业功能作用明显提升

目前，丽水市拥有国家4A级景区14个，省级旅游度假区2家，高等级景区数量稳居全省第三，旅游业对丽水GDP的贡献逐年提高，正从第三产业的龙头向全市支柱产业转变。2011年，接待旅游总人数与旅游总收入增幅连续六年居全省首位，年平均增幅分别达到33.5%和32.7%。随着“秀山丽水　养生福地”旅游形象宣传片在中央电视台的播出，生态旅游已经成为丽水走向全国的“金名片”。

（三）以地方元素融合为支撑的生态文化合力日益增强

巴比松油画文化、石雕文化、剑瓷文化、黄帝文化、好川文化、廊桥文化、畲族文化、华侨文化、香菇文化等诸多特色文化元素，构成了丽水的绿谷文化，绿色、环保、低碳、生态、节俭的理念渐渐地深入人心。丽水市已成为全国第一个地级市的综合性的“民间艺术之乡”，“龙泉青瓷传统烧制技艺”入选人类非物质文化遗产代表作名录，“庆元木拱廊桥营造技艺”入选联合国教科文组织首批急需保护的非物质文化遗产名录。全市共有国家非物质文化遗产11项，省级非物质文化遗产29项，市级非物质文化遗产152项，文保单位有国家级6处、省级34处、市级231处。

四　谋划面向未来的发展战略与目标

当前，随着休闲时代和老年社会的到来，决定了基于良好生态环境的“休闲养生产业”和“养老产业”存在着巨大的市场需求和发展空间，丽水正面临良好的发展环境和重大历史机遇。为此，从2008年开始，丽水市就着手“生态休闲养生（养老）经济发展”相关课题研究，并与中国社科院一同完成了40万字的研究

报告，2011 年 6 月在北京人民大会堂隆重发布了全国首个地级市关于发展生态休闲养生（养老）经济的规划，丽水被授予“国际休闲养生城市”的称号，提出了打造“中国生态休闲养生（养老）第一市”的宏伟目标，描摹出了丽水市生态休闲养生（养老）经济的发展前景：通过 10 年努力，到 2020 年，形成国内较大规模、较强影响、较高品质的生态休闲养生（养老）产业体系，把生态休闲养生（养老）经济建设成为丽水市支柱产业；再用 10 年时间，到 2030 年，形成具有较高竞争力的，特征更加鲜明、实力更加雄厚、影响更加广泛的生态休闲养生（养老）经济发展模式，把丽水市建成国内规模较大、国际知名的生态休闲养生（养老）基地和休闲养生旅游目的地，力争打造“中国生态休闲养生（养老）第一市”。

——产业发展阶段（2011～2020）。该阶段主要任务是使生态休闲养生（养老）产业发展成型，成为丽水市主导产业。在全市建成一批各具特色、相互呼应的大规模养生（养老）基地和高等级休闲旅游景区，生态休闲养生（养老）服务业、制造业和农林业快速发展，逐步形成独具特色、优势明显的生态休闲养生（养老）产业体系，生态休闲养生（养老）品牌影响力进一步扩大；养生模式的推广，在试点社区（村庄）的基础上，布局丽水特色的民间养生社区网络，在全市倡导健康的生活方式，进一步营造全民养生氛围，使丽水成为真正意义上的养生之城。从而使丽水的经济发展模式发生重大转变，生态休闲养生（养老）产业体系成为区域经济的主导产业，推动服务业增加值占全市 GDP 一半以上；人均 GDP 接近全省平均 70% 的水平；养生之市初具雏形，人们生活质量显著提高，基本确立国内最大生态休闲养生（养老）基地地位。

——经济成型阶段（2020～2030）。该阶段主要任务是通过生态休闲养生（养老）产业体系的发展，带动生态宜居城市、社会民生事业的联动发展，形成优势明显、充满活力的生态休闲养生（养老）整体经济发展模式，支撑丽水经济社会实现跨越发展。到 2030 年，经济发展水平达到全省平均水平，以休闲养生（养老）为主体的服务业增加值占 GDP 的 60% 以上，成为拉动经济发展的主要动力。人均预期寿命在全国地级以上城市中名列前茅，居民收入差距缩小，基尼系数下降，居民幸福指数显著提升。生态环境质量继续保持领先，单位 GDP 的碳排放强度显著降低。把丽水市建成国内规模较大、国际知名的生态休闲养生（养老）基地和休闲养生旅游目的地，力争打造“中国生态休闲养生（养老）第一市”。

生态，是丽水"最大的优势"，也是最强劲的后发能量。丽水，这座充满生机活力的浙西南山城，将以《丽水市生态休闲养生（养老）经济发展规划》为总体纲领，打造丽水特色的"8+2"养生（养老）产业体系［即建设休闲旅游景区和养生（养老）基地两大平台，发展生态休闲旅游业、养生（养老）房产业、养生（养老）医疗与健康管理业、养生（养老）教育培训业、养生（养老）文化业、生态养生农业、生态养生林业、养生（养老）用品制造业等八大行业］，引导全市人民沿着既定目标和发展路径全面推进生态休闲养生经济发展，推动丽水实现绿色崛起、科学跨越，奏响优美和谐的"生态奏鸣曲"。

Green Rise and Scientific Development in Lishui

Lu Ziyue

Abstract: One of the advantages of Lishui lies in its excellent eco-environment. Based on the ecological dominance of "Picturesque Lishui-Green Valley of Zhejiang" and insisting in clustering, green and cooperative development, Lishui has embarked on the road where the economic and ecological construction as well as the industrial and environmental competitiveness will be developed simultaneously by constantly ranking the top nationwide in eco-environment focused on the construction of ecological barrier, basically building the ecological brand based on regional characterized industries and increasingly promoting the ecological culture backed by the integration of local elements. It has also gathered greater experience on leap-forward development for mountainous areas in Zhejiang Province and in China as a whole. At present, with the coming of leisure era and aged society, a rare opportunity has been brought about for Lishui to develop ecotype economy. Therefore, by assessing the situation, the city CPC committee and the city government have planned out the scientific development of ecological and leisure health-preserving (retirement) economy and set up the goal of forging "China's top city of ecological and leisure health-preserving (retirement)", so as to accelerate the realization of green rise and scientific development of Lishui City.

Key Words: ecology; leisure; health-preserving

法律声明